HERBERT DE BARY

EIGENARTEN DER EUROPÄISCHEN WEINE

HERBERT DE BARY

Eigenarten der europäischen Weine

mit 133 Abbildungen und einer Karte
der europäischen und afrikanischen Anbaugebiete

16. verbesserte und erweiterte Auflage
unter Zugrundelegung der Brüsseler EWG-Bestimmungen
und des Anpassungsgesetzes (Weingesetz 1971)

ORION-HEIMREITER-VERLAG · HEUSENSTAMM

SCHUTZUMSCHLAG: UDO BECKER · FRANKFURT AM MAIN

Über den Verfasser:
Herbert de Bary, geb. 1905; Studium des Weinfaches im In- und Ausland (Frankreich, Italien, Jugoslawien, Nordafrika, Portugal, Schweiz und Spanien). Bis 1940 Teilhaber einer Weinimport-Kellerei. 1949 bis 1970 Weinsachverständiger beim Lebensmitteluntersuchungsamt und Universitäts-Institut für Lebensmittelchemie Frankfurt am Main. Verfasser zahlreicher Schriften und Bücher, u. a. von der Rebe bis zum Gaumen (1949); Eigenarten der europäischen Weine (1951 erste Auflage); Der Wein erfreut des Menschen Herz (1974), Europas Weine, Sonderdruck der Deutschen Lufthansa.

CIP-Kurztitelaufnahme der Deutschen Bibliothek
Bary , Herbert de

Eigenarten der europäischen Weine. — 16., verb. u. erw. Aufl. unter Zugrundelegung d. Brüsseler EWG-Bestimmungen u. d. Anpassungsgesetzes (Weingesetz 1971). — Heusenstamm : Orion-Heimreiter-Verlag, 1976.

ISBN 3-87588-094-3

1976

Herstellung: Buch- und Offsetdruckerei Decker & Wilhelm GmbH
6056 Heusenstamm bei Offenbach am Main

Im Weine wie spiegelt
die Welt sich so schön!
(Paul Heyse)

INHALTSVERZEICHNIS

Ein „Geschein" öffnet sich im Juni zur Blüte

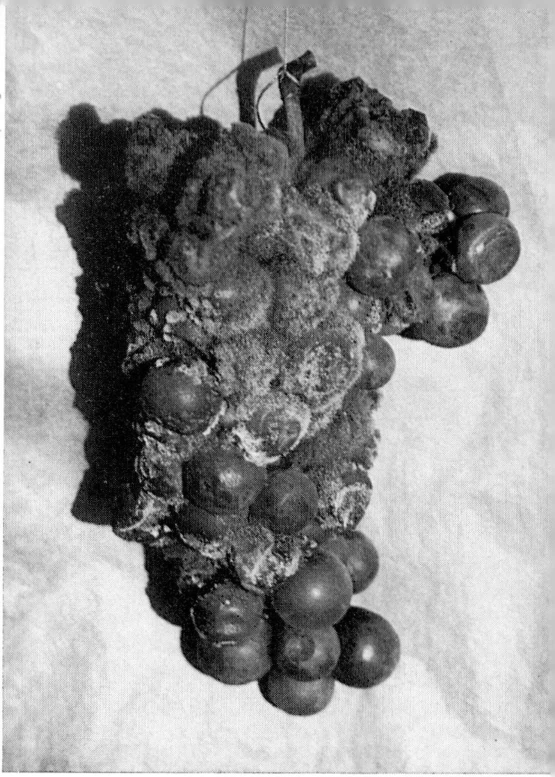

„Botrytis" als Freund und Feind des Winzers

Reife Trauben vom Edelfäulepilz „Botrytis cinerea" befallen. Dieser Schimmelpilz kann bei den Trauben sowohl „Sauerfäule" als auch „Edelfäule" erzeugen, ganz nach Ablauf des Herbstwetters.

Bilder links oben und links unten, außen: Ungern sieht der Winzer diesen durch zuviel Feuchtigkeit im Herbst stark wuchernden Pilzrasen, bei dem Sauerfäule entstehen kann und die Trauben bei Regen ausgewaschen werden.

Bild unten links, innen; Bilder rechts oben: Viel mehr freut er sich an den Nestern der fortschreitenden Edelfäule als Grundstoff für Auslesen und Beerenauslesen. Sie entstehen bei trockenem Herbstwetter, wenn frühe Nebel drükken und tagsüber warme Sonne scheint.

Bild rechts unten: Wenn sich als Ausgangsstoff für Trockenbeerenauslese die kleinen, allersüßesten Rosinen bilden, dann sind die raren Bedingungen für Hochgewächse gegeben.

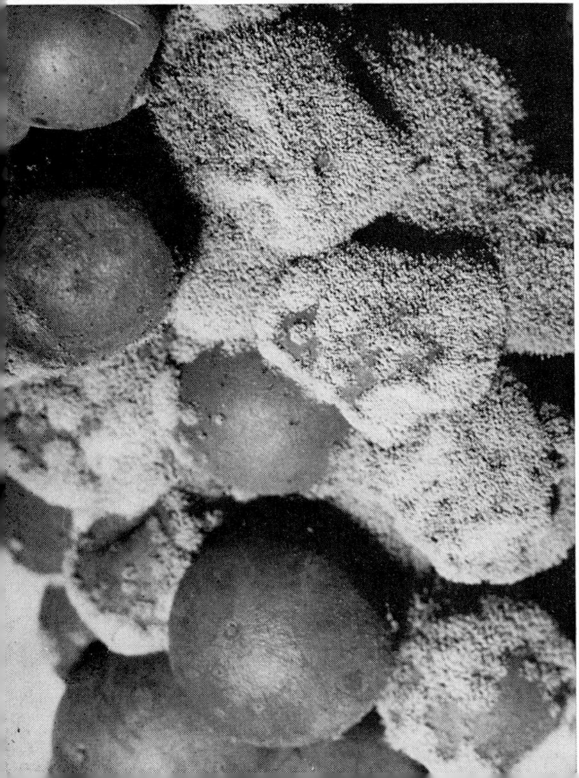

Rebschnitt im Frühjahr

Der Wein galt im Mittelalter
als „Königsarzenei".

I. Vorwort zur 16. Auflage

Das Vertrauen in den deutschen Wein wurde im In- und Ausland dadurch erschwert, daß es üblich wurde, statt einer klaren qualitativen Leistung die Weinverbraucher zu verwirren durch eine Fülle ausschmückender Bezeichnungen, wie „Wachstum", „Gewächs", „Kreszenz", „Originalwein", „Originalabfüllung", „Originalabzug", „Kellerabfüllung", „Kellerabzug", „Faß Nr.", „Fuder Nr.", „Gütesiegel" u. a. m.*, die vielfach in keiner Beziehung zur Güte des Weins stehen. Außerdem wurden die ursprünglichen als Qualitätsbezeichnungen für besondere Sorgfalt bei der Lese gebräuchlichen Begriffe wie „Spätlese", „Feine* Spätlese", „Auslese", „Feine* Auslese", „Feinste* Auslese", „Beerenauslese", „Edelbeerlese"*, „Hochgewächs", „Trockenbeerenauslese" durch zuweilen leichtfertige Anwendung für nicht entsprechend ausgereifte Weine ihres Sinnes beraubt.

In keinem anderen Weinland erlaubt man sich den Luxus einer so schwer verständlichen Kennzeichnung und Qualitätsunterscheidung. Man redet dort nicht davon, sondern verlangt und trinkt guten Wein, der dem Geschmack entspricht und gesetzlichen Schutz vor Fälschungen genießt. Dazu genügt es, daß das Flaschenschild außer der geographischen Angabe der Herkunft, oder der Traubensorte, den Namen des für den Ausbau des Weines Verantwortlichen trägt, nämlich den der ausliefernden Kellerei.

Fest steht, daß der deutsche Verbraucher bei der Wahl von Auslandsweinen niemals nach Naturreinheit*, Gewächsangabe und sonstigen Qualitätshervorhebungen fragt, sondern zufrieden ist, wenn er guten Wein bekommt. Dieselbe Anforderung wird im In- und Ausland auch an deutsche Weine gestellt. Man will deutschen Wein, der frei von Benennungsblendwerk auf dem Etikett ist; allein seine Güte soll und kann für ihn werben!

Die vorstehenden Hinweise wären falsch verstanden, falls der Leser auf den abwegigen Gedanken verfiele, sie seien etwa dazu angetan, denjenigen der sogenannten Naturweine** Abbruch zu tun, die genügend ausgereift sind und in ihrer höchsten Vollendung immer die Zierde der deutschen Produktion bleiben. Wenn aber der deutsche Wein in Zukunft in einen wirklichen Wettbewerb mit Europas Weinen treten soll, so darf Angebot

* Das Weingesetz von 1971 hat diese Bezeichnungen untersagt.

** Das Weingesetz von 1971 hat diese Bezeichnung untersagt und für ungezuckerte bzw. nicht angereicherte Weine die Kennzeichnung „Qualitätswein mit Prädikat" geschaffen.

und Lieferung keine Zweifel mehr offenlassen, die seither infolge der genannten verwirrenden Klassifizierungsbezeichnungen immer wieder aufkamen. Das neue Weingesetz hat in Verbindung mit den Brüsseler EWG-Bestimmungen eine Klassifizierung in Tafelwein, Q. b. A.* und Prädikatswein gebracht.

Es soll Sinn und Zweck der vorliegenden 16. Auflage dieses Handbuches sein, sowohl dem Weinfreund als allen denjenigen, die mit Verkauf und Vertrieb von Wein, Likörwein oder weinhaltigen Getränken zu tun haben, ein Wegweiser und Ratgeber zu sein. Auch der Nachwuchs im Weinfach soll sich an Hand der Schrift über die wesentlichen Vorgänge und Gepflogenheiten unterrichten können. Möge das Buch der Aufklärung dienen und zugleich neue Freunde für den Wein gewinnen!

Wir besitzen in Deutschland elf bedeutende Weinbaugebiete mit einem durchschnittlichen Gesamtertrag von 6 bis 8** Millionen Hektolitern. Diese Zahl unterliegt naturgemäß beträchtlichen Schwankungen von Jahr zu Jahr. Es wird sowohl geographisch als organoleptisch (geschmacklich) unterschieden zwischen dem herrlichen Rheingau (rechtsrheinisch) mit seinen historischen Klöstern und Schlössern, jenen weltberühmten Weinorten von Aßmannshausen, Rüdesheim mit seiner Drosselgasse bis Hochheim am Main, 12 km von Frankfurts Stadtgrenze entfernt, dem großen Rheinhessen (linksrheinisch) und dem sich anschließenden Nahegebiet, der Rheinpfalz mit ihrer bekannten Weinstraße, dem romantischen Weinbaugebiet von Mosel, Saar und Ruwer und schließlich Franken, dessen Erzeugnisse, wie die rühmlich bekannten Stein und Leisten der Würzburger Gegend, in die dickbauchigen Bocksbeutelflaschen gefüllt werden. Mosel-Saar-Ruwer-Weine kommen im allgemeinen in grünen Flaschen, Rheinweine (Rheingau, Rheinhessen, Rheinpfalz) in braunen Flaschen in den Verkehr. Daneben stößt man auf eine Vielzahl guter Weine aus Baden und Württemberg, sowie deren Spezialitäten: Weißherbst und Schillerwein.

Bevor wir im Verlauf dieser Schrift im einzelnen die charakteristischen Merkmale der klassischen Gebiete untersuchen, bedarf noch eine Reihe anderer Bereiche der Erwähnung: zunächst die Ahr als das einzig größere und geschlossene Rotwein-Anbaugebiet der Bundesrepublik, alsdann Mittelrhein, Lahn, Bergstraße und Bodensee.

Der Vollständigkeit halber müssen auch die Weinbaugebiete Saale-Unstrut, Grünberg und Sachsen in der DDR erwähnt werden. Diese Weine haben mehr bodenständigen Charakter, sie sind als Landweine zu werten, die

---

* Qualitätsweine bestimmter Anbaugebiete.

** 1970 und 1973 ca. 10 Mill. hl.

bei Reisen in der Landschaft genossen werden sollten. In anderen Gebieten und anderem Klima enttäuschen sie vielfach. Der Weinkaufmann und der Weinkenner wissen um dieses Geheimnis. Daher werden sie im Gegensatz zu den eingangs aufgezählten „großen Weinen", die in der ganzen Welt verbreitet sind, im allgemeinen nur dort geführt, wo sie wachsen.

Die Römer haben die Reben nach Deutschland gebracht, und seitdem hat eine eigene Tradition und Überlieferung in Anbau und Behandlung den Wein aus unseren hervorragenden Weinbaugebieten zu einem hohen deutschen Kulturgut gemacht. Es besteht in Fachkreisen kein Zweifel darüber, daß der deutsche Qualitätswein bei entsprechender Pflege und Behandlung eines der edelsten Getränke und in der Welt einmalig in seiner Art ist, während die Rotweine Frankreichs nicht zu überbieten sind. Im Anschluß an die deutschen Weine werden auch die Charakteristika der führenden Weine des europäischen Auslandes und von der übrigen Welt besprochen.

Deutschland ist das nördlichste, also der Kälte am meisten ausgesetzte Weinbaugebiet der Welt. Dies ist der Hauptgrund dafür, daß Menge und Güte der Weinernte in Deutschland beträchtlichen Schwankungen unterworfen sind. Die klimatischen Verhältnisse des gesamten Jahres sind von weitgehendem Einfluß auf das Gedeihen des Rebstockes. Im Frühjahr besteht Frostgefahr, im Sommer beeinflussen heiße und trockene Perioden oder langanhaltende feuchte Witterung das Wachstum der Reben ungünstig, und selbst zur Zeit der Traubenreife können unerwartete Frühfröste Menge und Güte des Weins nachteilig treffen. Hinzu kommen die zahlreichen Erkrankungen der Reben (Peronospora, Botrytis, (Stiel- und Sauerfäule), Oidium und Schädlinge wie Reblaus, Heu- und Sauerwurm, Kräuselmilbe, Pockenmilbe, Schmierläuse, Schildläuse, Springwurm, Spinnmilben.

Als Folge des weltweiten Reisens hat das früher mehr lokale und aus der Heimatliebe herrührende Interesse am Wein ganz allgemein stark zugenommen. Besonders im Ausland stößt der aufgeschlossene Reisende immer wieder auf neue, vielfach zunächst noch unbekannte Sorten, die der Weinbegeisterte später am eigenen Wohnsitz beziehen möchte. Um diesen weitverzweigten Wünschen gerecht zu werden, mußte diese Schrift von Auflage zu Auflage erweitert und mit einer zweisprachigen Weinansprache versehen werden. Kaum etwas ist für einen Mann peinlicher, als wenn er unzureichende Kenntnisse auf dem Weinsektor besitzt. Deshalb möchte dieses Buch dazu beitragen, einen solchen Mangel zu beseitigen.

HERBERT DE BARY

Frankfurt am Main, im August 1976

Ein neuer Freund ein neuer Wein,
erst wenn er alt geworden, genießt
du ihn mit Wonne.
(Bibel, Jesus Sirach 9,10)

II. Poesie des Weines

Seht, o seht, geliebte Brüder,
Lenz und Blumen kehren wieder,
jauchzet ihrer Wiederkehr!
Gebt mir gleich aus diesem Fasse
von dem honigsüßen Nasse
hurtig! einen Becher her!
Heut', o Brüder, heut'
ist die rechte Zeit,
daß ihr trinkt und trunken seid.
Lustig! Eingeschenket!
Wer nicht will, der muß,
weil der Götter Schluß
den verhaßten Myrsilus
in das Grab versenket.
Auf, Brüder, laßt uns trinken!
Was warten auf die Nacht!
Schon ist der Tag im Sinken —
Her, was uns fröhlich macht!
Her den vollen, den schäumenden Becher,
den Freudebringer, den Sorgenbrecher,
her mit dem Wein,
Bruder, schenk ein,
laßt uns trinken und fröhlich sein!
Bacchus hat ihn gegeben,
daß er uns Tröster sei.
Von allem, was das Leben
bedrückt, macht er uns frei.
Drum her den vollen, den schäumenden Becher,
den Freudebringer, den Sorgenbrecher,
her mit dem Wein,
Bruder, schenk ein,
schenk mir ein Glas ums andere ein!

(Alkaios)

Alkaios (ca. 600 v. Chr.) gilt als der Urheber von „In vino veritas — Im Weine ist Wahrheit" —, denn so singt er: „Der Wein ist ein Spiegel für die Menschen", er zeigt ihre wahre Natur, und die ursprünglichen, oft unergründlichen Anlagen kommen mit ihren guten und schlechten Seiten zum Vorschein.

In Gebieten, in denen vorwiegend Weinbau getrieben wird, ist der Charakter der Bevölkerung meist offenherzig und heiter, gefälliger scheint die Phantasie, und als ob sich die Entwicklung der Trauben in ihrem Wachstum, ihrer Reife und ihrer Verwandlung zu Wein dem Wesen der dortigen Menschen einprägte, nehmen sie die Gesetze des Lebens in unbeschwerterer Leichtigkeit hin. Auch hat eine Rebenlandschaft ihren besonderen Reiz: Tätiges Leben ist ihr geheimnisvoll einverwoben. Wer freute sich nicht an einem Glase edlen Weins, wer spürte in ihm nicht eine kostbare Gabe des Lebens?

So nehmet auch den schönsten Krug,
Den wir mit frischem Trunk gefüllt,
Ich bring' ihn zu und wünsche laut,
daß er nicht nur den Durst Euch stillt;
Die Zahl der Tropfen, die er hegt,
Sei euren Tagen zugelegt!

(Goethe)

sagt der alte Bauer zu Faust bei seinem Osterspaziergang vor den Toren der Stadt Frankfurt. In diesem Sinne wollen wir ihn unseren Freunden kredenzen.

Es bedarf kaum weiterer Hinweise, wie sehr der Wein das poetische Gemüt zum Dichten anregt und wie sehr er selbst besungen worden ist. Bedeutende Namen der Weltliteratur finden wir zu seiner Ehrung, und mancher Lobgesang wurde zum Volksgut. Auch in der Dichtkunst zeigt sich die launisch sprühende Eigenwilligkeit des Weines. Als Bruder und Tröster, als Mittler zu seliger Trunkenheit oder auch als heiliges Sinnbild wird er besungen. Wem etwas Phantasie an der Wiege Pate stand, der sieht bereits beim Anblick des leuchtenden Pokals Landschaften vor seiner bewegten Vorstellung aufblühen. Er erkennt Vater Rhein im Geist, wie er mächtig und sagenumwoben dahinzieht, von Reben umkränzt, von Burgen umstanden. Oder sein Blick schweift in das romantisch-lauschige Moseltal. Wie abseits liegt es von der hastenden Welt unserer Tage! Sind wir grüblerischen Gemütes, zieht der Vorgang der Verwandlung von Traube zu Most, von

Most zu Wein an unserem denkenden Geist vorüber. Wir erahnen die Mühen des anspruchslosen Winzers.

Und dann die Traubenlese! Dieses Wort löst romantische Begriffe aus: singende Mädchen und Burschen, die Körbe tragen, Trauben, die zu Most werden, und das Ganze eingebettet in die sanften Höhen des Rebengeländes. Das ist es wohl auch, was die Menschen von heute immer wieder in den Bannkreis des Weines zieht; etwas wie Sehnsucht steigt auf, wenn man von der eigentlichen Freude am Genuß absieht, denn alles, was mit Wein zusammenhängt, bietet auch in unserer schnellebigen Zeit des Existenzkampfes und der Technik eine letzte Ausflucht in die Vergangenheit — in die gute alte Zeit.

Wenn man die ausgetretenen Kellerstiegen behutsam hinuntergegangen ist, hat man den Kellermeister, als er sich unbeobachtet glaubte, schon überrascht, wie er die Kerze anzündet und mit gefülltem Glase davor Helle und Farbe prüfend wägt.

In Weinhäusern mit Tradition finden wir romantische Oasen des Friedens in Gestalt kleiner Probierstuben, in denen manches, was zum Wein und seiner Behandlung gehört, zusammengetragen ist: sei es ein Faßriegel, ein altes Bendermesser, ein wertvoller Kelch oder, das erste Etikett der Handlung aus Urgroßvaterszeiten.

Wein gibt das ein, was einer hat, oder löst das in ihm aus, was er ist. Dies gilt auch für den Dichter. Läßt er sich leicht beschwingen, so flattert der heitere Reim; taucht er unter in den Bronnen des Mythos, heiligt sich ihm das Lied. Der tiefste Grund, daß Wein zum Dichten anregt, ist die ihm durch den Reifevorgang innewohnende Wandlung. Hierdurch wird er zur kultischen Kraftquelle, und mehr als nur Allegorie auf das Menschenleben. Er ist die Verwandlung. Nicht allein der organische Wachstumsvorgang bis zur Traube, dieser wunderbaren, vielfach in sich zusammengeschlossenen süßen Frucht, haftet ihm an, vielmehr auch jener, der im Verein mit menschlichem Wissen und Können dank natürlicher Kraft und göttlicher Gesetze uns aus der Traube Wein schafft. Langsam und stetig läutert er sich zu diesem leichten, der Schwere von Traube oder Most entbundenen, eleganten Getränk. Es läßt den, der es in richtiger Weise zu würdigen weiß, am Gelage der Götter teilnehmen und enthebt ihn dem engen Gehege seiner Person.

Herrlich ist's den Wein zu schlürfen,
Lagernd in der Götter Rat,
Zwischen schwelgenden Entwürfen
Und der wundergleichen Tat!

Goldene Becher überquellen,
Ruhmesgeister mit den hellen
Helmen tauchen aus der Flut —
Goldne Schalen überschäumen,
Geister, die gebunden, träumen,
Steigen auf in Zornesglut.

(C. F. Meyer)

Selbst der Ursprung des Weinkorkens hat eine liebenswerte poetische Geschichte. Der Pater Dom Pérignon fand in seinem Klostergewölbe den hochstöckeligen Schuh einer jungen Äbtissin aus dem benachbarten Frauenkloster, die während seiner Abwesenheit gekommen war, ihn zu besuchen. Er schnitt nach der Historie ihren zierlichen Korkabsatz zurecht und steckte ihn auf einen Flaschenhals. Also ward der Korken geboren!

Der Nebel steigt, es fällt das Laub,
Schenkt ein den Wein, den holden!
Wir wollen uns den grauen Tag
Vergolden, ja vergolden!

(Storm)

Nunc est bibendum! Ehren wir den Wein, der uns das Leben versinnbildlicht, der uns das Liebenswerte noch liebenswerter macht, die Schwere entschwert, das Leichte erleichtert, und stoßen wir auf ihn an!

Du Wein bist der beste Koch auf Erden
Der beste Leibarzt auf der Welt,
Der zu gesunden sich gesellt,
Die schwachen wieder stark läßt werden.

(v. Hoffmannswaldau)

Nimmt ein altes Silbertrinkhorn,
Das setzt er an und trinkt,
Bis am sternenhellen Ufer
Er berauscht in Schlaf versinkt.

(William Butler Yeats
übertragen von Susanne Schaup und Ernst E. Stein)

Herr: es ist Zeit. Der Sommer war sehr groß.
Leg seinen Schatten auf die Sonnenuhren,
Und auf den Fluren laß die Winde los.
Befiehl den letzten Früchten voll zu sein;
Gib ihnen noch zwei südlichere Tage,
Dränge sie zur Vollendung hin und jage
Die letzte Süße in den schweren Wein ...
(Rilke)

III. Werdegang des Weines — von der Weintraube bis zum Gaumen

1. Weinlese

Im Herbst — zwischen Ende September und Ende Oktober — beginnt die Lese (Ernte) der Trauben, deren Saft als Most in die Keller der Winzer (Weinbauern) gelangt und vergärt. Wein ist das durch alkoholische Gärung aus der frischen Weintraube hergestellte Getränk. Wenn man Trauben zerdrückt oder zermahlt, entsteht die Traubenmaische, die zur Pressung auf die Kelter gegeben wird. Die nach Ablauf des Saftes verbleibenden Rückstände nennt man „Trester"; sie enthalten die Rappen (Kämme), d. h. die Stiele und Verästelungen der Weintrauben, die Beerenhäute und Kerne. Traubenmost ist der aus der Maische gewonnene Saft. Auch wenn Traubenmaische, Most oder unfertiger Wein durch Zuckerzusatz im Rahmen der gesetzlichen Vorschriften „verbessert" werden, gilt das vergorene Erzeugnis als „Wein" und kann neuerdings u. U. als Qualitätswein bezeichnet werden. Früher wurde die Traubenmaische vielfach mit den Füßen ausgetreten, wobei eine größere Zahl „Treter" und „Treterinnen" sich an den Schultern festhielten und mit bloßen, vorher gewaschenen Füßen und Beinen die Arbeit verrichteten. Das Treten, das unter Singen und Tanzen vollführt wurde, dauerte bis zu 30 Stunden. Bereits während des Tretens setzte die Gärung stürmisch ein. Dieses Verfahren gehört der Vergangenheit an und wird in Deutschland und anderen führenden weinbautreibenden Ländern nicht mehr geübt. Man bedient sich moderner Keltern, wobei es darauf ankommt, der Maische in kürzester Zeit die größtmögliche Menge Saft zu entziehen. Man rechnet, daß 100 l Maische 75 l Most ergeben.

Das wertvolle Lesegut gelangt in mühsamer Winzerarbeit in die an der Sammelstelle bereitgestellten Kufen zum Abtransport in die Keller

Frankreich

Wein-Lesemaschine amerikanischer Herkunft erstmals in Südfrankreich im Einsatz; die Maschine ersetzt 40 Ernte-Arbeiter. Tagesleistung 16 ha bei 20 Betriebsstunden

Südafrika

Weitzeiliger Weinanbau in der kleinen Karoo

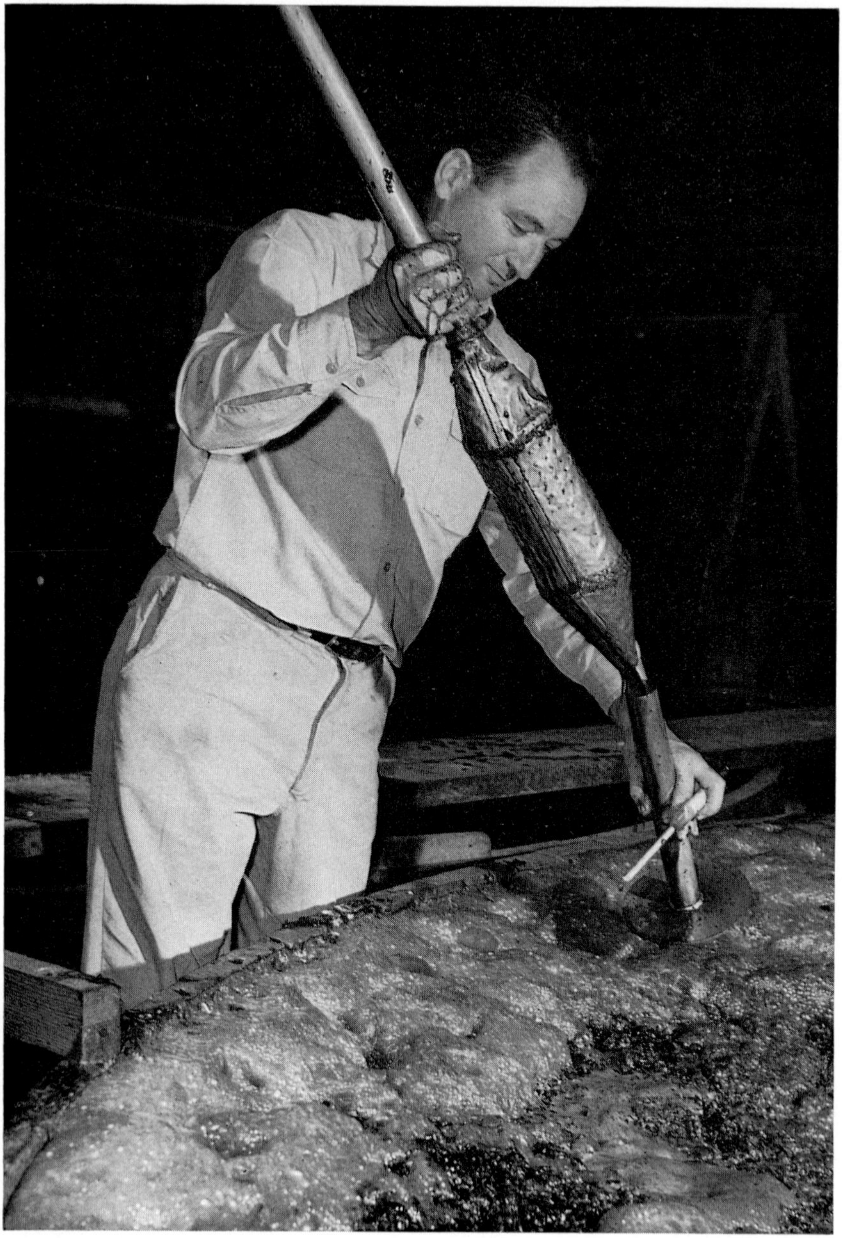

USA (Kalifornien)

Kalifornischer Weintechniker beim Ziehen der Probe eines in Gärung befindlichen Rotweines, um sich über dessen Ablauf ein Bild zu machen. In der linken Hand hält er sein Gerät, mit dem der noch in der Flüssigkeit enthaltene Zuckergehalt gemessen wird

2. Gärungsvorgang und Verbesserung (Anreicherung)

Durch chemische, physikalische und biologische Vorgänge erklären sich die Veränderungen, denen der Traubenmost bei der alkoholischen Gärung unterliegt und deren wichtigste die Zerlegung des Zuckers in Alkohol und Kohlensäure ist. Während der Gärung findet ein beträchtlicher Anstieg der Temperatur statt; die Kohlensäure entweicht unter Blasenbildung aus der Flüssigkeit. Die Verwandlung des spezifisch schweren Zuckers und die Entstehung des spezifisch leichten Alkohols ergibt eine geringere Dichte des Weines gegenüber dem Most.

Bei 12 Vol.% Alkohol kommt die Gärung zum Stillstand. Sollte bei diesem Alkoholgehalt noch Zucker vorhanden sein, so bleibt er unvergoren. Der Ausbau dieser Weine und solcher, deren Gärung vorzeitig zum Stillstand gekommen ist — evtl. durch Gärungsunterbrechung oder Zusatz von Süßreserve erfordert besondere Aufmerksamkeit und Kenntnisse.

Durch Schwefelzusatz (schwefelige Säure) kann der Zuckergehalt des Mostes höher gehalten werden, als dies bei natürlichem Verlauf der Gärung möglich wäre. Um die Herstellung solch süßer Kopfwehweine zu verhindern, läßt das deutsche Weingesetz das Schwefeln von Wein nur in geringem Ausmaß zu. Im übrigen ist das Verhältnis des unvergorenen Zuckers zum Gewicht des Alkohols in § 9 des Weingesetzes geregelt mit Ausnahme von Auslesen, Beerenauslesen und Trockenbeerenauslesen.

Der Gesamtsäuregehalt deutscher Qualitätsweine liegt zwischen 4 und 12 g im Liter (4 bis 12 ‰).

Bis hierhin haben wir von dem Gärungsverlauf gesprochen, wie er sich in reifen Jahrgängen natürlicherweise ergibt. In den letzten beiden Jahrzehnten, ausgenommen 1954, 1956, 1957, 1960, 1961, 1965, 1968, 1972 und 1974 lagen wir witterungsmäßig so günstig, daß die Trauben dank guter Ausreifung genügend Naturzucker hatten, aus dem sich die zur Konservierung des Weines nötigen Alkoholgrade entwickeln konnten.

Vorher hatten wir jedoch Jahrzehnte, in denen die unreifen Jahrgänge überwogen. Mit solchen Zeiten muß man auch für die Zukunft rechnen. In geringen Weinjahren, wie in allen Fällen, in denen die Natur den Trauben die Entwicklung des nötigen Naturzuckers versagt, kann sich bei der Vergärung der nötige Alkohol nicht bilden. Die Weine bleiben daher, wie der Fachausdruck besagt, „unselbständig" — sie sind in Ermangelung der nötigen Alkoholmenge nicht haltbar.

Um das wertvolle Ernteergebnis zu verwerten und genußfertig zu machen, ist es nötig, solchem Wein bzw. Most den fehlenden natürlichen Zuckergehalt durch Zusatz gelösten Rüben- oder Rohrzuckers, einzuverleiben. Dieser Vorgang heißt in der Fachsprache „Verbesserung"* und wird durch das Weingesetz geregelt. Es handelt sich nicht, wie der Laie leichthin annimmt, um ein „Süßen" des Weins, sondern um die Herbeiführung jenes Verwandlungsprozesses, der aus dem im Wein aufgelösten Zukker Alkohol und Kohlensäure entstehen läßt, damit der Wein seinen Mindestalkoholgehalt* erreicht, damit er sich konserviert.

In Deutschland darf dem Wein, wenn er zuviel Säure hat, Wasser und Zucker bzw. Zuckerwasser zugesetzt werden: Wasser deshalb, weil man auf diese Weise die Säure verdünnen kann; Zucker, um den nötigen Alkohol zu erzielen. Im Ausland bestehen andere Vorschriften. In Frankreich kann man zum Beispiel, wenn ein Wein zu wenig Alkohol hat, nicht nur aufzuckern sondern auch aufspriten, d. h. vom staatlichen Monopolamt gewonnenen Alkoholsprit aus Wein zusetzen. Außerdem darf man in Frankreich, weil dort die Trauben — besonders in Südfrankreich — zu wenig natürliche Säure haben, Zitronensäure zusetzen. Wer in Deutschland Zitronensäure oder Alkoholsprit zusetzt, ist ein Weinfälscher. Wasserzusatz ist bei französischem Wein nicht nur nach dem Weingesetz verboten, sondern auch deshalb unmöglich, weil man dort aufsäuern und nicht säureverdünnen muß. Es ist also nicht vom guten oder bösen Willen des Gesetzgebers abhängig, ob man mit Zuckerwasser oder mit Säure und Alkoholsprit arbeitet, sondern diese Hilfsmittel haben sich aus den Naturgegebenheiten entwickelt.

3. Rotweinbereitung

Bei besseren Weißweinen, besonders aber bei Rotwein, ist es üblich, die Rappen (Stiele) von den Beeren zu trennen, da roter Wein leicht einen rauhen und zu herben Geschmack annimmt, wenn durch Belassung der Rappen zu große Gerbstoffmengen in den Wein übergehen.

Die Rotweinbereitung unterscheidet sich grundlegend von der Weißweinherstellung. Um dem Getränk den roten Farb- und Gerbstoff sowie andere dem Rotwein eigentümliche Stoffe einzuverleiben, läßt man die gemahlenen Trauben, und nicht wie beim Weißwein den abgepreßten Saft, vergären. Bemerkenswert ist, daß der Saft der zur Rotweinbereitung im allgemeinen benutzten blauen und roten Trauben fast farblos ist. Der Farbstoff ist in

* Im Weingesetz von 1971 wird von „Anreicherung" gesprochen.
* 8,5 Vol. % fordern die EWG-Bestimmungen als unterste Grenze für Tafelwein.

den Beerenhäuten enthalten. Rotwein soll mild und harmonisch im Geschmack sein; Säure und Gerbstoff dürfen nicht zu aufdringlich hervortreten. Die Farbtöne schwanken vom hellen Rot bis zum kräftigen Rubinrot. Vor dem Keltern werden unreife und angefaulte Beeren entfernt, da in diesen der rote Farbstoff zerstört ist und Weine daraus leicht eine anstößige, braune Färbung annehmen. Die rheinhessischen Rotweine stammen in der Hauptsache aus Ingelheim, Büdesheim und Gundersheim, diejenigen der Pfalz insbesondere aus Dürkheim, Kallstadt und Ungstein, während wir im Rheingau gute Rotweine in Aßmannshausen antreffen. Das Weinbaugebiet der Ahr, das einzige in Deutschland, in dem ausschließlich Rotwein angebaut wird, bringt anerkannt gute und kräftige Sorten, die sehr geschätzt werden.

4. Weinbezeichnungen und Weingesetz

Erst nachdem der Großteil der Moste mittlerer Qualität* die Gärung durchgemacht hat, beginnt die Lese der Prädikatsweine. Als „Spätlese" darf nur ein ungezuckerter Wein von solchen Trauben bezeichnet werden, die nach der allgemeinen Lese in vollreifem Zustand geerntet worden sind. Als „Auslese" darf nur ungezuckerter Wein bezeichnet werden, der ausschließlich aus sorgfältig ausgelesenen Trauben unter Aussonderung aller nicht vollreifen, beschädigten oder kranken Beeren gewonnen worden ist. „Beerenauslesen" sind Auslesen, die nur aus den ausgesonderten und alsbald nach der Aberntung für sich gekelterten überreifen und edelfaulen Beeren guter Lagen gewonnen werden. Trockenbeerenauslesen sind Beerenauslesen, die nur aus den ausgelesenen und für sich gekelterten vollreifen, edelfaulen, rosinenartig eingeschrumpften Beeren gewonnen werden; sie besitzen mindestens 43,4 g/l natürlichen Alkohol.

Solche hochwertigen Erzeugnisse stellen das Edelste dar, was der deutsche Markt bietet. Es handelt sich hier um Kostbarkeiten, die Seltenheitswert besitzen. Für derartige Edelweine werden von verwöhnten Liebhabern und Kennern allerhöchste Preise geboten.

Der junge, noch lange nicht genußfähige Wein hat sich inzwischen so weit fortentwickelt, daß zum ersten Abstich von der Hefe (umschlauchen auf frisch eingeschwefelten Tank) geschritten werden kann. Die Süßung ist ein wichtiger Abschnitt des Herstellungsvorganges von Tafelwein und Quali-

---

* das ergibt die Weine der Q.b.A.-Gruppe, die zwei Drittel der Gesamternte ausmachen, während etwa ein Drittel in die Prädikatsklasse eingestuft wird und davon 90 Prozent als Kabinett. Tafelwein (aus Portugieser und Elblingernte) gibt es nur noch in verschwindend kleinem Umfange und Auslesen nur zu knapp ein Prozent.

tätswein b. A.* Die Kontrollstelle muß über die beabsichtigte Süßung unterrichtet werden durch entsprechende Meldung. Die Zuckerung ist nur auf der Stufe der Erzeugung und des Großhandels zulässig.

Die sachgemäße Zuckerung des Weines, die nur innerhalb des Weinbaugebietes einschließlich Frankfurt am Main zulässig ist, kann zu einer wesentlichen Verbesserung seiner Qualität führen; die Zuckerung erfordert zusätzliche Kosten und einen besonderen Aufwand an Aufmerksamkeiten und Kenntnissen. Nicht umsonst spricht die Fachwelt deshalb von Verbesserung (Anreicherung).

Folgende auf Preislisten und Flaschenschildern verwendeten Bezeichnungen dürfen nach dem Weingesetz 1971 nur für unverbesserte (ungezuckerte) Qualitätsweine mit Prädikat Anwendung finden:

Kabinett, Spätlese, Auslese, Beerenauslese, Trockenbeerenauslese und Eiswein.

Diese Prädikatsbezeichnungen stellen hohe Qualitätsforderungen, die sich auch auf die Traubenauswahl und Ausreifung beziehen.

Unter „Kabinettwein“ oder „Wein aus der Schatzkammer“ verstand man seit eh und je Naturgewächse, die aus einer bestimmten Lagerabteilung des Kellers, dem „Kabinett“ oder der „Schatzkammer“, stammen. In der alten Zisterzienserabtei Kloster Eberbach im Rheingau wird einer der Keller, es war die 1245 erbaute ehemalige Fraternei der Mönche, heute noch „Cabinetkeller“ genannt.

Ein sachgemäß gezuckerter, also verbesserter Wein ist angenehmer als ein unreifer Naturwein mit hervortretend starker Säure. Auch in den führenden Weinbaugebieten des Auslandes werden Zuckerungen vorgenommen. Dort spricht man nicht viel von diesen Dingen, die dem Weinunkundigen mitunter Anlaß geben, in unsachlicher Form Kritik zu üben. Reelle Winzer und Händler zuckern nur in solchen Fällen, in denen eine „Verbesserung“ angezeigt erscheint, um einen Wein „selbständig“ zu machen, wodurch er harmonischer und für den Verbraucher mundgerechter wird. Es unterliegt keinem Zweifel, daß sinnvoll mäßige Verbesserung die betreffenden Weine nicht nur harmonisch, sondern auch fruchtiger und bekömmlicher macht, ihnen mehr Inhalt verleiht. Anreicherung ist qualitätsfördernd.

---

* Nachdem der Begriff „Tafelwein” beim deutschen Verbraucher so wenig Anklang gefunden hat, verspricht man sich von dem neueingeführten „Landwein” ein konsumanregendes Image. Im neuen Bezeichnungsrecht der EWG von 1976 wird in zutreffenden Fällen die Angabe „Wein aus mehreren Mitgliedstaaten der EWG” zwingend vorgeschrieben.

Die Befolgung all dieser Bestimmungen sowie Ordnung und Sauberkeit in der Kellerwirtschaft prüft in Zusammenarbeit mit dem Gesundheitsamt der hauptberufliche Weinsachverständige, im Volksmund kurz „Weinkontrolleur“ genannt. Er ist in Zweifelsfällen der Berater des Weinbaus und des Handels und sollte sich dessen Vertrauen in vollem Umfang erfreuen. Alle führenden Weinbauländer der Erde haben Weingesetze erlassen mit scharfen Strafbestimmungen bei Verstößen, z. B. bei Verletzung der Vorschriften über Verschnitt (Weinmischung) oder Benennung (irreführende Bezeichnung). Bereits vor dem Ersten Weltkrieg war ein deutsches Weingesetz in Kraft und eine besondere, bei Kontrollen als Unterlage dienende Buchführung (Weinbuch) für die verschiedenen im Weinfach tätigen Betriebe eingeführt. In sämtlichen qualitätsweinbautreibenden Ländern wird die Weinkontrolle in ähnlicher Form ausgeübt. In Deutschland sind derzeit 36 amtliche Weinsachverständige im Dienst zum Wohl des reellen Handels, der Winzer- und Verbraucherschaft.

Das Weingesetz will in erster Linie den Weinverbraucher vor unlauteren Machenschaften oder Verfälschungen schützen. Es wird unterschieden zwischen irreführender Kennzeichnung (falsche oder unwahre Etikettierung), verdorbenem Wein (muffig, essigstichig), verfälschtem (gestreckt durch Trester- oder Wasserzusatz) und Kunstwein (nachgemachter Wein). Das Gesetz läßt dem reellen Weinhandel freizügig und fortschrittliche Arbeitsmöglichkeiten offen unter Wahrung der Tradition.

Darüber hinaus schützt das Weingesetz und die damit verbundene Überwachung die deutsche Winzerschaft vor dem Hereinfluten fragwürdiger, fabrikatorisch gestellter und ungesetzmäßiger Erzeugnisse aus dem Ausland. Der Zoll ordnet die Überprüfung eines Weines auf Einfuhrfähigkeit durch das zuständige Lebensmitteluntersuchungsamt an. Die Begutachtung erfolgt durch erfahrene Zungensachverständige und Chemiker nach zwei Richtungen: 1. organoleptisch nach der altbewährten Zauberformel, die schon Horaz kannte, nämlich COS, Colore, Odore, Sapore, und 2. analytisch, insbesondere auf Grund der durch den Geschmack gegebenen Hinweise. Nicht gesetzmäßige Erzeugnisse werden von der Einfuhr zurückgewiesen und fragwürdige gehen ins Obergutachten.

Das Weingesetz mit seinen Ausführungsbestimmungen ist ein Sondergesetz im Rahmen des allgemeinen Lebensmittelrechtes. Die bestellten Sachverständigen wirken belehrend auf das Weinfach ein, damit die Bestimmungen überall befolgt werden. Bei besonders schweren Vergehen läßt sich allerdings ein Strafverfahren nicht vermeiden.

5. Weinausbau

Der junge Wein beginnt allmählich sich auszubauen, und der Weingroßhandel ist in der Lage, die gewöhnlich nach dem Weihnachtsgeschäft gelichteten Lagerbestände durch Kauf von Jungweinen zu ergänzen. Güte und Wert des Jungweines werden durch vergleichende Zungenprobe beurteilt. Güte- und Wertbestimmung von Most mit der Zunge ist nicht möglich. Soweit der Weingroßhandel nicht Most aufkauft, erfolgen die Käufe zum ersten oder zweiten Abstich, wobei der zweite Abstich meist in Form einer Umfüllung in die Bezugsgebinde vorgenommen wird.

Mit „Ausbau" bezeichnet man jene Vorgänge, die zur Folge haben, daß aus dem unreifen, „grünen" Jungwein nach dem ersten Abstich ein in Alkohol, Säure und Extrakt harmonisches Getränk wird. Zu diesen Behandlungen gehören die mehrfachen regelmäßigen Abstiche unter Einschwefeln der Gebinde. Bei säurehaltigem Wein wird auf Abbau der Säure hingearbeitet. Die Lagerfässer müssen stets spundvoll gehalten werden. Infolge des Schwunds (Verdunstung flüchtiger Bestandteile durch die Faßporen) gehört regelmäßiges Auffüllen zur unumgänglichen Pflege. Die jährliche Schwundmenge richtet sich nach dem Feuchtigkeitsgehalt der Kellerluft und liegt durchschnittlich bei 3 Prozent. Nach dem Zweiten Weltkrieg hat die Weineinlagerung von Konsum- und Qualitätswein das Holzfaß mehr und mehr verdrängt durch Großraumbehälter aus Metall (Tanks).

Das Reifen der Weine darf unter keinen Umständen überstürzt werden, sondern geht in natürlich gemäßigtem Tempo vor sich, denn erst durch Lagerung entwickeln sich Wohlgeschmack und Blume.

Im Ausbau der rohen und anfänglich unharmonischen Jungweine zu genußfertigen und mundgerechten Flaschenweinen liegen Leistung und Aufgabe des Weinhandels. Diese hohe Kunst ist in der von alters her vom Vater auf den Sohn vererbten Kellererfahrung und Tradition begründet. Neben der Pflege bedarf es häufigen Probierens und selbst chemischer Analysen, um festzustellen, wann der Wein flaschenreif ist oder was dazu fehlt. Der frühere Kellermeister wird heute durch graduierte Weinbautechniker (Kellereidirektor) abgelöst.

Es würde hier zu weit führen, alle Krankheiten und Behandlungsvorgänge einzeln aufzuzeigen. Es gibt deren, wie Schönung und Filtration, unendlich viele. Allein die Sinnenprobe entscheidet die Frage, ob der junge Wein harmonisch ausgeglichen ist, oder ob er fehlende Bestandteile durch Zugabe eines anderen Weines (Verschnitt) erhalten soll. Über die gesetzlich zulässigen Verschnitte, deren richtige Durchführung wie bei guten Tee- oder

Tabakmischungen eine Kunst bedeutet, geben das Weingesetz und seine Ausführungsbestimmungen genaue Richtlinien.

6. Gewächsangaben (aus dem Lesegut von ...)

Gewächsangaben besagen nichts über die Qualität des Weines. Die Angabe eines Wachstums, d. h. die namentliche Bekanntgabe desjenigen, dessen Boden das betreffende Erzeugnis hervorbrachte, hat für das weintrinkende Publikum im allgemeinen nur dann einen gewissen Sinn, wenn es sich um bekannte Guts- und Schloßbesitzer mit anerkannt mustergültiger Bewirtschaftung handelt. Heute ist es vielfach aus Unkenntnis der Verhältnisse zu einer Unsitte geworden, auch bei kleinen Weinen den Namen eines unbekannten Winzers im Etikett mitzuverankern, lediglich um Wein mit Wachstumsbezeichnung zu bieten. Nur der Gaumen des bewanderten Kenners vermag ein gerechtes Urteil über die wirkliche Güte zu fällen. Kein Weinfreund kennt Arbeitsmethoden und Namen sämtlicher Winzer, um deren Erzeugnisse tatsächlich beurteilen zu können. Dagegen kennen die meisten eine Reihe führender und zuverlässiger Weinhändler. Hierauf sollte der Weintrinker und ganz besonders der noch unkundige Weinfreund schauen, da der Name des Händlers oder der Genossenschaft auf dem Etikett für die Güte des Weines bürgt. Etwas anderes ist es, wenn ein Händler bei einem feinen Wein der hohen Preislage seinen Namen an zweiter Stelle, z. B. auf der Halsschleife, anbringt und ihn mit dem Etikett des Erzeugers, einem bekannten und angesehenen Weingut, versieht.

7. Kellerbehandlung

Um den ausgereiften Wein blitzblank auf die vorher mechanisch gereinigten Flaschen zu bringen, bedient man sich eines mehrschichtigen Asbestfilters, durch den der Wein mittels einer Pumpe hindurchgeführt wird. Die vollautomatische Abfüllung geschieht vor einer Abfüllampe, um eine etwa auftretende Trübung jederzeit feststellen und sofort beheben zu können.

Luft ist der größte Feind des Weines, und ebenso, wie die Gebinde im großen stets spundvoll gehalten werden, sind auch die Flaschen bis unmittelbar an den Korken „gestrichen voll" zu füllen, um Sauerstoff fernzuhalten. Jeder Weintrinker ist berechtigt, ungenügend gefüllte Flaschen zurückzuweisen, da der Inhalt geschmackentstellt sein kann, es sei denn, es handelt sich um einen Wein älteren Jahrgangs. Der frisch gefüllte Wein wird alsdann vollautomatisch verkorkt.

8. Versand und Lagerung

Nachdem der Wein je nach seiner Güte und Lebensdauer ein entsprechendes Flaschenlager hinter sich hat in einem gleichtemperierten Keller, dessen Thermometer zwischen 9 und 12° C etwa schwankt, gelangt er zum Verkauf. Die in der vollautomatischen Abfüllanlage etikettierten und verkapselten Flaschen sind in Kartons verpackt und werden bei frostfreiem Wetter verladen.

Bei Eintreffen der Weinlieferung wird der Inhalt überprüft und in den Keller gelegt. Grundsätzlich dürfen volle Weinflaschen nicht gestellt werden, ganz besonders nicht in Läden oder Schaufensterauslagen, weil der Wein dort unter dem Einfluß von Sonnenbestrahlung, unter Wärme oder Kälte leidet, was so weit führen kann, daß er umschlägt (verdirbt), schimmelt oder die Korken hochgedrückt werden. Zu derartigen Werbezwecken verwendet der Einzelhandel nur leere, sogenannte Schauflaschen. Bei C+C Betrieben, Verbauchermärkten und SB-Warenhäusern ist der Umsatz so rasch, daß die vollen Flaschen gestellt werden dürfen. Es steht fest, daß die Masse der Weine heute in den genannten Betrieben erworben wird, so daß sich eine Konzentration bedingt durch Auswüchse im Wettbewerb gebildet hat.

9. Was ist Eiswein, was ist St.-Nikolaus-Wein?

Wenn es viel gibt, gibt es noch mehr.

Die Lese von „Eiswein“ bedarf ganz bestimmter Voraussetzungen, die in manchen Jahren gar nicht, in anderen nur zum Teil erfüllt werden können. Bekanntlich gefriert das Gewebewasser in der Traube bei minus 5 bis 7° C, während die stark zuckerhaltigen Bestandteile bis etwa minus 12° C noch flüssig bleiben. Es kommt nun darauf an, daß der Winzer die Traube bei Temperaturen zwischen minus 6 und minus 12° C in kürzester Zeit erntet und keltert. Dabei bleibt das gefrorene Gewebewasser in der Presse, und nur das Zuckerkonzentrat läuft ab. Natürlich verliert der Winzer dabei mengenmäßig 60 bis 80 Prozent, er gewinnt aber einen hochkonzentrierten Most, der später zu Eiswein vergoren von außergewöhnlicher Geschmacksart ist und hohe Preise erzielt.

„St.-Nikolaus-Wein“ entsteht unter ähnlichen Voraussetzungen, braucht aber nicht unbedingt ein Eiswein zu sein. Auch wenn seine Trauben nicht gefroren sind — der Name besagt, daß sie erst am 6. Dezember gelesen

Weinhaus Brückenkeller, Frankfurt am Main
weitgerühmt – weltbekannt

Reiche Frucht – Ergebnis mühevoller Winzerarbeit

Zum Rheingau gehört auch die Frankfurter Einzellage Lohrberger Hang

Deutschland

oben: Ausgewählte Trauben verbleiben bis zur vollkommenen Reife am Stock. Sie gelangen schließlich nach entsprechendem Ausbau als begehrte Spätlese auf den Markt

unten: Alte Traubenpresse des Rebgutes Käfersberg der Stadt Offenburg (Baden) wurden —, verlieren sie einen Teil ihres Wassergehaltes durch die Verdunstung, die nach Ende der Reife eintritt. Damit wird nicht nur die Konzentration des Zuckergehaltes, sondern oft auch ein zusätzlicher Säureabbau erreicht.

Eisweine und Nikolaus-Weine sind neben feinen Auslesen, Beeren- und Trockenbeerenauslesen Kreszenzen für ganz besondere Anlässe, auch Höhepunkte privater Weinproben.

10. Welcher Wein gehört zu welcher Speise?

Die Weine sind dazu da,
um in eine Mahlzeit eingefügt zu werden
wie Diamanten in einen Ring.
(Poupon, Gedanken eines Weinkenners)

Wein adelt gutes Essen, er hebt es im Niveau und erhöht die Bekömmlichkeit der Mahlzeit. Wein beflügelt den Geist und hilft, die leicht plätschernde Unterhaltung bei Tisch anzuregen.

Das Essen bleibt das Primäre, denn danach richtet sich die Wahl der Weine. Vor dem Essen zur Begrüßung der Gäste reichen wir ein Glas Sekt. Nicht nur, daß es Stimmung macht, sondern die Herzen werden aufgeschlossen und eine menschlich warme Atmosphäre geschaffen. Am besten wirkt Sekt im Stehen getrunken. Ein zarter, sauberer, munterer Vertreter seiner Gattung genügt hierfür. In kleinerem Kreis kann man ein Gläschen Beerenauslese kredenzen, als Apéritif auch Sherry oder trockenen Vermouth. Zu den Vorspeisen Getrüffelte Gänseleberpastete, Wildgalantine (Lacroix) ist Tokajer, Madeira oder Sherry angebracht. Zu Austern sollte Chablis oder weißer Burgunder gereicht werden. Zu Kaviar und Hummer gehört rassiger Sekt. Zu pikanten Salaten wie Geflügel-, Russischen- oder Italienischen Salaten ist roter Sekt in Erwägung zu ziehen.

Zu Suppen, wie echte Schildkrötensuppe (Lacroix), Cremesuppen oder Consommées kann genau so wie bei den Vorspeisen verfahren werden. Es genügt dazu der letzte Schluck, der noch in den Gläsern übrig ist. Zu Fischen nimmt man weiße, leichte Weine, die — bescheiden, aber rein in ihrer Art — das Charakteristische, das Zarte des Fisches unterstreichen: Mosel, Saar, Nahe, leichte Rheinhessen oder Bodensee, neuerdings auch Rosé.

Das Fleisch-Hauptgericht krönt das Mahl, und der erste Schluck des dazu gereichten edlen Weines stellt einen Höhepunkt des kulinarischen Erlebnisses dar — was an der fröhlichen Tafel durch ein entsprechendes „ah“ quittiert wird. Man nimmt zu hellem Fleisch eine erstklassige Spätlese, besser eine Auslese oder Beerenauslese vom Rhein, von der Nahe oder der Pfalz, jedenfalls einen Weißwein mit ausdrucksvoller Blume, fruchtigem Gehalt, Körper und edler Süße.

Zu dunklem Fleisch paßt ausgereifter Bordeaux oder voller, samtiger Burgunder. Auch Aßmannshäuser Spätburgunder ist hier am rechten Platz.

Bei besonderen Anlässen folgen Tischreden, und dies ist der geeignete Augenblick, in edlem Glas, wenig gefüllt, Eiswein oder Trockenbeerauslese zu servieren; jene kostbare Rarität, in deren Honigsüße eine ganze Symphonie von Duft und Frucht eingebettet ist. Der damit gebotene Tropfen wird allen Gästen ein einmaliges, erhebendes Erlebnis bleiben.

Der Geflügelgang sollte, soweit es sich um Gebratenes handelt, von Sekt begleitet werden. Eine sehr aparte Beigabe wäre edler Moselwein, wenn er aromatisch, duftig und durch pikante, reife Fruchtsäure belebend wirkt.

Es gibt auch kleine Essen, die lediglich arrangiert werden, um sich an frischen knusprigen Hähnchen zu delektieren, ohne Beilagen, höchstens ein Stückchen Brot. Hier nur Schampus trinken! Das wird ein reizvoller Genuß! Die Süßspeise kann ohne Wein verzehrt werden, doch paßt zu ihr vollsüßer weißer Bordeaux oder Südwein. Wenn es Eis gibt, dann kann nur guter Sekt oder Champagner der Begleiter sein.

Zu Käse ist mollig-nussiger Burgunder ein Hochgenuß. Hier gibt es noch kulinarische Entdeckungsreisen zu machen, welcher Käse am besten zu welchem Wein paßt. Ein ausgesprochenes Käsemenü mit Camembert aus der Normandie, mit Rocquefort, Bleu de Bresse, Cantal und was es noch alles in Frankreich gibt, hat seinen ganz besonderen Reiz. Doch da gehören schwere Nordburgunder dazu. Zum Kaffee für die Herren einen Weinbrand, besser noch einen Cognac oder herzhaften Kirsch und für die Damen Edellikör, Mirabelle oder Waldhimbeergeist — das sind die pikanten Ausklänge eines festlichen Mahls. Welche grundsätzlichen Regeln lassen sich aus diesen wenigen Beispielen ableiten?

1. Die Steigerung der Weinqualitäten ist unbedingt zu beachten, denn nur durch Vergleich erkennen wir die feinen Unterschiede, die uns erfreuen. Man beginnt also mit leichtem Wein.

2. Es hat sich bewährt, daß man zu weißem Fleisch, wie gekochtem Huhn oder Kalbfleisch, einen trockenen weißen Wein reicht. Auch zu Fisch, sofern er weiß ist, gehört weißer, spritziger, angenehmer Wein, vorzugsweise Mosel. Wesentlich ist, daß er nicht zu „dick“ ist.

3. Es hat sich als günstig erwiesen, zu dunklem Fleisch, wie Rind, Lamm, Reh oder Hirsch, einen runden, vollen, roten Wein zu trinken. Er harmoniert farblich und paßt auch am besten zur Konsistenz dieses Fleisches.

4. Wenn mehrere Sorten Wein aufgetragen werden, bitte wenig — noch weniger, aber gute Qualitäten! Vielleicht etwas mehr als einen Schluck zu jedem Gang, denn niemand möchte sich während eines Essens am Wein berauschen. Deshalb füllen wir die Gläser auch nicht weiter als bis zur Hälfte.

5. Die Weingläser sollen schön und edel in der Form sein, schlicht, nicht mit Dekor überladen, sonst lenken sie ab. Das schlichte Glas zum schlichten Wein — das edle langstielige Glas zum großen Wein.

6. Die Weintemperaturen: Weißer Wein fühlt sich am wohlsten, wenn er kellerkühl ist. Voraussetzung ist natürlich ein Weinkeller, der die gleichmäßige Temperatur von 10 bis 11° C hat. Weine zu unterkühlen, ist das Schädlichste, was man gutem Weißwein antun kann. Die zarte, feine Blume, das Bukett, werden vernichtet und damit sämtliche Geschmacksnuancen. Kleinere Weine dürfen kühler sein als Spitzengewächse. Rote Weine, auch die deutschen, sollen Zimmertemperatur haben, d. h. 15 bis 17° C. Dann erst kann das Mollige, Samtige eines Burgunder oder das Königliche eines Bordeaux herausduften. Ein roter Wein kann nie kühl sein, denn er hat ja von Natur eine warme Farbe mitbekommen, mit Ausnahme junge Beaujolais, die kühl serviert werden sowie fernerhin jener hellrote, bekömmliche Schillerwein Württembergs und die roten Tiroler, die Ähnlichkeit haben mit gewissen französischen Rosés. Sie sind wie Weißwein zu behandeln. Um Rotspone trinkreif zu temperieren, sollen sie sich ein bis zwei Tage vorher in einem Raum befinden, der 15 bis 17° C Wärme hat. Das rasche Stauchen in heißem Wasser oder das Erwärmen der Flasche über einer Flamme ist abzulehnen. Der Wein wird dadurch aufgeregt, er erschrickt und verbirgt dann seine Feinheiten und Geschmackswerte genau so wie Weißwein bei rascher Unterkühlung.
   Schaumwein dagegen muß kühl sein. Wir kühlen ihn auf 7 bis 9° C herunter. Dann fühlt er sich wohl, dann ist er in seinem Element und entfaltet sein prickelndes Temperament, wie wir es lieben. Das gilt auch für rote Sekte. Weinbrand und Cognac dürfen nie gekühlt werden. Sie müssen zimmerwarm sein. Noch besser sind sie, wenn sie „handwarm“ geschwenkt werden, damit der aromatische Duft gebündelt in die Nase steigt.

Es gibt vereinzelt Weinstuben, die sich ehrlich bemühen, dem Gast die richtige Speise zum ausgewählten Wein zu bieten. Unweit der Straßenkreuzung Rue de Lille und Rue du Bac befindet sich in Paris (7) eine einzigartige Weinbibliothek „L'Oenotheque“. Man kann dort unter Anleitung von François Laborie die französischen Weine und dazu passende Gerichte kosten.

11. Betrachtung des Flaschenschildes

Schau, wie zu Wein die Sonnenhitze wird,
Wenn sie dem Saft der Rebe sich vermählt.
(Dante)

Eine trinkfertige Flasche deutschen Qualitätsweines b. A. steht vor uns. Was sehen wir auf ihrem Etikett? Zunächst erblicken wir Jahrgang und Gebietsbezeichnung „Rheinhessen", „Rheingau", „Rheinpfalz", „Franken" oder „Mosel-Saar-Ruwer", um die am meisten verbreiteten zu nennen. Daneben finden wir „Ahr", „Nahe", „Mittelrhein", „Baden", „Württemberg", „Bergstraße". Aus der Kenntnis und Beurteilung der einzelnen Jahrgänge erwächst unsere Einstellung. Man unterscheidet dann die Bezeichnung nach der Gemarkung: Wormser, Dienheimer, Oppenheimer, Niersteiner, Nackenheimer, Bodenheimer, Büdesheimer, Kempter und Binger, um Orte der Güteklasse I in Rheinhessen zu erwähnen, außerdem nach der Lage des Weinbergs innerhalb der Gemarkung: Niersteiner „Ölberg" im Gegensatz zu Niersteiner „Orbel" oder Niersteiner „Heiligenbaum" u. a. m., schließlich nach der Art der verwendeten Trauben: Riesling, Silvaner, Traminer, Gutedel, Früh- oder Spätburgunder, Portugieser, z. B. Niersteiner Orbel „Riesling" oder Ingelheimer Burgberg „Spätburgunder". Über die Bezeichnungen „Spätlese" usw. wurde bereits berichtet, ebenso über „aus dem Lesegut von . . .", beides Dinge, die nur bei Prädikatsweinen in Frage kommen. Außerdem muß der Name der abfüllenden Weinkellerei auf dem Etikett verzeichnet stehen. Bei der Gruppe der Tafelweine finden wir anstelle der oben aufgeführten Gebietsbezeichnungen die folgenden: „Rhein und Mosel"*, „Main", „Neckar", „Oberrhein"**. Eine Lagenangabe ist nicht gestattet. Tafelwein muß mindestens 8,5 Vol. % Alkohol besitzen.

12. Lagerfähigkeit und Darreichung

Stoßt an Herr Ritter! ...
Ihr verzieht den Mund?
Trinkt! Unser Wein ist fürnehm und gesund
(C. F. Meyer)

Die Lagerfähigkeit unserer Weine ist groß, vorausgesetzt daß es sich um harmonische Gewächse handelt, die richtig behandelt worden sind. Für die große Mehrzahl der mittleren Weine dürfte der Höhepunkt der Entwicklung bei sieben Jahren erreicht oder überschritten sein. Prädikatsweine

* mit den Untergebieten a) „Rhein", b) „Mosel".
** mit den Untergebieten a) „Römertor", b) „Burgengau".

großer Jahrgänge können in Ausnahmefällen 25 Jahre lagern. Solche Gewächse besitzen dann Seltenheits- und Liebhaberwert.

Wein ist etwas Lebendiges, das sich verwandelt. Daher läßt der Wein auch Vergleiche zu mit dem Leben des Menschen. Nach seiner stürmisch verlaufenen Gärung und den jugendlichen Unarten wird er „still" und erlangt langsam die Reife, in der er mehr oder weniger lang verweilt, je nachdem, aus welchem „Holz" er stammt. Die Entwicklung schreitet fort, mehr und mehr gewinnt er an Blume, Wohlgeschmack, Bukettstoffen und Farbe, doch verliert er langsam an Körper, bis schließlich die Greisenkrankheit des Weins, das Firn- und Hochfarbigwerden, auftaucht und der Wein abstirbt. Zur Kunst im Weinfach gehört es, die Weine zur Zeit ihres Höhepunktes oder kurz davor in den Verkehr zu bringen, so daß der Abnehmer selbst bei mehrjähriger Lagerung die Gewähr hat, frischen und entwicklungsfähigen Wein erworben zu haben.

Der abgelagerte Wein ist ohne Zweifel bekömmlicher. Die moderne Richtung und der noch weniger geschulte Weintrinker verlangen nach jungen Weinen mit viel Frische und Süße. Unsere Großeltern tranken nur alte Weine und hätten die heutigen Erzeugnisse abgelehnt. Zum Teil liegt die neue Richtung auch im Geld- und Kapitalmangel begründet. Auf der anderen Seite haben die modernen Behandlungsmethoden sehr dazu beigetragen, junge Weine frühzeitig genußfertig zu machen und ihnen einen guten Teil Süße in Form des unvergorenen Zuckers zu erhalten.

Es ist ein überlebter Brauch, deutsche Weine in getönten, bunten Gläsern zu reichen. Er rührt daher, daß vor fünfzig und mehr Jahren die Weine noch nicht so klar wie heute mit den modernen Kellergeräten auf die Flaschen gezogen werden konnten. Durch die Tönung des Glases blieben Schleier und gelegentliche Trübung dem Auge vorenthalten. Rheinwein wird grundsätzlich aus weißem Glas, vielfach aus dem sogenannten „Römer" getrunken. Bei Geselligkeit läßt die Höhe des Stieles und die Feinheit des Glases Rückschlüsse auf die Güte des gereichten Tropfens zu. Außerdem ist es bei besonderen Anlässen, zu denen Spitzenweine gereicht werden, üblich, daß der Bedienstete dem Gast während des Einschenkens Jahrgang und Namen des entsprechenden Weines zuflüstert. Mosel-Saar-Ruwer-Wein kann aus grüngetönten Gläsern getrunken werden, besonders wenn sie alt sind. Alle übrigen Weine aus hellen (weißen) Gläsern trinken.

In vielen Gaststätten wird der Fehler begangen, Wein zu stark zu kühlen. Das schadet dem Wein und mindert seine edelsten Bestandteile herab. Weißwein soll eine Temperatur zwischen derjenigen des Kellers und des Zimmers besitzen, insbesondere darf das Glas nicht „anlaufen". Es empfiehlt sich daher, in Gaststätten die Flasche in Kellertemperatur zu verlangen. Rotweine sind zu temperieren, d. h. 24 Stunden vor Genuß aus dem Keller zu holen und langsam auf Zimmertemperatur zu bringen.

Wer weniger Erfahrung im Einkauf von Wein besitzt, sollte sich nicht irreführen lassen durch eine Wachstumsbezeichnung, solange er die Weine des betreffenden Produzenten noch nicht kennt, sondern nach dem Namen des Händlers forschen, da er deren geringere Zahl leichter behalten kann.

13. Bewertungsprobe

Der alte ist noch lang nicht aus,
Da stürmt der neue schon ins Haus!
Er sei viel süffiger und besser!

Bei der Weinprobe wird zunächst Farbe und Helle des vorgestellten Weins geprüft, woraus die ersten Schlüsse auf den zu erwartenden Genuß gezogen werden. Danach macht sich die Nase mit den Bukettstoffen vertraut, wobei man das Glas leicht schwenkt, damit diese frei werden. Dann erfolgt das eigentliche Probieren unter gleichzeitigem Luftausstoßen aus der Nase, das „Kauen" des Weins und Ausspeien.

Prüfung und Bewertung von Wein ist nur in sachlicher Form unter Aufzeichnung der stichwortartigen Merkmale wie blumig, bukettreich, mild, fruchtig und dergleichen mehr bei gleichzeitigem Vergleich mit anderen Weinen möglich. Dort, wo der Vergleich mit anderem Wein fehlt, ist die genaue Beurteilung selbst für den Fachmann zum mindesten sehr erschwert, wenn nicht ausgeschlossen. Ebenso unsachlich wäre es, Weinqualitäten nur durch Vergleich von Preislisten abzuschätzen und Werturteile abzugeben an Hand unbemusterter Angebote. Bei Weinproben ist es üblich und zweckmäßig, Wasserwecke zu reichen zur Neutralisierung des Geschmacks. Es sollte keiner besonderen Erwähnung bedürfen, daß der Genuß von Süßigkeiten (Kuchen, Torte, Süßspeisen aller Art oder Gebäck) jedes Probieren von Wein unmöglich macht. Bei Rotweinproben können Käsewürfel gereicht werden. Die Probe selbst findet stehend statt.

14. Geschmack und Weinansprache

Wer als Wein- und Weiberhasser
jedermann im Wege steht,
der esse Brot und trinke Leitungswasser
bis er daran zugrunde geht.
(Wilhelm Busch)

Die Erfahrung zeigt, daß die Masse der Weintrinker zunächst im allgemeinen den weißen rheinhessischen Wein liebt, im Laufe der Jahre und bei zunehmendem Alter vielfach im Geschmack wechselt, um später bei Mosel oder Rheingau zu landen. Die Liebe zum Rotwein kommt meist erst, wenn die Schläfen zu ergrauen beginnen.

Hart oder fest nennt man Weine mit hervorstechender Säure, weich solche mit wenig Säure. Harmonische Weine besitzen ein abgerundetes Verhältnis zwischen Säure, Alkohol und Extrakt. Rassig sind leichtere, harmonische Weine mit etwas ausgeprägtem Säuregeschmack und deutlichem Rieslingbukett, brandig sind Weine mit hervorstechendem Alkoholgeschmack, feurig solche mit hohem, aber harmonischem Alkoholgehalt. Bei dickflüssigen schweren Weinen spricht man von ölig. Sie bilden beim Herabfließen an der Wandung des Glases einen Kranz (Streifen). Gut abgelagerter Wein hat Wohlgeschmack und Reife. Zu alt gewordener Wein schmeckt dünn, vielfach arzneiartig, man nennt ihn firn. Solche Weine haben in der Regel ein stark entwickeltes Bukett und sind hochfarbig. In Deutschland werden diese Weine heutzutage vom Verbraucher als „tot" abgelehnt. In England dagegen haben sie besondere Liebhaberkreise. Ein Beweis, wie verschiedenartig die einzelnen Geschmacksrichtungen sind.

Der Alkoholgehalt der deutschen Weine beträgt bei Tafelweinen 8 bis 10* und bei Qualitätsweinen 10 bis 12 Volumen %. Die alkoholreicheren nennen wir schwer. Die Extrakt- und Bukettstoffe sind ausschlaggebend für die Güte der Weine. Wir bezeichnen sie als rund und vollmundig. Man unterscheidet trockene Weine, in denen der Zuckergehalt vollständig vergoren ist, und solche mit Restsüße, in denen ein Teil des Zuckers bei der Vergärung erhalten wurde. Als „durchgegoren" oder „trocken" darf nur ein Wein bezeichnet werden mit weniger als 4 g/l Zucker.

Mit Sortenbukett oder fruchtig kennzeichnen wir Wein, bei dem die Traubensorte hervorschmeckt. Bei Rieslingweinen spricht man von kernig und herzhaft, bei Rotweinen von herb, gerbstoffreich oder -arm, samtig, warm und nussig, von mild bei säurearmem Weiß- und Rotwein, von pappig, dick oder parfümiert bei Dessertweinen und von harzig, wenn sie überaltert sind. Alle diese Geschmacksnuancen ermittelt die erfahrene Zunge des geübten Kosters. Beim Weinchemiker schlägt von diesen Geschmackseindrükken, die den Wert des Weines ausmachen, nichts zu Buch. Mit der besten Analyse ist der gerechte Preis nicht festzustellen.

* Mindestalkoholgehalt deutscher und ausländischer Tafelweine ist 8,5 Vol. %.

15. Was ist „Güte" beim Wein?

Gebet starke Getränke denen, die umkommen wollen,
und den Wein den betrübten Seelen,
daß sie ihn trinken und ihres Elends vergessen,
und ihres Unglücks nicht mehr gedenken.

(Salomon)

Mit diesem Thema könnte man ein dickes Buch füllen. Denken wir dabei an uns selbst: Unter der Unzahl von Gesichtern, die uns begegnen, sind nur ganz selten solche, die durch reine Schönheit unseren Blick eine Weile gefangen halten. Sehen wir das gleiche Gesicht einige Zeit später wieder, so kann jene damals bemerkte Schönheit verschwunden sein. Diese Feststellung zeigt, daß ganz kleine, vielleicht altersmäßig bedingte Verschiebungen und Veränderungen von Proportionen zu anderem Gesamturteil führen. Auf den Wein trifft diese Beobachtung auch zu, der, wie wir wissen, keine tote Konserve, sondern ein lebendiges Gut darstellt und Veränderungen unterworfen ist.

Unter der Unzahl von Weinen, die wir im Laufe unseres Lebens probieren, sind nur einzelne, die in Erinnerung bleiben und uns zum Erlebnis wurden. Sie müssen von besonderem Anreiz und von bestechender Güte gewesen sein. Mit welchem Instrument ermitteln wir diese Güte? Die maßgebenden Komponenten beim Wein — Alkohol, Extrakt, Zuckergehalt und Säure — sind analytisch meß- und erfaßbar. Die Erfahrung hat uns die Kenntnis derjenigen Zahlenwerte übermittelt, die beim Wein zu erwarten sind. Dennoch können zwei grundverschieden mundende Weine, z. B. ein stark überalterter, kaum noch genußfähiger, und ein ansprechend guter, die gleichen Zahlenwerte aufweisen. Es müssen also noch andere Größen im Spiel sein, die nicht durch analytisches Messen und Wägen aufspürbar sind. Es handelt sich hier um zarte ätherische Duftstoffe ganz besonderer Art, die der Chemiker im Laboratorium nicht erfassen kann. Menschliche Vollkommenheit kommt erst dann zustande, wenn das Schöne durch besondere Züge vergeistigt zur Persönlichkeit erhoben wird. Güte besagt beim Wein etwas selten Vorkommendes, etwas Vollkommenes. Nicht in Fülle und Schwere des Weines oder etwa nur in einer betonten Süße liegt das Typische, das Berückende, sondern das elegante Zusammenspiel aller Werte vermittelt das köstlich lukullische Erlebnis.

Dem Menschen ist durch die Zungen- oder Sinnenprobe eine sichere Prüfmethode gegeben zur selbständigen Beurteilung des Weines. Color, odor, sapor — Farbe, Geruch und Geschmack — sind die drei Sinnenmerkmale. Ein Wein, der trübe oder blind ist, gleicht einem Patienten, dessen Auge matt und krank erscheint. Die Nase — wie der Fachmann vom Duft des Weines sagt —

Die gefürchtete Weinkontrolle kann sich wochenlang im Betrieb aufhalten. Hier bei der Verkostung eines bestimmten Teilsortimentes bevor es an die Prüfung der bereitgestellten Weinbücher geht. Unter den Prüfern gibt es den anzeigefreudigen Kontrolleur und den warnend beratenden, hilfreichen Sachverständigen

Deutschland

Blick aus dem im In- und Ausland weltberühmten Doktor-Weinberg auf das von Reben umkränzte Moselstädtchen Bernkastel-Kues. Links über Bernkastel liegt die Burgruine Landshut, rechts jenseits des Flusses in Kues das historische Sankt-Nikolaus-Hospital, eine Stiftung des bedeutenden mittelalterlichen Gelehrten und Humanisten Kardinal Nikolaus Krebs von Kues (1401–1464)

Anlage für die kaltsterile Füllung von stillen und kohlesäurehaltigen Getränken (Still- und Perlwein) mit 11.000 Flaschen in der Stunde

Auch bei der Verkostung und Beurteilung von Weinbränden im Schwenker spielt die Nase des Sachverständigen eine entscheidende Rolle. Bei der Blindverkostung sind die Gläser numeriert. Die spannende Entschlüsselung erfolgt allerdings erst nach der schriftlichen Fixierung der Expertise durch den Sachverständigen muß nicht nur sauber und rein, ohne Schweiß oder Stich sein, sondern Feinheiten erkennen lassen, wie den Duft nach Früchten, — nach Aprikosen oder Pfirsichen vielleicht, und dies nur in zartberührender Weise. Alles Aufdringliche und Parfümierte wirkt ordinär und abstoßend. Der Geschmack nun als drittes und letztes soll die Wahrnehmung von Auge und Nase harmonisch zu einem Ganzen vereinen und bestätigen.

Bei der Frage „Was ist Güte beim Wein?“ müssen vorneweg alle diejenigen Weine als ausgesondert gelten, die in den vorstehend angedeuteten drei Prüfungen durch unsere Sinne nicht voll befriedigen, denn sie sind zu klein oder krank, vielleicht sogar verdorben. Kurz gesagt, sie haben Mängel und Unarten, sie sind nicht harmonisch, was untrügliche Voraussetzung ist für Schönheit und Güte, und bilden kein geschlossenes abgerundetes Ganzes. Für einen Wein von „Güte“ gilt, gleichgültig ob er einen zarteren oder ganz reichen Inhalt hat, als oberstes Gesetz: „Harmonie in allen Geschmacksstoffen“. Diese lassen sich durch die Zungenprobe in den einzelnen Komponenten feststellen. Der K ö r p e r ergibt sich aus dem Gehalt an Extrakt, Glyzerin und Gerbstoff und macht den Wein — zart — saftig — stoffig — wuchtig. Der F r u c h t g e s c h m a c k sollte Eigenschaft jedes Weines sein, sei er noch so klein. Er macht das Wesen des Weines aus und kann sich in vielen feinen Übergängen steigern vom — zarten, feinen Wohlgeschmack — über schöne Art — zur delikaten Fruchtwürze — und vollendeten Finesse in der Fruchtkonzentration. Der A l k o h o l gibt dem Wein das Feuer und stuft sich ab in — leicht — kräftig — schwer — feurig. In Frankreich wird im Gegensatz zu uns der Preis eines Weines nach seinen Alkoholgraden bestimmt.

Ein Wein ohne S ü ß e ist trocken und kalt. Die Stufen der Süße gehen von der — zarten — lieblichen — saftigen — bestechenden — bis zur öligen Honigsüße der Beerenauslese. Die S ä u r e belebt den Wein und macht ihn pikant. Ihr Vorhandensein ist für einen guten Wein unentbehrlich: feine — rassige — reife — delikate Fruchtsäure. Auch K o h l e n s ä u r e soll der Wein enthalten, bestimmt sie doch sein Leben. Aufwärts von — frisch — spritzig — feinprickelnd — göhrig — bis zur edlen Flaschengöhr und abwärts von — ausgebaut — abgeklärt — zur edlen Firne bewegt sie sich je nach Alter des Weines.

Nur das wohlausgewogene Gleichgewicht all dieser Stoffe gibt einem Wein seine Harmonie, die sich im Zusammenwirken schon im Duft offenbart. Diese Wahrnehmungen sind allerdings nur mit aufgeschlossenen, feinempfindlichen Sinnen zu erkennen, und wer einmal eine Anzahl edler, differenzierter Weine sorgfältig durchgekostet hat, wird bestätigen können:

Wein-Probieren ist ein interessantes, schönes und geistiges Erlebnis.

Es ist die Aufgabe des verantwortungsbewußten Weinkaufmannes, ständig auszusortieren und dann durch Pflege die begehrten Eigenschaften, welche die Güte ausmachen, zu fördern. Eine schöne Frau mit wohlproportionierten Maßen kann recht langweilig sein, wenn nicht Eleganz der Bewegung, Timbre der Stimme oder Charme des Blickes, Geist und Seele erkennen lassen. Auch Wein mit wohlausgewogenen analytischen Zahlenwerten kann bei aller Reinheit und Fehlerfreiheit ein langweiliges Getränk ohne Anregung sein. Wein mit dem Prädikat „Güte“ muß außerdem in vornehmer Art die Merkmale seiner Herkunft, wie den Stahl des Rheingaues oder den beschwingten Duft der Mosel erkennen lassen. Daneben muß er Anreiz besitzen, locken und begeistern, vielleicht so, wie es eine bezaubernde Frau durch den Reiz ihres Augenaufschlages zu tun versteht.

Die verständnisvolle Pflege des Einzelfasses — man kauft ja Wein nicht in einer Fabrik — und die Sorge um den Ausbau, der Abstich im richtigen Zeitpunkt und die Probe in regelmäßigen Abständen, also eine recht intensive Beobachtung des Zöglings, ist grundlegende Voraussetzung, „Güte“ im höheren Sinne, wie sie uns im Rahmen dieser Betrachtung vorschwebt, zu erzielen. Nur mit Fingerspitzengefühl und Liebe zum Wein, mit Opfern und Kosten ist dies zu erreichen. Beim einen Wein begeistert sein edler Stoff und Körper, beim anderen wiederum die frische, ausgeglichene Fruchtsäure in bezug zum Ganzen, und beim dritten lockt die zarte Eleganz verbunden mit feiner Süße.

Auf jeder Preisstufe — von den alleruntersten abgesehen — gibt es Gewächse, die Güte erlangten. Die Frage, ob der zu beurteilende Wein durch Mostzuckerung verbessert wurde oder nicht, ist belanglos, solange das Güteprinzip im Vordergrund stand. Diese Tendenz kommt auch im Weingesetz von 1971 deutlich zum Ausdruck, da Q. b. A. angereichert sein darf.

In einem gut geführten Weinhaus gelangen die heranreifenden Sorten erst kurz vor Erreichen des Gütehöhepunktes zum Vertrieb, damit der Käufer das Erzeugnis im günstigsten Augenblick erwirbt. Gesundheit und lange Lebensdauer sind Gütemerkmale reifer Sonnenjahrgänge.

Zur Auswahl eines Erzeugnisses, an das so vielseitige Ansprüche gestellt werden — denn es soll schließlich dazu beitragen, Freude zu spenden —, nimmt man sich die nötige Zeit. Man vergleiche, man probiere und bemühe sich, das Erinnerungsvermögen für kostbare Weine zu schulen und zu steigern, dann ist man auf dem richtigen Weg, zu erkennen, was Güte beim Wein vom Standpunkt des gehobenen Geschmacksanspruchs bedeutet.

16. Wieviel „Jahrhundertweine" gibt es?

Gott gebe dir vom Tau des Himmels
und von der Fettigkeit der Erde
und Korn und Wein die Fülle.
(1. Mose, 27, 28)

Man hört und liest viel vom Jahrhundertwein, und jemand, der sich im Weinfach nicht genau auskennt, könnte auf den Gedanken verfallen, es handle sich bei einem „Jahrhundertwein" um den besten Tropfen, der innerhalb von hundert Jahren erzeugt wurde.

Die sogenannten „Jahrhundertweine" kommen etwa alle zehn Jahre vor. In unserem Jahrhundert haben wir an hervorstechenden deutschen Weinen die Jahrgänge 1904, 1911, 1921, 1949, 1953, 1959, 1964 und 1971 die der Bezeichnung „Jahrhundertwein" würdig sind. Wenn man einen Schritt weitergehen will, kann man sogar die Jahrgänge 1934, 1937 und 1945 noch dazurechnen. Ausländische Jahrgangsqualitäten müssen nicht gleich sein.

Es handelt sich bei den Jahrhundertweinen um ausnehmend reife, vollreife Weine, die neben natürlicher Süße einen höheren Alkoholgehalt als durchschnittliche Jahrgänge bilden. Darüber hinaus sind sie als Folge ihrer Reifeeigenschaft langlebiger, also länger haltbar, als es Wein gewöhnlich ist. Die durchschnittliche Lebensdauer normaler Jahrgänge liegt bei sieben Jahren. Danach fallen die Weine ab und werden früher oder später firn (alterskrank). Der firne Geschmack ist heute nicht mehr begehrt.

Zweifellos war von den eingangs genannten Jahrhundertweinen der 1921er der langlebigste, vorausgesetzt daß er richtig behandelt wurde. Man traf vor Kurzem noch unter den Raritäten der Schatzkammer 1921er, die herrlich waren, deren Frische überzeugte und imponierte. Die Entwicklungs- und Behandlungsperiode des 1921er fiel allerdings in die Inflationszeit; vielfach wurde er nicht jahrgangsgerecht gepflegt, was seine Lebensdauer verkürzte und seinen Wert minderte. Auch beim 1959er Jahrhundertwein kam es auf die Pflege an, auf die Erfahrung des einzelnen Kellerwirts und nicht zuletzt darauf, diesem Wein seine kostbare Säure zu erhalten. Allzu häufig stößt man auf die Ansicht — auch bei sonst tüchtigen Einzelhändlern —, man solle nur das billigste Faß des Jahrhundertweines irgendwo kaufen, selbst oder durch einen befreundeten Küfer im Lohn auf Flaschen ziehen und liegen lassen, bis der Wein „ins Geld gewachsen" sei. Eine solche Vorstellung von einem Jahrhundertwein ist grundverkehrt. Man kann nicht erwarten, daß ein Jahrhundertwein der billigsten Preisklasse von belangloser Lage ewig hält, immer besser im Liegen wird und seinem Jahrgang obendrein besondere Ehre einlegt. Auch beim Jahrhundertwein eignen sich zum Lagern im allgemeinen nur anerkannt gute Lagen aus Riesling-

oder anderen Edeltrauben, die schon als Jungweine Körper und Würze mitbringen, kurz und gut: Weine, die bereits im Faß Geld kosten. Eine weitere Voraussetzung für längere Lagerfähigkeit ist die sachgemäße Behandlung in einer erfahrenen und modern ausgestatteten Kellerei.

17. Weinkrankheiten

An einem Rausch ist das schönste der Augenblick,
in dem er anfängt, und die Erinnerung an ihn.
(Kurt Tucholsky)

Die Weine unterliegen mancherlei Entwicklungsstadien, die ihre Güte verringern und sie ungenießbar machen können. Bei mangelhafter Kellerpflege finden wir, wenn die Fässer nicht genügend behandelt und gewässert wurden, Faß-, Lohe- und Schimmelgeschmack, den Hefegeschmack bei Verzögerung des Abstichs, den Korkgeschmack bei Vorkommen eines schlechten Stopfens, unliebsame Farbveränderung und schließlich das Böcksern, d. h. die Entwicklung von Schwefelwasserstoff, und das Mäuseln. Diese Fehler können durch Abstich und Behandlung beseitigt werden. Gefährlicher sind die eigentlichen Weinkrankheiten, die durch falsche Gärungserreger erzeugt werden, wie Essig- und Milchsäurestich oder Kahmig- und Rahnwerden, Krankheiten, die nur im Anfangsstadium geheilt werden können.

18. Handelsmaße

Geld läßt sich in alles verwandeln,
Aber nur ein Umtausch ist sinnvoll:
der in Wein. Mit ihm zahlen wir den Zoll,
der uns den Grenzverkehr mit dem Göttlichen ermöglicht.
(Bodo Brodt)

Während Pfalz- und Moselwein in Fuderfässern von 1000 Litern gehandelt werden und Rheingauer meist in Halbstücken von 600 Litern, wird rheinhessischer Wein in Stückfässern von 1200 Litern oder Doppelstücken von 2400 Litern angeboten. Bessere Weine oder Restposten werden in kleineren Gebinden angestellt. Die Verwendung zu kleiner Lager- oder Versandfässer ist dem Wein unzuträglich in seiner Weiterentwicklung, da ein zu großes Verhältnis von Holz zur Weinmenge den Wein nachteilig beeinflußt und die Gefahr erhöhten Luftzutritts sich ungünstig auswirkt. Französische Weine werden in Oxhoften (pièce) von 225 Litern (4 pièces = 1 tonneau), Port und Sherry in Pipen zu 500 Litern gehandelt.

19. Erlangung von Weinkenntnissen

Der Wein ist unter den Getränken das nützlichste,
unter den Arzneimitteln das süßeste,
unter den Speisen die angenehmste.

(Plutarch)

Auf die Frage, wie man Kenntnisse im Weinfach und eine sichere Zungenprobe erlangt, läßt sich antworten: „Übung macht den Meister". Selbstverständlich muß eine Begabung zur Sinnenprobe vorliegen, die etwa mit der des absoluten Gehörs bei der Musik verglichen werden kann. Auf der anderen Seite verlangt die sichere Probe und Beurteilung von Wein jahrelange Übung und Erfahrung, ähnlich den Künsten des Handwerks oder jeder anderen Fingerfertigkeit.

Durch starkes Rauchen erlahmt die Feinheit des Gaumens; deshalb darf beim Kosten von Wein nicht geraucht werden. In keiner Kellerei ist das Rauchen im Keller Gästen oder Personal gestattet. Etwas anderes ist es, wenn man zu Hause beim Weintrinken raucht. Eine Weinprobe soll aber keinen Genuß in diesem Sinne darstellen, sie ist eine ernsthafte Handlung und Anstrengung, bei der die Sinne auf die Materie Wein konzentriert sind. Bei großen Proben sind oft 100, selbst 200 und mehr Sorten aufgestellt, und bei öffentlichen Versteigerungen ergehen gedruckte Prospekte mit Freispalten zur Eintragung der Probe-Ergebnisse.

Zur Erlangung von Weinkenntnissen wende man sich am zweckmäßigsten an einen älteren, erfahrenen Fachmann aus der Bekanntschaft. Man lasse sich den Keller zeigen und die einzelnen Behandlungsvorgänge erläutern. Dann schreite man zur Probe verschiedenartiger Weine einer Preisklasse aus den einzelnen Gebieten, gegebenenfalls sogar des In- und Auslandes, und vergesse nicht, sich Notizen zu machen, notfalls unter Benutzung selbstgewählter Ausdrücke, um die aufgenommenen Geschmackseindrücke dem Gedächtnis festzuhalten. Man versäume auch nicht, zurückzuproben und hierbei die Notizen zu vergleichen, abzuändern oder zu berichtigen. Fachleute finden sich gern bereit, nähere Erklärungen zu jedem Wein zu geben, seine Eigenart und Vorzüge zu schildern und anhand der Lagenkarte auch geologische und geographische Aufschlüsse zu erteilen.

Es bedarf keiner Frage, daß selbst unter Fachleuten eine Weinprobe subjektiv und abhängig ist von Umgebung und Stimmung sowie von der Speise, die man vorher zu sich genommen hat. Die Weinprobe erfordert Konzentration, Ruhe, Zeit und gute körperliche Verfassung. Im Zustand innerer und seelischer Unruhe sollte man keinesfalls probieren.

Am sichersten probiert man auf nüchternen Magen vor dem Mittagessen —

abgesondert in einem ruhigen Raum. Erst nach langjähriger Übung ist es möglich, Jahrgang, Traubensorte und Weinbaugebiet, in Ausnahmefällen auch weitere Einzelheiten zu bestimmen. Laien und selbst die Mehrzahl der Weinfreunde sind bei verbundenen Augen kaum in der Lage, Weißwein von Rotwein zu unterscheiden. Ein Versuch in dieser Richtung wirkt aufschlußreich und läßt die sogenannten Weinkenner enttäuscht verstummen. Unter Laien hört man oft den Ausdruck „gepantschter Wein". Hierunter versteht der Fachmann einen gefälschten und den gesetzlichen Bestimmungen nicht entsprechenden Wein, insbesondere einen durch verbotenen Wasser-, Trester- oder Apfelweinzusatz „gestreckten" Wein. Werden solche Weine aufgegriffen, so werden sie durch Sicherstellung aus dem Verkehr gezogen und der Verantwortliche bestraft.

Dagegen darf die große Bedeutung des Weinverschnitts, soweit er gesetzlich statthaft ist, nicht verkannt werden. Die modern gewordenen Markenweine, mitunter nur als „Deutscher" oder „Europäischer Tafelwein" gekennzeichnet, sind das Ergebnis wohlgelungener Mischung. Wenn gewisse Kreise sich in dem Glauben befinden, daß sie mit reeller Handlungsweise nicht identisch sei, so kann solcher Auffassung nicht genug entgegengetreten werden. Ein kunstgerechter Verschnitt erfordert viel Erfahrung.

Es ist eine bekannte Tatsache, daß die Qualität der Traubenernte in einzelnen Jahren an derselben Stelle recht unterschiedlich ausfällt. Andererseits verlangt das weintrinkende Publikum, wenn es sich an einen bestimmten Wein gewöhnt hat, daß der gleiche Wein nachgeliefert wird. Letzteres ist dadurch zu erreichen, daß verschiedene Weine, die, miteinander vermischt, das gewünschte Produkt ergeben, verschnitten (verstochen) werden. Die Ursache des Weltrufs der französischen Weine und Cognacs ist die besondere Vollkommenheit, welche die Kunst des Verschneidens dort erlangt hat.

Auf Angeboten und Weinkarten finden wir grundsätzlich die Trennung zwischen deutschen und ausländischen Weinen sowie zwischen weißen und roten. Eine besondere Gruppe bilden die Dessertweine. Rheinwein ist besonders aufgeführt, im Preis gestaffelt und getrennt gehalten von Mosel. Inwieweit eine Unterteilung beim Rheinwein vorhanden ist in Rheinhessen, Rheinpfalz und Rheingau, wie wir sie kennenlernten, richtet sich nach der Bedeutung des entsprechenden Unternehmens, seiner Sortierung und dem Umfang der Weinkarte. Im Konsumgebiet der Pfalz (Südliche Weinstraße) stoßen wir auf die billigsten deutschen Weine, dann folgen neben Obermosel rheinhessische der Güteklasse III, während die beiden besseren rheinhessischen Gruppen (I und II), die Rheingauer, Pfälzer der Mittelhaardt und Mittelmoselweine hohe und höchste Preise erzielen, entsprechend ihrer Güte und längeren Lebensdauer.

20. Die Struktur des Weinhandels

Der Wein ist die Rolltreppe
in die Behaglichkeit unseres Innenlebens.
(Hans-Georg Dörr)

Im Produktionsgebiet wie im gesamten Bundesgebiet unterscheiden wir neben dem Kommissionär, der an das Erzeugergebiet gebunden ist, den Wein-Importeur, die Kellerei und Großkellerei, die Weinhandlung und Weingroßhandlung, den Weinhandel, Weinvertreter und Exporteur.

Daneben beliefert eine Reihe von Lebensmittelgroßunternehmen und -großhandlungen ihre Filialen. Bei ihnen bildet der Wein eine Abteilung in der Struktur des Gesamtgeschäftes. Außerdem haben größere Gaststättenbetriebe mitunter eine Weinhandlung angegliedert. Es gibt auch Kellereien, die auf Lohnabfüllung arbeiten, vor allem für größere Betriebe, die die Arbeit räumlich oder zeitlich nicht allein bewältigen können.

Es bedarf auch der Erwähnung, daß von alters her der Umschlag von ausländischen Rotweinen sowie Dessertweinen in den Hansestädten ein sehr bedeutender ist. Hierbei sprechen auch klimatische Umstände mit.

Der Weineinkauf ist Vertrauenssache. Daher bleibt der regelmäßige Weintrinker im allgemeinen seinem Weinhändler treu, womit er zweifelsohne auch am besten fährt. Wir finden die verschiedensten Geschäfte — vom einfachen Küfer- und Kellergewerbe bis zur traditionsgebundenen, vornehmen Weingroßhandlung; dazwischen steht das Weinfachgeschäft.

All diese Betriebe beschäftigen eine nicht zu unterschätzende Reihe von Industrien für die besonderen Belange des Faches an Kellergerät, Schläuchen, Tanks und Faßmaterial, an Flaschen, Korken, Kapseln, Etiketten, Flaschenhülsen und Versandkartons.

Die einzelnen Weinfirmen wenden sich je nach ihrer Struktur an die verschiedenen Konsumenten- und Abnehmerkreise. Naturgemäß sind die Betriebe, die ausschließlich den Handel bedienen, am seltensten. Ein Teil der Weinhändler beliefert ausschließlich Wiederverkäufer, andere wenden sich an Privatkundschaft oder beide Kategorien zugleich durch preislich unterschiedene Listen für Wiederverkauf und Selbstverbraucher.

Eine Besonderheit des Frankfurter Platzes sind die bedeutenden Apfelwein-Keltereien. Ihr „Stöffchen“ wird in den zahlreichen Gaststätten der linken Mainseite in Sachsenhausen ausgeschenkt. Apfelwein besitzt etwa 5 Vol.% Alkohol. Er wird naturtrüb und exporthell hergestellt.

21. Was sind weinhaltige Getränke?

Er stärkt schwachen Magen
erfrischt matte Kräfte.
(Augustinus)

Diejenigen Getränke, die nach Beschaffenheit und Zusammensetzung neben gewissen Zusätzen hauptsächlich Traubenwein enthalten, gehören zu dem Sammelbegriff der weinhaltigen Erzeugnisse. Hierzu rechnet man Wermut, Aperitif und Kräuterwein (aromatisierte Weine). Während man in der Weinkellerei im allgemeinen einen kleineren oder mittelgroßen Gewerbebetrieb vor sich hat, in dem oft eine stattliche Anzahl verschiedenartiger Gewächse gesondert voneinander liegen, behandelt, gepflegt und ausgebaut werden, stoßen wir innerhalb der Gruppe der Hersteller weinhaltiger Getränke auf meist ansehnliche Fabrikationsbetriebe. Alle Hersteller weinhaltiger Getränke haben mehr oder weniger bekannte Marken geschaffen und eingeführt. Das Streben dieser Unternehmen ist auf gleichbleibende, geschmacklich ausbalancierte und rechtlich geschützte Marken gerichtet.

Der eigentliche und ursprüngliche Sitz der Hersteller von Wermutwein ist Turin (Italien), da dort zuerst die an den benachbarten Hängen wachsenden, besonders geeigneten Astiweine mit Wermutkräutern verarbeitet wurden, die diesem Getränk jenen ihm eigentümlichen Geschmack sowie seine feine und appetitanregende Würze und Bittere verleihen. Als „Vermouth" bzw. „Vermouth di Torino" in ausländischer Schreibweise wird nur der im Ausland (insbesondere Italien, in weniger bedeutendem Umfang auch Frankreich) bzw. in Turin hergestellte Wermutwein bezeichnet.

Alle hingegen in Deutschland zubereiteten Wermutweine — gleichgültig ob aus deutschem oder ausländischem Grundwein und sonstigen Zutaten — können nur als „Deutscher Wermutwein" in den Verkehr gelangen. Im übrigen muß die Kennzeichnung deutscher oder italienischer oder französischer Wermutwein aus dem Flaschenschild in deutlicher und unverwischbarer Schrift ersichtlich sein. Der Alkoholgehalt* des Wermuts liegt gesetzlich fest bei mindestens 119 und höchstens 145 Gramm Alkohol im Liter bzw. 15,07 bis 18,37 Vol. % Alkohol. Unter Aperitif versteht man in Frankreich, dem klassischen Lande der Aperitifs, appetitanregende alkoholische Getränke, die vor dem Essen gereicht werden. Digestif nennt man ein die Mahlzeit beschließendes hartes oder bitteres Getränk.

---

* nach dem neuen Weinrecht höchstens 18 Grad.

Frankreich

Bei Kerzenlicht verkosten regionale und internationale Weinsachverständige französische Spitzenerzeugnisse in den geräumigen Kellern, des Hotel Intercontinental Paris

Österreich

Beim Heurigen in Wien (Grinzing) treffen sich alte Bekannte. Die Tische unter der Torkel (Weinkelter) sind stets besonders begehrt

Jungweinprobe im Winzerkeller aus frisch angestochenem Faß

Primeurprobe der Weinsachverständigen der BRD auf der Gutsterrasse der Weinkellerei Kettmayr mit Blick auf die schneebedeckten Berge des reizvollen Landes

Aperitif kann Zusätze von Auszügen aus bestimmten Kräutern, Rinden oder Wurzeln oder oft auch Auszüge aus Früchten wie die Spezial-Marsala-Weine erhalten haben sowie durch Hinzufügen von Sprit oder Weinalkohol auf etwa 16 bis 18 Vol. % verstärkt werden. Auch Südweine oder Spirituosen werden als Aperitif gereicht.

Im deutschen Bundesgebiet sind Aperitifs erst durch die französischen Besatzungstruppen populär geworden; vor 1945 war der Begriff „Aperitif" den deutschen Konsumenten so gut wie unbekannt. Soweit die Herstellung von „Aperitifs" von deutschen Firmen vorgenommen wird, erfolgt diese auf der Basis der Kräuter — oder der aromatisierten Weine.

Bei der Bereitung solcher Aperitifs ist vorgeschrieben, daß diese über 500 ccm Wein im Liter enthalten.

Durch Änderung der Verordnung über Wermutwein und Kräuterwein in eine solche über Wermutwein und aromatisierte Weine sind seit 1966 die sizilianischen Landesprodukte Marsala all uovo (Marsala mit Ei) und die anderen Spezial-Marsalas mit Schokolade, Erdbeeren, Bananen oder Mandeln in der Bundesrepublik einfuhr- und verkehrsfähig. Sie sind als weinhaltiger Aperitif oder wie im Herstellungsland als aromatisierter Wein zu bezeichnen. Zu dieser Gruppe rechnet man auch die rezinierten (geharzten) durststillenden Weine Griechenlands.

22. Besonderheiten der Schaumwein- (Sekt-, Champagner-, Asti spumante-) Zubereitung

So gehen die Getränke an uns vorüber:
Die unbeschwerten zuerst,
dann die blumigen,
zuletzt die aromatischen.

(Brillat-Savarin)

Einleitend sei bemerkt, daß der Begriff „Sekt" ohne Ausnahme ein Traubenerzeugnis darstellt, während bei „Champagner" außerdem die Forderung erhoben wird, daß dieser — wie der Name besagt — aus Weinen der französischen Landschaft Champagne (Departements de la Marne, de l'Aisne, de l'Aube, de Seine-et-Marne und de la Haute-Marne) hergestellt und dort zu Schaumwein verarbeitet worden ist.

Daneben kennen wir den Asti spumante, den süßen italienischen Schaumwein der Turiner Gegend, der ein nachhaltiges Muskataroma besitzt. Schaumwein ist nach der deutschen Gesetzgebung nach dem Land der Fertigstellung als deutscher Sekt bzw. Prädikatsekt oder französischer oder italienischer Schaumwein in 0,5 cm großer Schrift auf dem Flaschenschild zu bezeichnen. Der Alkoholgehalt der Asti spumante ist niedrig. Die Herstellung erfolgt aus Moscato di Canelli, der bei hohem Restzucker nur 5 Vol. % Alkohol aufweist.

Die Bezeichnung „Sekt" (spanisch: vino secco, englisch: sack) müßte genaugenommen im Deutschen „trocken" heißen. Seit Ludwig Devrient, der nach Falstaff im Wirtshaus gern „a cup of sack" verlangte, dabei aber Champagner meinte, bedeutet Sekt soviel wie „Schaumwein aus Trauben".

Schaumwein ist Gattungsbegriff, der auch in Verbindung mit der verwendeten Fruchtart zur Bezeichnung von Apfel-, Johannisbeer-Schaumwein und dergleichen mehr oder ganz allgemein zur Kennzeichnung von Frucht- oder Obst-Schaumwein dient. Hieraus ergibt sich, daß es einmal keinen deutschen Champagner gibt, selbst wenn das Getränk in Deutschland aus Weinen der Champagne hergestellt worden wäre — und zum anderen keinen Obst-„Sekt", denn der Begriff Sekt darf nur für Schaumwein aus Trauben verwendet werden,* der amtlich geprüft worden ist.

In der Art der Herstellung der Schaumweine unterscheiden wir vier voneinander verschiedene Verfahren: 1. das Flaschengär-, 2. das Transvasier-, 3. das Tankgär- und 4. das Imprägnierverfahren, die in Geschmack und Preis mehr oder weniger erheblich voneinander abweichen. Der neuerdings auf dem Markt aufgetauchte sogenannte Perlwein mit nur geringem Gehalt an Kohlensäure und dementsprechend schwächerer Schaumbildung gehört nicht zu den Schaumweinen, sondern ist schäumender Wein, denn jene den Schaumwein charakterisierenden Zusätze, die wir im nachfolgenden noch kennenlernen, sind nicht darin enthalten. So bedient man sich auch zu seiner Ausstattung der Schlegel(Wein)flasche. Ebenso werden Sektkork und Stanniolkragen — zwei typische Merkmale für Schaumwein neben der eigentlichen „Sektflasche" — nicht verwendet. Form und Stabilität der Sektflaschen sind durch den hohen Kohlensäuredruck, dem diese standhalten müssen, bedingt. Sie haben einen solchen bis zu etwa 6 Atmosphären auszuhalten, Perlwein hat dagegen 1 bis 2,5 Atmosphären. Für die Sektkellerei treffen — wie wir anläßlich einer Besichtigung feststellen können — zunächst die gleichen Gegebenheiten und Voraussetzungen zu, wie wir sie für Weinkellereien im einzelnen kennengelernt haben. Worin besteht nun die Besonderheit der Sektkellerei, außer der Auswahl der für ihre Bedürfnisse geeigneten Weine mit den für die Sektbereitung typischen Eigenschaften?

Zunächst wollen wir uns mit dem Begriff „cuvée" (Großverschnitt) vertraut machen, dessen man sich bedient, um gleichbleibende Qualität auf längere Sicht zu gewährleisten. Es werden zueinander passende Weine in

* Bei Prädikatsekt wird ein bestimmter Anteil deutscher Traubensorten gefordert (60 Prozent). Die Brüsseler EWG hat grundsätzlich dagegen Protest erhoben.

Riesengebinden zu einer „cuvée“ gemischt. Nach Ausbau und fortgeschrittener Entwicklung der „cuvée“ wird diese mit modernsten Füllmaschinen vollautomatisch auf Flaschen abgezogen. Hierbei werden rein gezüchtete Weinhefe, d. h. rassenreine, nämlich aus einer einzigen Zelle gezüchtete Hefen, und Zucker zugegeben, so daß durch eine nunmehr einsetzende zweite Gärung im Verlauf einer vielmonatigen Lagerung aus Wein Schaumwein entsteht. Der Zucker wird bei diesem Vorgang ebenso wie bei der Vergärung des Mostes in Kohlensäure und Alkohol gespalten, die Flüssigkeit wird „moussierend“. Reifung und Abrundung, die edelsten Eigenschaften von Wein und moussierenden Getränken, entwickeln sich nun bei gutem Schaumwein im Schlummer der Jahre.

Um die bei der zweiten Gärung entstandene Hefe, die wieder Trübung im Wein hervorgerufen hat, aus der Flasche zu entfernen, ist die Hefe auf die innere Fläche des Korkens zu bringen. Hierzu werden die Flaschen schräg mit dem Hals nach unten in sogenannte Rüttelpulte gesteckt und während mehrerer Wochen einzeln gerüttelt. Durch den Rüttler wird geprüft, ob die Hefe sich vollkommen auf den Korken gesetzt hat. Sobald dies der Fall ist, wandert die Flasche mit dem Kopf nach unten in die Gefrieranlage, wo bei einer Temperatur von etwa minus 18° C die Hefe im Flaschenhals als Eisstück am Korken anfriert und bei dessen Entfernung durch den bei der Gärung entstandenen Kohlensäuredruck mit aus der Flasche gerissen wird. Dieser Vorgang, bei dem man den gelösten Stopfen geschickt abspringen läßt, damit die herausspritzende Flüssigkeit den Niederschlag mitfortreißt, muß ungemein schnell ausgeführt werden, damit hinreichend Kohlensäure in der Flasche verbleibt. Man bezeichnet dies als „Degorgieren“. Da der bei der Füllung zugesetzte Zucker durch die zweite Gärung vollkommen vergoren, d. h. in Kohlensäure und Alkohol gespalten wurde, ist der Schaumwein nunmehr ganz ohne Zucker (brut). Je nach der Geschmacksrichtung erhält er einen kleineren oder größeren Likörzusatz, d. h. es wird eine Lösung aus feinstem Sektkandis und wertvollem Wein zugesetzt. Diesen Vorgang bezeichnet man als die „Dosierung“. Sie entscheidet ausschlaggebend die Feinheit des Geschmackes des fertiggestellten Schaumweins.

Das Flaschengärverfahren, auch méthode champenoise genannt, da es ursprünglich in der Champagne entwickelt wurde, wird in der Bundesrepublik wegen seiner Lohnintensität kaum noch angewandt.

Im Gegensatz zum Flaschengärverfahren kann die zweite Gärung statt auf der Flasche auch in Hochtanks vorgenommen werden (méthode cuve close), aus denen im Gegendruckverfahren auf Flaschen abgefüllt wird. Es wird als Großraum- oder Tankgärverfahren bezeichnet und ermöglicht

Sektherstellung in kürzerer Zeit und zu verringerten Kosten. Naturwissenschaftlich ist nicht einzusehen, warum die Gärung in einem größeren Behältnis, in dem die Hefe von Zeit zu Zeit wieder aufwirbelt, dadurch reaktiviert, d. h. besser ausgelaugt werden kann, zu einem geringwertigeren Erzeugnis führen sollte als die Vergärung auf der Flasche.

Zwischen dem Flaschengärverfahren der geschilderten Art und der Sektbereitung in Großbehältern steht das Transvasierverfahren. Hierbei macht der Schaumwein die übliche Flaschengärung durch. Zur Enthefung wird er jedoch in einem unter Druck stehenden System aus der Flasche in einen Großraumbehälter (Drucktank) abgesaugt, in dem sich bereits die Abstimmungslösung (Dosage) befindet. Aus dem Drucktank wird der Schaumwein durch eine Filteranlage von Hefe und sonstigem Trub befreit und in Flaschen gefüllt. Das Transvasierverfahren wirkt verbilligend auf die Herstellung und hat das alte Flaschengärverfahren verdrängt.

Bei Anwendung des Imprägnierverfahrens (mousseux) ist dies auf dem Flaschenschild zu deklarieren. Hier erfolgt ein Zusatz fertiger Kohlensäure. Die Herstellung von Imprägnierschaumwein ist in der Bundesrepublik unbedeutend. Hauptabnehmer sind die Schausteller.

Der Absatz deutscher Sekte erhöhte sich auf knapp 200 Millionen Eintelflaschen 1975. Die importierten Schaumweine, getragen von den billigen vins mousseux lagen im gleichen Zeitraum bei 45 Millionen Flaschen* und Champagner bei 13 Millionen Flaschen.

Es sei noch erwähnt, daß die Fabrikation des Champagners in enger Beziehung steht zur Erfindung des Flaschenverschlusses mittels Korken, welche Pater Dom Pérignon, dem Kellermeister der Abtei von Hautvillers, zugeschrieben wird und in die Zeit von 1670 bis 1715 fällt. Bis ins 18. Jahrhundert hinein war der Gebrauch von Flaschen selten und ein fester Verschluß derselben, wie er uns zur alltäglichen Gewohnheit geworden ist, unbekannt; man bediente sich des Weinkruges. Zum luftdichten Verschluß wurde wie heute noch in südlichen Ländern Olivenöl aufgegossen.

In der Praxis wird bei Schaumwein unterschieden zwischen: brut (bis 1,5 % Zuckergehalt); extra sec, extra dry (1,5 bis 2 %); trocken, très sec, very dry (bis 2,5 %); goût américain, sec, dry (bis 5 %); halbtrocken, demi-sec (bis 8 %); halbsüß (bis 11 %); doux, süß (bis 15 %).

Der deutsche Pro-Kopf-Verbrauch liegt bei 2,2 l im Jahr.

Französischer Qualitätsschaumwein kann neben der Herkunftsbezeichnung als „Crémant" bezeichnet werden, wenn er durch Flaschengärung gewonnen worden ist, also z. B. als „Crémant de Loire" oder „Crémant de Bourgogne".

---

* Innerhalb von 8 Jahren hat sich deren Umsatz verdreifacht.

Deutschland

Bingen mit der unteren Nahe

Österreich

Neuzeitliche Tanks mit Heurigem

Nordafrika

Offene Gärkammer in der zweitgrößten Kellerei der Welt, der Cave Coopérative Ait Souala (Marokko) zur U. C. V. M. gehörig

Die automatisch abgefüllten und etikettierten Vermouthflaschen gelangen über das Fließband zum Versand. Jede Flasche wird von der sitzenden Frau am Kontrollpunkt auf Glanzhelle überprüft, bevor sie das Band verläßt

23. Weinähnliche Getränke und Süßmoste

Wer keinen Wein trinkt,
dem entgeht viel Genuß,
wer aber den Wein falsch trinkt,
verdirbt sich und anderen den Genuß.
(Richelieu)

Unter weinähnlichen Getränken verstehen wir nach den Richtlinien für die Herstellung, Kennzeichnung und Beurteilung von Obst- und Fruchtweinen a) Kernobstweine aus Äpfeln oder Birnen mit etwa 5 Vol. % Alkohol und b) Fruchtweine, insbesondere aus Beeren, mit 8 Vol. % Alkohol. In Süddeutschland wird nach Landesbrauch der sogenannte schwäbische, württembergische oder badische Most mit nur 4 Vol. % bereitet. Daneben werden weinähnliche Getränke auch auf Dessertweinbasis hergestellt. Man bezeichnet sie als c) Obst- bzw. d) Fruchtdessertweine. Sie sind süßer und alkoholreicher (13 Vol. %). Darüber hinaus treffen wir e) Obst- oder f) Fruchtschaumweine mit 5 bis 8 Vol. % Alkohol sowie g) Obst- bzw. h) Fruchtwermutweine an, bei denen 13 Vol. % Alkohol vorgeschrieben sind.

Seit 1870, angeregt durch Pasteur, ist es gelungen, durch Erhitzen (Pasteurisieren), Obstsäfte, sogenanntes „flüssiges Obst", als Süßmoste herzustellen. Süßmost ist der naturreine, unvergorene Saft frischer Früchte. Die Süßmostbewegung, gefördert durch Sport und Automobilismus, ist zwar jung, hat sich aber im In- und Ausland in kurzer Zeit zu beachtlichen Umsatzziffern emporgearbeitet. Die verbreitetste Methode zum Haltbarmachen von Süßmost ist dessen Erhitzung auf über 68° C. Hefen und Schimmelpilze werden bei dieser Temperatur abgetötet, ohne daß der Saft leidet. Man bedient sich hierzu der Glocke aus Reinaluminium. In ihr erfährt der hindurchfließende Saft rasche Erhitzung. Dann läßt man ihn unter Luftabschluß in Drucktanks oder in Ballons gefüllt, worin er unbegrenzt haltbar ist, langsam abkühlen. Großbetriebe verwenden oftmals an Stelle der Glocke die Plattenerhitzer. Man kann die Säfte naturtrüb und naturklar herstellen. Es gibt aber auch die EK-Filtration, also ein Kaltentkeimungsverfahren. Der Saft wird durch so engporige Schichten gepreßt, daß selbst kleinste Hefeteilchen zurückgehalten werden. Die Anwendung dieses Verfahrens bedingt allerdings, daß man den Saft vorher blank filtriert hat. Neben den erwähnten Methoden gibt es noch die Einlagerung nach Böhi unter 8 atü Kohlensäuredruck.

In der Schweiz findet häufig eine Einlagerung der Säfte unter Tiefkühlung statt, wobei eine Imprägnierung mit nur ca. 3 atü Kohlensäure erfolgt und die Kellertemperatur auf unter 5° C gehalten wird. Dann können die Keime nicht arbeiten. Im Augenblick der Abfüllung wird eines der beiden erstgenannten Verfahren angewandt.

Gelegentliche Nachtrübungen oder Eiweißniederschläge haben auf die Güte der Säfte keinen Einfluß. Verlangt wird, daß Süßmoste keinen Alkohol enthalten bzw. derselbe sich unter 5 g/l bewegt, d. h. unter 0,6 Vol.%.

24. Über die Destillierkunst

Dumm frißt,
Genie säuft.

In den Weinbrennereien spielt die fachgerechte Auswahl der geeigneten Brennweine eine wesentliche Voraussetzung, wie bei den Wermutherstellern die des sogenannten Grundweins und der Kräuter. Brennweine werden vorzugsweise aus Frankreich, daneben auch aus Jugoslawien, Griechenland und Italien importiert.

Die Destillierkunst war bereits im 8. Jahrhundert in Europa bekannt und stammt aus Arabien. Die Alkoholanreicherung aus Wein dürfte erst gegen die Jahrtausendwende aufgekommen sein. Davor war aber im ostasiatischen Kulturkreis die Herstellung von Arrak (Branntweingewinnung aus vergorenem Palmensaft mittels Destillation) verbreitet. Im Mittelalter wurden Kräuterbranntweine, teils sogar als medizinische Erzeugnisse hergestellt und als „Quinta Essentia", „Aqua vitae", „Aqua benedicta" vertrieben.

Am Ende des 16. Jahrhunderts hatte man in Frankreich gelernt, den Rauhbrand nochmals zu destillieren und dabei das sogenannte „Herzstück", den Mittellauf, als etwa 70%iges Weindestillat herauszuschneiden.

Wie wir an anderer Stelle noch lesen werden, entstammen von alters her die typischen und zugleich besten Brennweine den Gebieten der Charente. Nach dem Abbrennen (Destillation) kommen zusätzliche Stoffe wie Zuckercouleur, Auszüge aus Eichenholzspänen, Pflaumen, grünen Walnüssen oder getrockneten Mandelschalen in das Getränk und verleihen dem abgelagerten und trinkfertigen Weinbrand den ihm eigenen Geschmack.

Grundsätzlich wird unterschieden: a) Cognac (Weinbrand, der nach französischem Recht die Bezeichnung „Cognac" tragen darf und in trinkfertigem Zustand unverändert mit den innerhalb des Herkunftslandes, d. h. der französischen Departements de la Charente, de la Charente-Maritime, de la Dordogne und des Deux-Sèvres üblichen Begleitscheinen zur Einfuhr gelangt), b) Deutscher Weinbrand (in zahlreichen Fällen unter ausschließlicher oder teilweiser Verarbeitung von Charenteweinen hergestellt), nach dem Weingesetz von 1971 ist der Alkoholgehalt von 38 Vol. % zu deklarieren. Cognac enthält bekanntlich 2 bis 4 Vol. % Alkohol mehr als Weinbrand, c) Armagnac aus dem Departement Gers.

In den führenden weinbautreibenden Ländern treffen wir die genannten Industriezweige an. In gewissen Landstrichen haben es Betriebe der weinverarbeitenden Industrie zu besonderer Blüte gebracht. Die dortigen Voraussetzungen sind günstig für Bereitung des Brennweines mit dem ihm eigenen Ton. Im übrigen ist die Länge der Lagerzeit der Destillate auf Limousin Holzfaß entscheidend für Güte und Milde des Fertigerzeugnisses und wurde daher im Sinne der klassischen Überlieferung geregelt im Weingesetz von 1971.

25. Die Öchsle- und Baumégrade

Ce que je demande, c'est un flacon de vin en rubis, une œuvre de poésie, un instant de répit dans la vie et la moitié d'un pain.

(Omar Khayyam)

Um die Mitte des 19. Jahrhunderts erfand der deutsche Physiker und Optiker Ferdinand Oechsle die Mostwaage. Er errechnete das spezifische Gewicht für Most mit 1,075, was man als „75 Grad Öchsle" bezeichnet. Nach der Formel 2,5 mal 75 abzüglich 30 (vergl. Kapitel XII Erkenntnisse der Weinanalytik) läßt sich hieraus der Zucker im Liter mit 15,7 % errechnen. Brauchbarer Wein benötigt wenigstens 75 Grad Öchsle. Für Spätlesen wird mindestens 85 und für Auslesen über 95 Grad verlangt. Zeigt die Mostwaage 110 Grad an, dann sind bei entsprechendem Vorhandensein von Säure große Weine zu erwarten. 1920 wurden im sonnigen Spätherbst in der Pfalz 242, im Steinberg 268 Grad, 1921 in Bernkastel 256, 1953 in Nierstein 275 Grad gemessen und 1971 sogar 327 Grad.

Mit dem neuzeitlichen Handrefraktometer ist es möglich, Mostmessungen im Weinberg vorzunehmen und somit Prognosen über die Güte des zu erwartenden Weines zu stellen.

Bauméskalen basieren auf wässriger Kochsalzlösung. Wissenschaftlich ist diese Maßeinheit veraltet, doch werden die Südweine aus dem Mittelmeerraum noch nach Baumégraden gehandelt und bewertet. Um aus der Maßeinheit Gewichtsprozent Zucker zu errechnen, bediene man sich des Multiplikators 1,8. Ein Samos mit 10 Grad Baumé ergibt 18 Gewichtsprozent oder 180 Gramm Zucker im Liter.

In Deutschland ist es Sitte, daß der Bräutigam bei der Hochzeit Wein aus dem Geburtsjahr seiner Angetrauten zum besten gibt.

IV. Deutsche Weinbaugebiete

1. Mosel, Saar und Ruwer

a) Eigenart der Landschaft

Zwischen den schützenden Hängen von Hunsrück und Eifel windet sich in einer etwas abgelegenen Gegend die Mosel mit ihren Nebenflüssen Saar und Ruwer. Sanft fließt ihr Wasser talwärts, und schroff erheben sich die abwechslungsreichen Hänge, auf denen der Moselriesling, an hohen Stöcken gezogen, gedeiht. Eben befinden sich die guten und bekannten Lagen noch zur Rechten und dann etwas weiter hinab zur Linken, je nach Biegung des Flusses, je nach Sonnenbestrahlung und Bodenverhältnissen (11 000 ha mit 1 100 000 hl Ertrag).

In dieser einsamen und daher des besonderen Reizes nicht entbehrenden Gegend lebt eine aufgeschlossene, arbeitsame und begabte Bevölkerung mit rauhem Charakter, von bäuerlichem Schlag und kräftiger Sprache. Dem günstigen Zusammenwirken dieser Eigenschaften ist es zu danken, daß es gelungen ist, einem noch vor der Jahrhundertwende kaum mehr als nur in Westdeutschland bekannten Wein Eingang in die ganze Welt zu schaffen.

In Weinjahren, wie 1953, 1959, 1964, 1966, 1969, 1971, 1973 und 1975 liegt ein langer und warmer Spätherbst über dem Fluß und seinen Seitentälern, so daß die Weinlese erst in der zweiten Hälfte Oktober stattfindet, was im Vergleich mit anderen Weinbaugebieten als recht spät anzusprechen ist. Unerwartete Frühfröste wirken sich in der Qualität erfahrungsgemäß besonders nachteilig an Saar und Ruwer aus.

Moselwein wird wegen der ihm eigentümlichen Eigenschaften heute überall verlangt, und es sollte möglich sein, seinen Freundeskreis weiter zu steigern.

b) Charakteristik, Behandlung und Lagerfähigkeit des Moselweines

Die den Moselwein kennzeichnenden Eigenschaften sind seine Göhr (spritzige Art), sein Duft und seine Frische. Einmalig ist die Verbindung des feinrassigen Fruchtaromas mit dem prickelnd anregenden Geschmack auf der

Deutschland

Die Landstraße führt durch das Rebgelände oberhalb von Valwig unweit von Cochem (Mosel)

Mit dem Separator wird der Most nach dem Keltern geklärt. Nach der späteren Vergärung wird der Separator zum Abschleudern der Hefe eingesetzt. Durch den Einsatz von Separatoren wird die Weinqualität günstig beeinflußt

Deutschland

Das „Neumagener Weinschiff", das mit anderen römischen Skulpturen bei Neumagen (Mosel) gefunden wurde, bestätigt die Verwendung von Holzfässern für den Weintransport bei den Römern

Deutschland

An steilen und sonnigen Berghängen reift der Wein, dessen Name den Ruf der Stadt Zell an der Mosel weit über die Landesgrenzen hinaus begründet hat. Auszeichnungen bei örtlichen und überörtlichen Weinprämiierungen sind Zeugen für die Qualität der „Zeller Schwarzen Katz" deren besondere Pflege sich Winzer und Weingutbesitzer zur Aufgabe gemacht haben

Zunge. Unter „spritzig“ versteht man „lebendig“ — es ist das Anregende, das in zartester Weise anklingt an die Kohlensäure des Sekts. Der Moselwein, der lebendigste der deutschen Weine, ist im Gegensatz zum Rheinwein nicht ganz still. Im allgemeinen werden 90 Prozent Riesling gepflanzt, Rotweine werden seit langem nicht mehr angebaut.

Die chemische Analyse des Moselweines zeigt, daß er der leichteste der deutschen Qualitätsweine ist, während sein angenehmer Säuregehalt deutlich wahrnehmbar hervortritt. Nicht zu Unrecht mißt man ihm weibliche Eigenschaften bei, im Gegensatz zu den männlichen der Rhein- und Frankenweine. Der Geist (Alkohol) der „Mosel“ ist leichter und wird zum Esprit, ihr Körper zarter und graziöser, dabei aber voller Reiz, und in der fruchtig-spritzigen Säure, die ein nachhaltiges Spiel auf der Zunge auslöst, erkennt man ebenfalls weibliche Eigenschaften wie Charme, Tändelei und Ränkespiel. Weniger ausgereifte „Mosel“ in minder gut geratenen Jahrgängen sind Frauen mitunter zu kernig oder zu „grün“, wie es in der Fachsprache heißt. Dennoch wäre der leichte Mosel-Saar-Ruwer-Wein seiner duftigen Art wegen gerade der Wein für die Frau. Aber die Erfahrung lehrt, daß es die Männer sind, die Moselweine besonders schätzen, weil diese ihrem Wesen entgegengesetzt sind. Auch im Sprachgebrauch ist das Wort (Mosella) feminin, dagegen Rhein (Rhenus) maskulin.

Die Weine des Mosel-Saar-Ruwer-Gebietes werden handelsüblich in sogenannten Fuderfässern von 1000 Liter Inhalt mit entsprechender Über- oder Untereiche gehandelt. Infolge des in der Hauptsache durch blumig-fruchtige Beschaffenheit der Moselweine bedingten hohen Grades an Empfindsamkeit ist allzuhäufiges Umschlauchen dieser durch Luftzufuhr leicht nachteilig zu beeinflussenden Erzeugnisse unter allen Umständen zu vermeiden. Wo behutsame und kundige Pflege gewährleistet ist, kann Moselwein zu höchster Vollendung gebracht werden, sonst büßt er an Lebendigkeit und Duft ein, verliert schließlich das ihm eigene „Moselblümchen“.

Duftig und von überempfindlicher Zartheit ist das Hochzeitskleid der Moselbraut, das sie besitzen muß, um sich in vollem Glanz zur Zeit ihres Höhepunktes zu zeigen. Wird das Hochzeitsgewand durch mangelnde Pflege oder unsachgemäße Behandlung, wie ehemals Zapfen oder im Anbruchlassen von Fässern, vorzeitig abgelegt, so wird von dem Festtagsschmuck der zu erwartenden „Braut“ nichts zu bewundern sein, und ein schales, langweiliges Alltagsgetränk bleibt übrig. Diese Erkenntnis hat dazu geführt, daß Moselweine in der Regel frühzeitig gefüllt und getrunken werden. In der Tat stoßen wir nur gelegentlich auf wirklich abgelagerte Moselweine älterer Jahrgänge, die sich noch in vollem Umfang des bräutlichen Schmuckes erfreuen. Die Vorbedingung für solche Tropfen ist, daß sie edlem Holz und wertvollster Lage entstammen und beste Kellerpflege von erfahrener Hand genossen haben — es sind dies kurz gesagt Weine, die Geld gekostet und höheren Alkoholgehalt als üblich gehabt haben und die von herzhafter und gesunder Rasse gewesen sein müssen. Auch im Verbrauchergebiet gibt es Fachkellereien mit hochentwickelter Kellerwirtschaft, die durchaus in der Lage sind, die jungfräulich-lieblichen Eigenschaften der „Moselbraut" in Vollendung zu erhalten und ihren Abnehmern zu bieten.

c) Güteeinteilung

In diesem Zusammenhang wirft sich die Frage auf, in welchen Bezirken wir solche Weine zu erwarten und zu suchen haben. Grundsätzlich gliedert sich das Mosel-Saar-Ruwer-Gebiet zunächst in die eigentlichen Moselweine und diejenigen der Nebenflüsse, vor allem der Saar und Ruwer. Die Mosel selbst wird eingeteilt in Obermosel mit dem zugehörigen „Grünen Winkel" an der Sauer, wo wir in der Regel auf kleinere und teilweise selbständige Konsumweine stoßen, in Mittelmosel, wo die typischen und edelsten Vertreter des Gebiets bis hinauf zu den höchsten Spitzen wachsen, und in Untermosel, wo wir bereits Weine mit rheinischem Charaktereinschlag antreffen. Man rechnet die Erzeugnisse des Flußoberlaufs bis zum Ausgang des Trierer Beckens zur Obermosel. Die Weine haben eine nicht allzulange Lebensdauer und sind leicht. Elbling (Kleinberger) ist die beherrschende, mengenmäßig ertragreiche Rebe (Quantitätsträger: Erntemenge 145 000 hl) der Obermosel; mit der Umstellung auf Propfreben wurde sie durch die frühreife Müller-Thurgau-Rebe ersetzt, in besseren Lagen und in geringerem Umfang auch durch einige Burgunderspielarten (Weißburgunder, Grauburgunder — Ruländer — und Auxerrois). Ähnliche Bedingungen wie an der Obermosel gelten auch für das benachbarte Luxemburger Moselgebiet. Saarweine — extraktarme, reintönige, quellig-lautere Rieslingweine mit hoher Fruchtsäure — eignen sich auch für die Sektherstellung. Das gleiche gilt für die Ruwerweine, die sich neben ihrer Blume besonders durch ihre rassige Art auszeichnen und ihren Rauchgeschmack.

d) Bekannte Weinnamen

An der Mittelmosel wird in der Hauptsache Riesling gebaut. Die Gewächse der berühmten Weinbauorte, deren Weine durch ihre hervorstechenden, bereits erwähnten weiblichen Merkmale: Jugendfrische, Anreiz, Leben, spritzige Art, fruchtig-rassige Säure, Duft, Blume, Spiel und Eleganz einmalig dastehen, haben sich bei allen Feinschmeckern der Welt Eingang geschaffen. Das Ende der Mittelmosel liegt bei Bullay, kurz vor Beginn des sogenannten Krampenbogens. Die wertvollsten Gewächse treffen wir im Zentrum dieses Gebietes um Bernkastel-Kues an, einem liebreizenden Moselstädtchen. Der größte Sohn der Stadt, der Kardinal Nikolaus von Kues (1401—1464), einer der bedeutendsten Gelehrten und Humanisten des ausgehenden Mittelalters, hat neben dem Wein Bernkastels Ruhm bis in unsere Zeit in alle Welt hinausgetragen. Das. St.-Nikolaus-Hospital in Kues mit seinen sehenswerten Baulichkeiten und seiner berühmten Bibliothek erinnert noch heute daran. Kues wird nicht Küs, sondern Kus ausgesprochen. Bernkastel-Kues ist einer der Hauptumschlagplätze feiner Moselweine. Hervorragende Lagen sind Bernkasteler „Doctor", der „Graben", „Lay", „Bratenhöfchen". Flußaufwärts begegnen wir Lieser — von hier aus zweigt das Liesertal ab, dessen Weinbau bis in die Wittlicher Senke reicht —, Brauneberg, Piesport, Dhron, Neumagen — berühmt durch seine Funde aus der Römerzeit —, Trittenheim, Leiwen, Thörnich, Klüsserath, Mehring, um einige Namen zu nennen; talabwärts schließen sich Graach, Wehlen, Zeltingen, Ürzig, Erden, Kröw, Traben-Trarbach — bedeutender Weinumschlagplatz —, Enkirch und Zell an. Bernkastel ist Bereichsbezeichnung.

Zeltingen und Wehlen mit ihren Sonnenuhren, die gleichzeitig die besten Lagen seit langer Zeit kennzeichnen, und Graach mit seinem „Himmelreich", dem „Dompropst" und dem „Josephshöfer" klingen jedem Kenner feiner Mosel ehrfurchtsvoll im Ohr.

Weiter abwärts folgen in landschaftlich ebenfalls großangelegtem Moselbogen Ürzig und Erden mit den bekanntesten Lagen „Würzgarten" und „Treppchen". Es würde den Rahmen dieser Arbeit überschreiten, eine umfassende Aufzählung sämtlicher katasteramtlich eingetragenen Lagen zu geben, doch sei ganz allgemein darauf hingewiesen, daß Lagen, die auf „lay", „lei" oder ähnlich enden, Weine hervorbringen, die auf Schieferböden gewachsen sind (lei = Fels, Schiefer, siehe Lorelei). Beispiele hierfür finden wir in Erdener Busslei oder Ürziger Schwarzlay und anderen.

In Bullay sind wir am Ende der Mittelmosel angelangt. Hier beschreibt der Fluß den großen, landschaftlich besonders reizvollen Krampenbogen mit dem alten Weindorf Beilstein, das Rudolf Binding in seiner „Moselfahrt aus Liebeskummer" streift, — doch seine Weine sind meist kurzlebiger, leichter. An Ort und Stelle getrunken, ist ihr Genuß vielfach größer, da ihnen Transport und Klimawechsel weniger bekömmlich sind.

Im Gebiet der Untermosel verbreitert sich, nachdem wir den Krampen im Rücken haben, die Talsohle, die Straße wird belebter, und die Weine dieser

Gegend kommen im gesamten Rheinland in ihrer spritzig-duftigen Art gut an. Auch hier trifft der Besucher den einzigartigen, steilen Terrassenweinbau. Hauptumschlagplatz ist Winningen.

Bei den Nebenflüssen Saar und Ruwer (Bereich Saar-Ruwer) tritt zu den Moselmerkmalen noch ein besonders feinrassiger Saarton und der Rauchgeschmack der Ruwerweine hinzu. In ausnehmend guten Jahrgängen wie 1949 bieten beide Gebiete Hervorragendes, während die Weine in geringwertigen und sonnenarmen Jahren vielfach als zu hart und rassig der Sektfabrikation zur Weiterverarbeitung zur Verfügung gestellt werden. Man sollte bereits gute Kenntnisse des Hauptgebietes der Mosel besitzen und auch Jahrgänge zu beurteilen verstehen oder sich einem erfahrenen Fachmann anvertrauen, bevor man sich in diese Nebengelände begibt, die allerdings für den wirklichen Kenner viel Reizvolles an sich haben. Es seien nur die Weinorte Serrig mit seinen berühmten Weingütern, der staatlichen Domäne, den Schlössern Saarfeld und Saarstein, Ockfen mit seinem Bockstein und Herrenberg, Wiltingen und Ayl* mit der Kupp, Oberemmel mit dem Scharzhofberg, Kanzem mit seinem Berg und Filzen erwähnt; Waldrach, Kasel, Mertesdorf-Grünhaus — die Namen der Lagen Kurfürstenberg, Maximiner Herrenberg, Jesuitengarten erinnern an die große Bedeutung der einst berühmten Trierer Klöster für den Weinbau —, und Eitelsbach mit seinem Karthäuserhofberg an der Ruwer seien genannt.

Zusammenfassend ist zu bemerken, daß wir im bestbekannten Mittelmoselgebiet auch eine Reihe gut eingeführter Großlagen antreffen, also solcher Lagen, unter denen auch gleichartige und gleichwertige Weine benachbarter und nahe gelegener Gemarkungen verkauft werden können. Hierzu zählen Longuicher Probstberg, Piesporter Michelsberg, Wehlener Münzlay u. a. m. Diese Sammelbezeichnungen wurden im Hinblick auf eine bessere Übersicht für den Verbraucher eingeführt und sind dienlich, um lästige und fortgesetzte Streichungen auf der Weinkarte zu vermeiden. Eine ähnliche Bewandtnis hat es mit den ehemaligen Volksmundlagen wie Zeller Schwarze Katz oder Kröver Nacktarsch.

e) Über den Geschmack der Mosel- Saar- und Ruwerweine

Aus dem Vorangegangenen ergibt sich, daß Moselkonsum- und Ausschankweine (in Literflaschen) zu einem großen Teil an Ober- und Untermosel wachsen, während die Mehrzahl der feinen Flaschenweine vom mittleren Teil des Flußlaufs stammen. In sonnenarmen Jahren ist der Moselwein

* Den schönsten Blick auf die Kupp hat man vom Weinhaus Peter Lauer in Ayl, seit 1780 im Familienbesitz.

Blick auf Rhein und Aßmannshausen, die berühmte Rotweinstadt, Luftkurort am Fuß des Niederwaldes mit den großen Lagen der Staats-Domäne

Historische Weinkeller der ehemaligen Zisterzienser-Abtei Eberbach im Rheingau. Heute im Besitz der Verwaltung der Staatsweingüter in Eltville

Deutschland

Blick durch Rebstöcke auf Pünderich an der großen Moselschleife auf der rechten Seite des Flusses

Deutschland

Weinberge an der malerischen Saar bei Saarburg. Besondes in sonnenreichen Jahren finden sich viele Liebhaber reifer Saarweine

Alte Kreuzigungsgruppe in der Erbacher Gemarkung: Die Poesie der Reblandschaft tritt zutage und läßt die tiefen Zusammenhänge zwischen Religion, Rebenkultur und Wein erkennen

Nierstein am Rhein, der Ursprungsort berühmter Weine, denen roter Schieferboden seinen Charakter verleiht. Blick vom Ölberg auf den Weinort, wo Mandeln im Freien gedeihen. Im Hintergrund der Höhenzug des Odenwaldes (Bergstraße)

in vielen Fällen verbesserungsbedürftig durch Zusatz von Zucker, um die hochempfindlichen Erzeugnisse lagerfähig und bekömmlicher zu machen und für den Verbraucher voll genußfähig auf die Flasche zu bringen. Auch andere begehrte Lebensmittel wie Konfitüre bedürfen der Verarbeitung mit Zucker zur Haltbarmachung oder wie Zitrone naturell der Süßung, um zu einem Genußmittel zu werden. Dieses mit der Bezeichnung „naturell“ versehene, international bekannte und beliebte Erfrischungsgetränk muß auch durch Zuckerzusatz „verbessert“ werden, um beim Verbraucher anzukommen. Die EWG-Bestimmungen erlauben die Naßverbesserung noch bis 1979. Letztere dient der Herabsetzung einer zu strammen Säure.

Abschließend sei noch erwähnt, zu welchen Jahreszeiten und Speisen die „Mosel-Saar-Ruwer-Weine“, wie das geschlossene Anbaugebiet auf den Flaschenschildern bezeichnet wird, am besten munden. Sie sind durch ihre wertvollen Eigenschaften die bevorzugten Weine zu Austern, Fisch, Vorspeisen und Salaten — sie lösen den Gaumen und regen den Appetit an. Durch ihren hohen Säuregehalt sind sie starken und korpulenten Leuten besonders anzuempfehlen, denn sie haben den Ruf, die schlanke Linie günstig zu beeinflussen. An warmen Tagen und heißen Sommerabenden sind sie aufmunternd und erfrischend, ohne durch ein Übermaß an Alkohol zu beschweren oder zu ermüden, während man in kalter Jahreszeit besser daran tut, sich alkoholreicheren Getränken zuzuwenden, wie es in der Praxis allgemein auch geschieht.

Die den meist helltönigen Moselweinen verwandte Farbe ist grün. Leicht besitzen sie einen ins grünliche gehenden Schimmer. Es werden zu ihrer Abfüllung grüne Flaschen gewählt, früher wurden sie sogar gern in grünen Gläsern gereicht, weil man sie nicht blitzblank auf die Flasche brachte.

In Verbindung mit der malerischen Landschaft bilden die an der Mosel gebotenen Kostbarkeiten einen Genuß, der im Gedächtnis lange Zeit hindurch haften bleibt.

2. Rheingau

Wer Wein gut trinkt, schläft gut,
Wer gut schläft, sündigt nicht.
Wer nicht sündigt, wird selig.
Also: Wer gut Wein trinkt, wird selig.
(Alter Trugschluß)

a) Klimatische Eigenarten

Man kann nicht umhin, zu sagen, „klein, aber fein“ — klein in bezug auf die Anbaufläche (ca. 3000 ha) und fein auf die Qualität (200 000 hl).

Das Rebengelände des Rheingaus zieht sich von Hochheim vor den Toren der Stadt Frankfurt auf der rechten Rheinseite in einem schmalen Streifen über Rüdesheim bis nach Lorchhausen und ist nach Norden durch die Ausläufer des Taunus, den sogenannten Niederwald, vor rauhen Winden geschützt. Majestätisch und breit fließt der Strom dahin. Erst hinter Rüdesheim verengen ihn die von beiden Seiten zusammendrängenden Berge des Mittelrheins. Während im Frühjahr und Sommer die Sonnenglut auf der Rheinebene liegt, bringt ein vielfach ausgedehnter und milder Herbst die sogenannten „Traubendrücker"-Tage. Hierunter werden im Volksmund die Frühnebel verstanden, die dem Boden Feuchtigkeit spenden und durch welche die Sonne erst am späteren Vormittag mit Macht durchstößt und den Reben den letzten Reifegrad verleiht.

Im Anbaugebiet des Rheingaus zwischen Hochheim und Lorchhausen ist grundsätzlich zu unterscheiden zwischen den Weinbauorten der Rheinniederung und jenen, die dem Gebirge zugewendet sind, also höher liegen. Die verschiedenartigen Bodenverhältnisse und klimatischen Voraussetzungen ergeben einen deutlich voneinander abweichenden Geschmackston. Die in den Höhenlagen gewachsenen „Rheingauer" haben eine ausgeprägte männlich-fruchtige Art, gepaart mit edelster Süße in guten Jahren. Die Weine, die von der Flußniederung stammen, sind in der Regel etwas weniger rassig, dafür glatt und geschmeidig.

Im unteren Rheingau trifft man kalkreichen, leicht verwitterten Tonschiefer verschiedener Färbung. Im mittleren und unteren Rheingau sind Fluß- und Brackwasserablagerungen, lehmige bis tonige Böden zum Teil mit Schotter, zu finden, aber auch fruchtbare Lößböden mit mehr oder weniger Kalkgehalt. Im Hochheimer Gebiet herrschen leichtere, lehmige und sandige Böden vor, die sich schnell erwärmen. An Traubensorten werden vor allem Riesling, daneben Silvaner und Müller-Thurgau angebaut.

b) Bekannte Rheingauer Weinnamen und ihre Bewertung

Die bekannten Orte unten am Rhein sind Eltville, Erbach, Hattenheim, Oestrich, Winkel, Geisenheim und Rüdesheim. In diesem Gebiet wird ausschließlich Weißwein, zumeist Riesling, gebaut. Nur in der sich anschließenden Gemeinde Aßmannshausen finden wir die berühmten gleichnamigen Rotweine, deren feinste und teuerste sich selbst erlesenen ausländischen Rotweinen würdig zur Seite stellen in Rundung, Gehalt, Fülle und Samt. Aus der geschichtlichen Überlieferung ist zu entnehmen, daß in der Antike und auch im späten Mittelalter Rotweinanbau vorherrschend gewesen sein muß. In diesem Zusammenhang sei an das Wort des Propheten Isaias (63, 2) erinnert: „Warum an deinem Kleid die roten Flecken? Warum dein Kleid wie das des Keltertreters?"

Die „Rheingauer" der Höhenlage entstammen den Orten Rauenthal, Kiedrich, Kloster Eberbach (mit dem berühmten Steinberger), Hallgarten, Schloß Vollrads und Schloß Johannisberg. Die Lagebezeichnungen „Marcobrunn" (bei Erbach) und „Gräfenberg" (bei Kiedrich) gelten als die ältesten des Rheingaus und sind zusammen mit anderen als hochwertig bekannt. Hochheim ist der östliche Ausläufer des Anbaugebietes, genaugenommen ein Mainwein, der sich im allgemeinen etwas breiter probiert und geschmacklich eine Zwischenstufe zwischen Rheingau und Rheinhessen bildet.

Nach der kleinen Stadt Hochheim am Main, deren Weine weit über Frankfurts Grenzen hinaus beliebt sind, heißen gemeinhin in England alle deutschen Rheinweine „Hock". Die Königin Victoria von England schätzte den Hochheimer so sehr, daß sie inmitten der Weinberge am Main aus ihrem Hofzug ausstieg, um der Hochheimer Weinlese beizuwohnen. „Good Hoc keeps off the Doc", pflegte sie zu sagen, d. h. „Guter Hochheimer macht den Arzt überflüssig!" Bis auf den heutigen Tag trägt diese Hochheimer Lage den Namen der englischen Königin.

Der Rheingau — wie die meisten weinbautreibenden Länder — ist alter Kulturboden. Gotische Kirchen und Klöster wechseln in bunter Folge mit Schlössern in beherrschender Lage und mit einzigartigem Rundblick über die sanft zum Rhein abfallende Rebenlandschaft. Einen der vornehmsten Punkte dieser Art bildet die Altane von Schloß Johannisberg, das auf einem Hügel, inmitten von Weinbergen gelegen, nach 1718 an der Stelle eines mittelalterlichen Benediktinerklosters erbaut wurde.

An die einzigartige Bedeutung der Mönche für den Rheingauer Weinbau erinnern noch heute die sehenswerten mittelalterlichen Bauten der ehemaligen Zisterzienserabtei Eberbach, die in mehr als 200 mittelrheinischen Orten reich begütert war und einen bedeutenden internationalen Weinhandel betrieb. In dem Kelterhaus, dem einstigen Refektorium der Laienbrüder, befindet sich eine große Anzahl stattlicher alter Weinkeltern aus dem 17. und 18. Jahrhundert. Die alljährlich in Eberbach stattfindende Versteigerung der Weine der Staatsweinkellerei ist weithin bekannt. 1971 fand im Kloster die DLG-Siegerehrung und Preisverteilung statt. Der Rheingau, der seit eh und je vornehmlich Riesling anbaut, ist diesem Qualitätsträger treu geblieben, denn noch heute bestehen fünf Siebtel der Ernte aus dieser bevorzugten deutschen Traditionsrebe.

c) *Geschichtlicher Überblick*

Die entscheidende Förderung erfuhr der Weinbau des Rheingaus durch den Landerwerb der weltlichen Herrscher und Klöster vom 9. bis 13. Jahrhundert. Der Rheingau verdankt der Pionierarbeit dieser Kräfte viele seiner bekanntesten Weinbergslagen. Die Mönche stellten Qualität über Quantität und machten die geeignetsten Lagen für den Weinbau ausfindig. Besondere Verdienste kommen der Zisterzienserabtei Eberbach, dem Kloster auf dem Bischofsberg bzw. Johannisberg, den im Rheingau reich begüterten geistlichen Stiften und den adligen Geschlechtern zu. Diese legten den Grundstein für den Ruhm der Rheingauer Weine in der ganzen Welt. Viele bekannte Weinbergslagen erinnern an diese alten Förderer des Weinbaus. Das gilt in erster Linie für die heutigen Bezeichnungen „Johannisberger", „Steinberger", „Hochheimer Domdechaney", „Marcobrunner", „Kiedricher Gräfenberg". Viele Qualitätsweingüter verdanken Entstehung und Arrondierung ihres Weinbergbesitzes diesen ältesten Klöstern und Adelsfamilien.

Durch die Verwüstungen vieler Gegenden Deutschlands im Dreißigjährigen Krieg kamen in der ersten Hälfte des 17. Jahrhunderts der einst blühende Weinbau und Weinhandel zum Erliegen. Auch in der 2. Hälfte des 17. Jahrhunderts trat keine Erholung ein, vielmehr erfolgten weitere Verwüstungen beiderseits des Rheines. Die Bevölkerung verarmte, die Nachfrage nach Wein hörte auf, und es bestand Mangel an Arbeitskräften. Die fröhliche, trinkfreudige Zechzeit des 15. und 16. Jahrhunderts war vorbei, man entwöhnte sich des Weingenusses und begnügte sich mit dem billigeren Bier. Nur solche Weingegenden, deren Erzeugnisse besonders geschätzt und daher gut bezahlt waren, blieben verschont. Im wesentlichen handelte es sich um Hochheimer und Rheingauer Weine. In jenen Teilen des Landes, in denen nur ein saurer Landwein eingebracht wurde, so damals in Oberfranken, Thüringen und großen Teilen Schwabens und Hessens, war es mit dem Weinbau endgültig aus, oder er fristete ein kümmerliches Dasein. Für den verbliebenen Weinhandel wurde das kapitalkräftige Frankfurt am Main mehr und mehr zum maßgebenden Handelsplatz. Hierbei ist bemerkenswert, daß es weniger die zahlreichen eigentlichen Weinhändler waren, als vielmehr die wohlhabenden Familien oder auch Spekulanten, welche die Rheingauer Weine in bedeutenden Mengen teils als stille Reserve aufkauften. Ein gutbestellter Weinkeller galt zu Beginn des 18. Jahrhunderts für etwas selbstverständliches. Vielfach machte sein Wert ein Zehntel des Gesamtvermögens aus, wie aus alten Testamenten hervorgeht.

Die Chroniken berichten, daß vermutlich in dem vorzüglichen Weinjahr

Deutschland

Schöner mittelalterlicher Kapitelsaal im Kloster Eberbach. In Landstrichen, wo Wein wächst, wie hier, stoßen wir im In- und Ausland auf sehenswerte Baudenkmäler. Kunst und Weinbau sind eng miteinander verflochten

In einer ganz modernen und technisch vollendeten genossenschaftlichen Großkellerei in Süddeutschland

1783 auf den Weinbergen des berühmten Schlosses Johannisberg im Rheingau, die der Abtei Fulda gehörten, die Genehmigung zum Beginn der Weinlese verspätet eingetroffen sei. Kein Wunder, daß man im Hinblick auf die bereits verfaulten Trauben eine schlechte Ernte erwartete. Um so erstaunter war man, als die erste „Spätlese" einen vorzüglich süßen Wein einbrachte. Die Kunde von dieser zufälligen Entdeckung auf Johannisberg verbreitete sich schnell, und zu Beginn des 19. Jahrhunderts war der Weinbau demzufolge mehr um Qualität als um Quantität bemüht.

Die Weinbergslagen erhielten erst mit zunehmendem Wettbewerb Bedeutung. Ursprünglich dienten sie dem Eigner zur Kennzeichnung seiner Grundstücke. Die Einteilung der Gewanne in Lagen und die Erfassung der Lagenamen durch das Katasteramt halfen zunächst der Finanzverwaltung. Geschichtlich gesehen ist die Verwendung von Weinbergslagenamen als Weinbezeichnung auf dem Etikett verhältnismäßig jung. Sie fällt in etwa zusammen mit dem Zeitpunkt der Förderung des Qualitätsweinanbaus im 19. Jahrhundert und setzte sich im 20. Jahrhundert mehr und mehr durch.

Billige und kleine Weine gibt es im Rheingau wenig, wenngleich Güte- und Preisunterschiede nach oben wohl in kaum einem anderen Weingebiet so erheblich sind wie gerade hier. Die großen Rheingauer Versteigerungen erbringen die höchsten Preise für die Spitzengewächse der Beerenauslesen und Trockenbeerenauslesen. Der Genuß solch edelsüßer und eleganter, langlebiger und vornehm-stahliger Gewächse gehört zu dem Hochwertigsten, was der deutsche und europäische Weinmarkt von alters her kennt, und bleibt dem Weinfreund ein unvergeßliches Erlebnis.

3. Rheinhessen

Weinkarte, wenn mit Phantasie gelesen,
ist fast so schön wie wirklich voll gewesen!
(Carl Zuckmayer)

a) Landschaft und Bewohner

In anspruchsloser, einfacher Lieblichkeit zieht sich die Landschaft hin, in der die Reben der im In- und Ausland bekannten und geschätzten rheinhessischen Weißweine wachsen. Dieses Gebiet erstreckt sich linksrheinisch von Worms über Mainz bis Bingen. Die Ingelheimer Gegend ist bekannt durch den Anbau von Rotwein. Nach Norden durch den Taunus und dessen Ausläufer, das Rheingaugebirge, nach Osten durch den Odenwald geschützt, lagert im Sommer eine schwere Sonnenglut über der von sanften

Höhenzügen gewellten Ebene. Hier gedeiht der rheinhessische Wein und daran angrenzend der Nahewein.

Rheinhessen ist ältester Kulturboden und gehört heute zum Lande Rheinland-Pfalz. Durch die welligen Hochflächen mit den wenigen charakteristischen Einzelbergen, wie beispielsweise dem sich zwischen Bingen und Büdesheim längs der Nahe erstreckenden, für edle Weine berühmten Scharlachberg, der seinen Namen der dortigen schweren Roterde (scharlachrot) verdankt, bekommt das Land sein Gepräge. Es nimmt, soweit es zur Oberrheinischen Tiefebene gehört, an deren günstigem Klima teil; ungewöhnlich arm sind die Niederschlagsmengen.

Von ausschlaggebender Bedeutung ist die Landwirtschaft; Wald ist wenig vorhanden, gering ist das Wiesen- und Weideland. Der Lößboden gibt vorzügliches Ackerland, hervorzuheben ist der Obstbau. An den Terrassen- und Talhängen wächst der berühmte Wein.

Mit Ausnahme von Alzey im Herzen Rheinhessens liegen die Städte an der Rheinfront. Im Südosten liegt das durch Heldensage und reiche Geschichte bekannte Worms mit seinem Juwel, dem romanischen Dom, dann folgen Guntersblum, Oppenheim mit der berühmten gotischen Katharinenkirche, Nierstein, Nackenheim, Bodenheim und Laubenheim.

Die beherrschende Stadt der Provinz ist die Landeshauptstadt Mainz, die ehemalige erzbischöfliche und kurfürstliche Residenz mit ihrer wechselvollen Geschichte, ihren Baudenkmälern, ihrem prächtigen Dom.

Der Rheinhesse ist seiner Veranlagung nach nicht beschaulich, sondern mehr besinnlich; seine Ausdrucksweise ist ungemein bildhaft, er ist leicht bewegt, begabt, sprühend, hat ein „loses Maul", ist ein froher Genießer, wie es der besten Gabe seines Landes, dem Wein, entspricht. Carl Zuckmayer, der aus Nackenheim stammt, hat uns in dem viel mißverstandenen und noch mehr belachten „Fröhlichen Weinberg" diese urwüchsigen Menschen veranschaulicht.

b) Güteeinteilung in Rheinhessen

Rheinhessen besitzt die zweitgrößte Weinbaufläche Deutschlands mit 16 000 ha und einem ungefähren Durchschnittsertrag von 1,8 Millionen hl Most. Dennoch nimmt der Weinbau nach seiner räumlichen Ausdehnung im Rahmen der Landwirtschaft eine nur untergeordnete Stelle ein.

Die rheinhessischen Weine werden in drei Güteklassen eingeteilt. Die erste umfaßt die bekannten neun Orte an der Rheinfront: Worms, Dienheim, Oppenheim, Nierstein, Nackenheim, Bodenheim, Büdesheim, Kempten, Bingen. Auch in der zweiten Klasse finden wir eine Reihe klangvoller Namen, wie z. B. Alsheim,* Dexheim, Guntersblum, Hahnheim, Mettenheim u. a., die der regelmäßige Weintrinker kennt und schätzt, während die dritte Gruppe die Konsumweine des rheinhessischen Hinterlandes umfaßt, wo zwar gleichfalls brauchbare und durchaus selbständige Weine wachsen, jedoch mit meist weniger bekannten Namen. In diesem Zusammenhang sei die Gemeinde Dittelsheim erwähnt, wo ein strebsames Weingut durch emsige Sortenauswahl, Rebzucht und Pionierarbeit Qualitäts- und Prädikatsweine erzeugt, die regelmäßig prämiiert werden infolge ihrer Güte und Eigenart.

c) Charakterisierung Rheinhessischer Weine

Die Natur des Weins bedingt viele fachmännische Kennzeichnungen seiner Art und Güte. Häufig finden wir sie auf Preislisten. Für den Charakter rheinhessischer Weine sind folgende Ausdrücke zutreffend: mundig, voll, gehaltvoll, rund, leicht, schwer, süffig, kräftig, markig, mild, lieblich, elegant, glatt, vornehm, blumig, duftig, würzig, fruchtig bukettreich, hochfein, groß, edel, edelreif, edelsüß, vollsüß, ölig u. a. m.

d) Bekannte Wein- und Phantasienamen

Neben der Benennung der Weine nach ihrer genauen geographischen Herkunft unterscheidet das Weingesetz auch Bezeichnungen nach Bereichen wie z. B. Bereich Nierstein (Erntemenge 750 000 hl), Bereich Wonnegau (Erntemenge 450 000 hl), Bereich Bingen (Erntemenge 600 000 hl).

Daneben kennen wir noch Phantasienamen. Es handelt sich hier um eingetragene Markenbezeichnungen einzelner Firmen, wobei zur Kennzeichnung die Worte: Marke bzw. Schutzmarke oder Handelsmarke auf dem Etikett eingedruckt sein müssen. „Weißfrauentröpfchen", „Pfarrturmtröpfchen" oder zur Güteunterscheidung Nackenheimer „Blaulack", „Rotkapsel",

---

*) Dort lebt ein fleißiger Winzerstand, aufgeschlossen für alle Neuerungen im Weinbau, auch was Technik anbelangt und deren frühzeitige Anwendung in einer modernen Kellerwirtschaft.
Alsheim hat die viertgrößte Weinbaufläche an der Rheinfront, den bedeutendsten Riesling-Anbau in Rheinhessen, und betreibt Weinbau seit der Römerzeit.
Die Gemeinde ist naturbegünstigt durch sanfte Hügel in Südost und Südlagen, hat leichte Lößböden, die für den Anbau der Rebe besonders geeignet sind.
Ein großer Teil der Alsheimer Gewächse ist unter fremden Gattungsbegriffen verkauft worden. Ein Wandel ist in den letzten Jahren eingetreten durch Hervorhebung einzelner wohlklingender, absatzfördernder Lage-Namen wie Römerberg, Sonnenberg, Rheinblick, Frühmesse.

„blue nun“ wären einige solcher Beispiele. Sie wurden geschaffen, um Marken zu bilden, die der Handel auf lange Sicht — besonders auch im Ausfuhrgeschäft — durch Wahl ähnlich gearteter Weine in gleichbleibender Güte nachliefern kann, während der Wein aus einer bestimmten Lage erfahrungsgemäß nicht immer in gleicher Qualität zur Verfügung steht. Weine mit Lagebezeichnungen gehören zur Gruppe der Q. b. A.*

Eine Sonderstellung im Bereich der Phantasienamen nimmt die Marke Liebfrau(en)milch ein. Hier handelt es sich um eine Typenbezeichnung, unter der rheinhessische Q. b. A. Weine von qualitativ guter Beschaffenheit und lieblicher Art aus der Güteklasse I oder II gegeben werden, so daß für den reellen Weinhändler die Möglichkeit vorhanden ist, jahrzehntelang gleichwertige Weine auszuwählen und nachzuliefern. Die Tendenz geht dahin für die Folge auch Pfälzer als Liebfraumilch zuzulassen.

So erklärt sich, daß die Typenbezeichnung Liebfraumilch insbesondere im Export sehr beliebt ist und international eingeführt wurde. Außerdem finden wir sinngemäß Liebfraumilch Riesling, wenn es ein Wein aus Rieslingtrauben ist. Die Marke Liebfraumilch leitet ihren geschichtlichen Ursprung von dem kleinen Weingelände an der Wormser Liebfrauenkirche ab. Liebfraumilch „eigenes Gewächs“ gibt es nicht und wäre eine irreführende Angabe, weil damit die Eigenart des Phantasienamens ohne jegliche geographische Gebundenheit verwischt würde.

4. Rheinpfalz

Frohsinn schenkt uns die sonnige Pfalz
aus alter Kultur. Darum: Gott erhalt's!
Viel Weine voll Adel, wuchtig und groß,
gedeihen in ihrem rassigen Schoß.
Daneben lachen in ihren Gefilden
auch heiter uns an die leichten und milden.

a) Gebietseinteilung

Entlang der „Deutschen Weinstraße“ wachsen die köstlichen Pfälzer Weine. Von Bockenheim bis zum Deutschen Weintor in Schweigen an der elsässischen Grenze zieht sich diese 80 km lange „Straße der tausend Glückseligkeiten“ am Fuße der Haardt dahin, rechts und links von einem bis zu 5 km breiten, fast ununterbrochenen einzigartigen Rebenmeer umschlossen.

* Qualitätswein bestimmter Anbaugebiete. Tafelwein/Liebfraumilch gibt es nicht.

Deutschland

Am Ausgang des Bahnhofs von Neustadt (Weinstraße) steht dieses Denkmal

Alte Weinprobierstube des Weingutes Dietz-Maffi am Heumarkt in Deidesheim (Rheinpfalz)

Deutschland

Blick auf die Weinberge bei Frankweiler (Pfalz). D ie Weinstöcke ziehen bis an den Waldsaum hinauf

Deutschland

Mitten im stillen Rebgelände ein Weinbergbildstock bei Freinsheim (Hardt). Dem Pfälzer wird nachgesagt er sei laut, er wird „Krischer“ genannt. Dort wo der Kinderchor der „Pfälzer Weinkehlchen“ singt, auf dem Billigheimer Purzelmarkt oder auf dem größten Weinfest der Welt, dem Dürkheimer Wurstmarkt, wird weinselig disputiert und lautstark geuzt.

An der Unterhaardt, der sich das berühmte Zellertal und das pfälzische Nahegebiet anschließen, reifen milde, duftige Weine.

In der Mittelhaardt, zwischen Herxheim am Berg und Neustadt, liegt das pfälzische Edelweingebiet, ein Stück Paradies. Hier bringt die Rieslingtraube in guten Jahren die herrlichsten Edel- und Trockenbeerenauslesen hervor, die auf Prämiierungen an vorderster Stelle stehen und in der Welt hochgeschätzt sind. Daneben gedeihen vollmundige Silvaner und feurige Traminer von fruchtiger Fülle und bukettreicher Eleganz.

In der Oberhaardt (Südliche Weinstraße) wachsen neben angenehmen Tafel- und Qualitätsweinen milde, spritzige Schoppenweine wie auch würzige Traminer und feurige Tokajer, denn hier reifen selbst Edelkastanien und Mandeln. — Heiterkeit und Frohsinn strömen die Weine der Rheinpfalz den Menschen ins Herz ... denn wer Pfälzer trinkt, lernt lachen!

b) Lage und klimatische Eigenart

Das rheinpfälzische Weinbaugebiet umfaßt mit etwa 20 000 Hektar die größte deutsche Rebfläche, aus welcher eine jährliche Durchschnittsernte von 1,9 Millionen hl, also ein gutes Fünftel der Gesamtweinernte Deutschlands, erzeugt wird. Das Anbaugebiet liegt in der Hauptsache in dem sonnigsten Teil der Oberrheinischen Tiefebene, an den klimatisch begünstigten Hängen des Haardtgebirges, das einen natürlichen Schutz gegen die kalten West- und Nordwinde gewährt. An der französischen Grenze gegenüber Weißenburg beginnend, zieht das zusammenhängende Weinbaugebiet dem Haardtgebirge entlang, nördlich bis zur rheinhessischen Grenze. Hinzu kommt das nordpfälzische Nahegebiet, das einen bedeutsamen Weinbau im Alsenz-, Nahe-, Glan- und Lautertal umfaßt. Das Gebiet der Hügel und Anhöhen längs des Haardtgebirges ist wie geschaffen für den Anbau der Rebe. Die Eigenart seiner morphologischen Beschaffenheit, die Unterschiedlichkeit der rebenbewachsenen Höhenzüge sowie die verschiedene Exposition der einzelnen Lagen, die sich wiederum kleinklimatisch voneinander unterscheiden, bedingen eine mannigfaltige Auswertung aller natürlichen Vorzüge. Hier sind besonders die Kessellagen hervorzuheben, die den Weinbau klimatisch begünstigen. Nicht zuletzt gewährt das langjährige Niederschlags- und Temperaturmittel der Rebe glückliche Witterungsverhältnisse, die als ein Merkmal der Pfalz genannt werden können. Schließlich sei noch auf das verschiedene geologische Substrat hingewiesen, das zufolge seines unterschiedlichen Kalk- und Mineralgehaltes verschiedenartige Bodenverhältnisse schuf, die sich auf die Eigenarten der Pfalzweine auswirken.

Die Rheinpfalz ist das wirtschaftlich bedeutendste deutsche Weinbaugebiet und wird mit Recht die Weinkammer Deutschlands genannt. Zugleich ist sie nach Württemberg das zweitgrößte Rotweingebiet Deutschlands, obwohl die Rotweinanbaufläche nur etwa ein Fünftel der Gesamtfläche beträgt.

c) Landschaft und Güte der Weine

Das vorderpfälzische Weinbaugebiet teilt sich in drei natürliche Produktionsgebiete, und zwar

in die Oberhaardt, von der französischen Grenze bzw. dem Deutschen Weintor in Schweigen bis zum Speyerbach bei Neustadt an der Weinstraße, (der größten Weinbaugemeinde der BRD)

in die Mittelhaardt, vom Speyerbach, einschließlich der Gemarkung Neustadt, bis zur Isenach, einschließlich der Gemarkungen von Ungstein, Kallstadt, Leistadt, Herxheim am Berg, Erpolzheim und Freinsheim sowie

in die Unterhaardt, von Freinsheim und Herxheim (ausschließlich) bis zur rheinhessischen Grenze, einschließlich des Zellertales.

d) Weine der Oberhaardt (Bereich Südliche Weinstraße)

Im Gebiet der Oberhaardt finden wir in der Hauptsache schwere, kräftige Lehm-, teilweise auch Löß- und Sandböden. Hier hat sich vereinzelt noch der uralte Kammertbau, der in seinem Ursprung auf die Römer zurückgeht, erhalten, wobei durch Querbalken, die etwa 3 Meter voneinander entfernt sind und durch den ganzen Wingert mit Weiden befestigt wurden, die Rebfläche in kleine Kammern eingeteilt war. Doch hat sich um die Jahrhundertwende der Drahtrahmenbau eingeführt, der durch die intensive Bekämpfung der Rebschädlinge bedingt wurde. Heute treffen wir auch vielfach bereits die moderne, den wirtschaftlichen Kulturforderungen angepaßte, weitauseinandergezogene Erziehungsart an. In allen Fällen liegt die hohe Stammerziehung mit zwei bis vier Bogreben vor.

Die reichen Ernteerträgnisse an der Oberhaardt ergeben gute Tafel- und Qualitätsweine, die im gesamten deutschen Absatzgebiet bekannt und beliebt sind. Als Hauptrebsorte, neben Riesling und Müller-Thurgau, herrscht der Silvaner vor. Daneben hat noch die frühe Malingretraube, die den ersten Jungwein liefert und im Gebiet von Maikammer und Edenkoben angebaut wird, Bedeutung; ferner der im Bereich von Bergzabern und Schweigen erzeugte graue Burgunder (Ruländer oder Tokajer genannt).

Erwähnt seien hier auch die duftigen, würzigen, bukettreichen Traminer- und Gewürztraminertrauben, die wir an bevorzugten Stellen finden, und die schon im Mittelalter besonders den Ort Rhodt unter Rietburg zu einem Qualitätsweinbauort machte. An Rotweintraubensorten ist der blaue Portugieser neben vereinzeltem Spätburgunderanbau vorherrschend.

Obwohl in weiten Handels- und Verbraucherkreisen die Oberhaardt als das pfälzische Konsumweingebiet bezeichnet wird, muß hervorgehoben werden, daß auch hier bedeutende Erzeugerbetriebe durch emsige Sortenauswahl und Kulturarbeit Qualitätsweine hervorbringen, die durch Verleihung des Deutschen Weinsiegels und hohe Prämiierungen ausgezeichnet wurden.

Die Landschaft der Oberhaardt bietet dem Besucher anziehende Reize. Durch ein unübersehbares Rebenmeer zieht die Deutsche Weinstraße, welche die nahen Weinorte verbindet. Die bekanntesten sind Schweigen, Bad Bergzabern, Gleiszellen, Leinsweiler, Siebeldingen, Geilweilerhof (heute Bundesforschungsanstalt für Rebenzüchtung), Birkweiler, Frankweiler, Gleisweiler, Burrweiler, Weyher, Rhodt, Edenkoben, St. Martin, Maikammer, Diedesfeld und Hambach. Sie liegen sämtlich am Rande des Haardtgebirges, an dessen sonnigen Hängen die Weinberge bis zum Waldessaum aufsteigen. Dort grüßen Burgen und Kapellen das weite Land und laden zum Besuche ein. Von behaglichen Gaststättenterrassen übersieht der Beschauer die wunderbare Landschaft. Sie wird ihn immer wieder anziehen und zu ihren mundigen Weinen zurückkehren lassen.

e) Qualitäts- und Prädikatsweine der Mittelhaardt

Ab Neustadt findet das Rebenmeer seine Fortsetzung im Gebiet der Mittelhaardt, das in flacheren Hügeln verläuft. Hier werden auf lehm- und kalkhaltigen Böden die edelsten Weine gewonnen, die der Pfalz Weltruhm verschafft haben. Kein anderes deutsches Weinbaugebiet erzeugt solche Mengen an Edelwein, aus welchem die hier ansässigen großen Privatweingüter die weltberühmten Beeren- und Trockenbeerenauslesen erzielen, die zu den erlesensten deutschen Spitzenweinen zählen. Die bedeutendsten Qualitätsweinorte der Mittelhaardt sind Forst, Deidesheim, Ruppertsberg und Wachenheim. Neben großen und mittleren Weingütern finden wir an der Mittelhaardt bedeutende Genossenschaftsbetriebe, in welchen fast alle übrigen Produzenten zusammengeschlossen sind. Einen bedeutenden Anteil am Absatz der Mittelhaardter Erzeugnisse haben die alljährlichen Versteigerungen des Verbandes. Durch die dabei erzielten Preiserlöse finden die geringeren Mengenerträgnisse ihren Ausgleich.

Die Erziehungsart an der Mittelhaardt ist in der Hauptsache noch die „niedere Pfälzer Erziehung“ mit kurzem Bogrebenschnitt. Hauptrebsorten sind Riesling, Müller-Thurgau, Gewürztraminer und Silvaner. In der Ebene, wo wir Löß-, Sand- und Kiesböden antreffen, wird hauptsächlich Silvaner und Portugieser, vereinzelt auch Spätburgunder angepflanzt.

Als weitere wichtige Qualitätsweinorte sind Gimmeldingen, Königsbach, Dürkheim, Ungstein, Kallstadt und Freinsheim zu nennen. Der Rotweinanbau ist besonders in Königsbach, Dürkheim, Ungstein und Kallstadt bedeutend, wobei die Erzeugnisse aus der Großlage „Dürkheimer Feuerberg“ die bekanntesten sind.

An die Mittelhaardt wird ein großer Fremdenstrom durch die begehrten Edelweine angezogen, die in modernen und sehenswerten Gaststätten, welche die Deutsche Weinstraße umsäumen, zum Ausschank gebracht werden.

f) Weine der Unterhaardt und der angrenzenden Gebiete

Im Gebiet der Unterhaardt, das sich an die Mittelhaardt anschließt, ist der Weinbau in hervorragendem Maße im Aufblühen. Das Gefüge des Rebgeländes ist hier weniger geschlossen und von Landwirtschaft und Obstkulturen durchsetzt. Es werden alljährlich reiche Weinerträge erzielt. Auf kräftigen Lehm- und Tonböden gedeihen angenehme, rassige und bukettreiche Weine, die wegen ihrer mundigen und ansprechenden Art einen guten Absatz finden. Auch in diesem Gebiet finden wir zielbewußte Gutsbesitzer und Winzergenossenschaften, die zur Förderung des Qualitätsgedankens wesentlich beigetragen und dem Unterhaardter Weinbau einen bedeutenden Namen verschafft haben.

Im Norden, an das Weinbaugebiet der Unterhaardt, schließt sich das Zeller Tal, weiter westlich das pfälzische Nahegebiet (Alsenz-, Nahe-, Glan- und Lautertal) an. Hier gedeihen stahlige und gute Tafelweine, in der Gegend von Altenbamberg und Ebernburg aber auch Qualitätsweine. Die bekannten Erzeugnisse Zeller Schwarzer Herrgott, Altenbamberger Kehrenberg und Ebernburger Erzgrube haben guten Klang.

Wie wir sehen, bringt die Pfalz Weine von unterschiedlicher Art und Qualität hervor. Sie liefert dem deutschen Konsumenten kleine und mittlere Sorten sowie feine Edelweine bis zu den erlesensten Spitzengewächsen. Die Pfalzweine sind gekennzeichnet durch artigen, vollen und körperreichen Charakter, im Qualitätsgebiet der Mittelhaardt durch rassige, bukettreiche, elegante Art mit nachhaltigem Körper und oft verbunden mit natürlicher Süße. Den Erzeugnissen aus den schiefer- und porphyrhaltigen Gesteins-

Deutschland

Traubenlese bei Hambach in der Pfalz

Im Hintergrund die Ruine Maxburg auf dem Kestenberg, bekannt durch das „Hambacher Fest", die erste politische Massenkundgebung in Deutschland, auf der am 27. Mai 1832 in demokratischen Reden unter den Farben Schwarz-Rot-Gold und dem Wahlspruch „Deutschlands Wiedergeburt" die Einheit und Freiheit Deutschlands gefordert wurde

Deutschland

Hinter der St. Kilian-Figur auf der alten Mainbrücke in Würzburg erblicken wir die Festung Marienberg mit der bekannten Lage „Würzburger Schloßberg" böden des Alsenz- und Nahetals, den Kalkböden der Gegend von Kallstadt und den schweren Böden von Wachenheim haftet ein von Kennern begehrter Bodenton an. Als bedeutende Weinumschlagplätze sind Landau, Maikammer, Neustadt, Bad Dürkheim und Grünstadt zu nennen. Mit ihren Qualitätsweinen ist die Pfalz auch maßgebend am deutschen Weinexport beteiligt. Namhafte pfälzische Sektkellereien stehen in der deutschen Schaumweinindustrie in hohem Ansehen.

Alljährlich werden zahlreiche Nachwuchskräfte des Weinfaches in der Lehr- und Forschungsanstalt für Weinbau in Neustadt (Weinstraße) geschult, die hervorragende Dienste durch Beratung und Forschung erweist.

Der interessierte Besucher der Pfalz sollte nicht versäumen, das kulturgeschichtlich wertvolle Weinmuseum in Speyer aufzusuchen, das ihm einen reichen und interessanten Einblick in die pfälzische Weingeschichte gewährt.

5. Franken

Auf grünen Bergen wird geboren
Der Gott, der uns den Himmel bringt;
Die Sonne hat ihn sich erkoren,
Daß sie mit Flammen ihn durchdringt!
(Novalis)

Die Lebensader des Frankenlandes ist der Main. In vielen Krümmungen durchzieht er die anmutigen Rebhügel des fränkischen Weinlandes. Das bei Hochheim endende Weinbaugebiet „Rheingau“ setzte sich früher mehr oder weniger lückenlos mainaufwärts fort. Man könnte meinen, daß der Fluß am liebsten im Weingebiet verweilen möchte! Die Rebe gelangte nicht durch die Römer ins Maintal, sondern es waren deutsche Herrscher vom fränkischen Karolingerstamm, die als Förderer des Weinbaues in Franken gelten. Die ersten Missionare im Mainland, wie der Frankenapostel St. Kilian, bedurften des Weines zum Meßopfer. Der Weinbau in Franken umfaßt eine Fläche von ungefähr 2800 Hektar. Geerntet werden in guten Jahrgängen 240 000 Hektoliter.

Der Sitz des fränkischen Weinhandels ist Würzburg. Dort gelangte der Weinbau zu hohem Ansehen. Die gute Pflege der bedeutendsten Anbauer hat hieran großen Anteil. Bestbekannte Lagen sind in Würzburg: Innere Leiste, Stein, Kirchberg, Schloßberg. Von Fachleuten wird der Würzburger Stein als eine der schönsten deutschen Weinbergslagen bezeichnet. In vorbildlicher Pflege reifen auf schweren Kalkböden große, wuchtige Weine. Nicht minder begehrt sind die köstlichen, bukettreichen Gewächse der

Leiste. In diesem Qualitätsgebiet wird neben Silvaner sogar Riesling gepflanzt. Auch Rieslaner und Müller-Thurgau gewinnen an Bedeutung.

Zehn Kilometer mainaufwärts folgt als wohl größte Gemarkung Randersacker mit den Lagen Teufelskeller, Sonnenstuhl, Marsberg, Pfülben u. a. Östlich des Mainbogens liegt etwas abseits das reizvolle Weinstädtchen Iphofen, dessen Name durch hochwertige Qualitäten bekannt ist. Iphofen hat seine besten Lagen in Kronsberg, Julius-Echter-Berg, Kalb u. a. Weiter flußaufwärts folgt Sommerach, gleichfalls linksmainisch, jedoch unmittelbar am Fluß gelegen, mit unterschiedlichen Weinen, und weiter oberhalb die Gemeinde Escherndorf, bekannt durch die Lagen Lump, Fürstenberg und Berg. Über die Mainschleife des weinfrohen Frankenlandes grüßt die Vogelsburg, zu der die Reben emporklettern und die einen prächtigen Ausblick auf die genannten Escherndorfer Lagen bietet.

Neben den Orten mit Weinbaukultur wie Würzburg, Randersacker, Iphofen, Escherndorf und Sommerach wird noch an vielen anderen Stellen Frankens Wein gebaut. Das gilt für die Ufer der Wern, der fränkischen Saale und der Tauber sowie für die Südseiten der Ausläufer der Hassberge, des Steigerwaldes und des Spessarts. Zu dem Weinbaugebiet Franken zählen auch die Weine aus dem badischen Tauber- und Schlüpfergrund*, dem sogenannten badischen Frankenland. Es nehmen insgesamt etwa 160 Gemeinden am fränkischen Weinbau teil, davon die größere Hälfte mit mehr als fünf Hektar Anbaufläche.

Die charakteristischen Merkmale des Frankenweins sind neben der allein zünftigen Flaschenform des Bocksbeutels** ein erdiger, fruchtiger, würziger Geschmack, seine nach heimatlicher, steiniger Erde duftenden Blume, die in ihrer Art nur bei diesen Gewächsen aus den Mainlanden anzutreffen ist. Edler Frankenwein aus den klassischen Anbaugebieten bahnt sich mehr und mehr seinen Weg in die Welt. Auf jeder gut assortierten Weinkarte ist er mit einigen der vorstehend genannten Sorten würdig vertreten.

Zu den treuesten Abnehmern des Frankenweins zählten u. a. Schiller, E. T. A. Hoffmann, Richard Wagner, Bismarck und Goethe. Letzterer schrieb 1806 an seine Frau: „Sende mir doch noch einige Würzburger; denn kein anderer Wein will mir schmecken, und ich bin verdrießlich, wenn mir mein Lieblingstrank abgeht.“

Die Vielfalt der Geschmacksrichtung der Frankenweine ist auf die ver-

---

* Die Abfüllung in Bocksbeutelflaschen ist für Badische Mauerweine gesetzlich zugelassen.

** Der Name leitet sich vom Scrotum des Ziegenbocks ab.

schiedenen Bodenarten innerhalb des fränkischen Gebietes zurückzuführen. Beginnend bei Bamberg den Main abwärts mit den Seitentälern der Wern, der fränkischen Saale und der Tauber bis an die hessische Grenze, dem sogenannten Freigericht mit den Weinorten Hörstein, Wasserlos und Michelbach, stoßen wir auf Weinberge, wo die Rieslingrebe auf Glimmerschiefer gedeiht, dem sogenannten Urgestein. Die dort erzeugten Rieslingweine haben bereits einen an den Rheingau anklingenden Ton.

In Würzburg, Randersacker, Escherndorf und Homburg haben wir Muschelkalkböden, in Sommerach und Nordheim Buntsandstein mit Lehm, am Steigerwald, in Iphofen, Rödelsee, Wiesenbronn, Abtswind und Castell Keuperböden (Mergel mit Gipseinlagen), roten Sandstein am Untermain in Klingenberg, wo intensiver Rotweinanbau getrieben wird, ähnlich wie bei Miltenberg und Wertheim.

6. Baden

Da bin ich gern zu Hause.
In einer alten Klause,
Bei einem Gläschen Wein,
(Martin Kessel)

Noch vor etwa hundert Jahren war Baden Deutschlands größtes Weinbaugebiet mit 22 000 ha. Heute umfaßt die Rebfläche etwa 10 500 ha. Der Ernteertrag übersteigt 900 000 hl. In Baden wie im benachbarten Württemberg ist das „Viertele“ zum Vespern beheimatet. Der Wein ist in Süddeutschland Volksgetränk; daß aber die badischen Weine allesamt im Lande selbst, in seinen urgemütlichen Weinstuben, getrunken werden, stimmt längst nicht mehr. Seit der Erneuerung des Weinbaues in Baden nach dem Kriege sind nicht nur die Qualitäten, sondern auch die Erträge gestiegen, und seitdem wächst auch die Zahl der Weinfreunde in aller Welt, die badischen Wein genießen.

Man erkannte in Baden nach dem Zweiten Weltkrieg sehr früh die Notwendigkeit einer umfassenden und planmäßigen Umstellung des Rebgeländes. Damit verbunden war eine nachhaltige Rationalisierung des Weinbaus und eine erhebliche Verbesserung der Arbeits- und Flächenproduktivität. Einen entscheidenden Anteil an dieser beachtlichen Entwicklung, die eine Investition von mehr als 160 Mill. DM erforderte, hatten die badischen Winzergenossenschaften, die am 20. Oktober 1971 auf eine neunzigjährige Geschichte zurückblicken konnten. 1881 hatte der bekannte badische Volksschriftsteller und katholische Pfarrer Dr. Heinrich Hansjakob in Hagnau am Bodensee den Impuls zur Gründung der ersten badischen Winzergenossenschaft gegeben. Heute bestehen in Baden etwa 170 Winzer- und Keltergenossenschaften, die rund 80 v. H. des anfallenden Mostes erfassen und neben den Bezirkskellereien Efringen-Kirchen und Wiesloch im Jahre 1952 eine moderne Zentralkellerei badischer Winzergenossenschaften in Breisach gründeten, die heute über eine Kapazität von 80 Millionen Liter verfügt und jährlich rund 250 Sorten und Lagen aus dem ganzen Weinland Baden ausbaut. Unter den deutschen Weinbaugebieten wurde Baden nach der EWG-Weinmarktordnung als einziges zur Weinbauzone „B" eingestuft, der auch eine Reihe französischer Weinbaugebiete angehören*. In dieser Zone sind höhere Mindestmostgewichte für die einzelnen Wein-Güteklassen vorgeschrieben als für alle übrigen deutschen Weinbaugebiete. Daß Baden so hohen Anforderungen entspricht, ist neben seiner rebenfreundlichen Natur dem zielbewußten Qualitätsstreben seiner Winzer in ihren Genossenschaften zu danken.

Mildes Klima, gepaart mit großer Verschiedenartigkeit der Lagen, Böden und Rebsorten, ergeben den bunten Frühlingsstrauß der badischen Weine.

Die Ortenau, zwischen Lahr und Baden-Baden, mit ihren herrlichen Südlagen im Schutze der Bergrücken des Schwarzwaldes ist das große geschlossene Riesling-Anbaugebiet Badens; aber auch edle Rotweine von hohem Ruf gedeihen hier. Kraftvoll-feurige Weine wachsen auf vulkanischem Urgestein und dickem Löß in den glutenden Rebterrassen des Kaiserstuhls: voller Wucht und fruchtiger Fülle der goldene Ruländer und unter anderen Edelsorten der Gewürztraminer mit einzigartigem Bukett. Der benachbarte Tuniberg hat in der Nachkriegszeit bei Weinfreunden ständig an Ansehen gewonnen. Im Markgräflerland, zwischen Freiburg und Basel ist vor allem die Gutedelrebe zu Hause; sie kann köstliche Kreszensen mit hohen Auszeichnungen bringen oder, wenn sie bescheidener auftritt, Weine feiner Art, süffig und bekömmlich, die auch ältere Herzen durchsonnen, ohne sie zu belasten. Als „kernig" gelten die Weine vom Bodensee, berühmt vor allem der Weißherbst aus der Spätburgundertraube, die hoch an den Hängen über dem Wärmespeicher des Sees gedeihen. Die süffigen, sauberen, wohlgepflegten Weine aus dem Breisgau, aus der Freiburger Bucht und dem

* Um den Charakter der Weine aus den verschiedenen Erzeugerländern unverändert zu erhalten, hat die EWG-Gesetzgebung das Weingebiet der Gemeinschaft in Weinbauzonen aufgegliedert. Hierbei ist festzuhalten, daß Baden, Elsaß, Lothringen, Champagne, Jura, Savoyen und Loiretal in Zone B fallen, während alle übrigen deutschen Weinbaugebiete zusammen mit Luxemburg zur Zone A gehören. Reifebedingungen bzw. die verlangten Öchslegrade sind witterungsbedingt in Zone A am niedersten und in C III am höchsten. Das übrige Frankreich ist in C I, Italien bis Rom in C II und Süditalien in C III eingestuft worden.

Deutschland

Gundelsheim mit seiner „Himmelreich“ auf dem Michaelsberg

Deutschland

Neu angelegte Rebterrassen an der „Nordhalde“ des Kaiserstuhls nahe der Landstraße nach Oberbergen

Deutschland

Am Ende des Bottwartals werden die Weinberge von Beilstein (Wttbg.) von mehreren touristischen Verkehrsadern durchzogen

Deutschland

Die herrliche Lage Mundelsheimer Käsberg in der großen Neckarschleife – vom Schreyerhof aus gesehen – ist für gute württembergische Rotweine bekannt. Steil klettert die Rebe die terrassierten Neckarhänge hinauf

Glottertal, kommen dem Zecher entgegen, der ohne Sorge davon trinken kann. Im Kraichgau, der Senke zwischen Schwarzwald und Odenwald, zwischen Karlsruhe-Durlach und Heidelberg, ist der natürliche Charme dieser heiteren Parklandschaft zugleich der ihrer Weine. Im Windschatten des Odenwaldes zieht sich eine der bekanntesten badischen Weinbauregionen über Schriesheim und Heidelberg auf die alte Weinstadt Wiesloch zu. Im Reiche der Tauber, einem der schönsten Abschnitte der Romantischen Straße, liegt das Badische Frankenland, wo ein besonders lieblicher Silvaner neben oft kernigen Weinen heranreift; die großen Qualitäten werden in Bocksbeutel abgefüllt.

Als besondere badische Spezialität gilt der Weißherbst, der aus der Traube des Blauen Spätburgunder gewonnen wird. „Weiß gekeltert“ nimmt er einen zarten Rotton an; er ist kräftig und vollmundig bei feiner Art.

7. Württemberg

Wohl dem, der sich das Schwabenland
zur Heimat hat erkoren,
das Land, in dem der Weinverstand
dem Menschen angeboren.
Und weil sein Weinverstand ihn lenkt,
weiß er sich an den Schätzen,
die Jahr für Jahr der „Herbst“ ihm schenkt,
als Kenner zu ergötzen.

Aus diesen, nicht gerade von Bescheidenheit zeugenden Versen geht hervor, daß Wein und Weingenuß hierzulande eine weitaus größere Rolle spielen, als die nachstehenden Zahlen vermuten lassen.

Bis zum 17. Jahrhundert war Württemberg mit über 40 000 ha Rebfläche das größte Weinland des damaligen Reiches. Schrittweise hat sich seit dieser Zeit der württembergische Weinbau auf die günstigsten Standorte zurückgezogen und folgt nun im wesentlichen dem Lauf des Neckars und seiner Nebenflüsse. Dort bestimmt die Rebe wie einst den Charakter der Landschaft.

Nach dem Weinbaukataster des Statistischen Bundesamtes von 1973 weist das Land eine bestockte Rebfläche von 7689 ha auf, von der 3441 ha mit Weiß- und 4248 hat mit Rotweinreben bepflanzt sind.

Die stark wechselnde Geologie des schwäbisch-fränkischen Schichtstufenlandes ist Ursache für die Vielfalt der württembergischen Böden und damit auch für die Mannigfaltigkeit seiner Weine.

Als selbständige Weinbaugebiete Württembergs werden im einzelnen unterschieden:

1. das obere Neckartal, in dem allerdings nur vereinzelt Weinbau betrieben wird, hauptsächlich mit den Sorten Silvaner und Müller-Thurgau. Dem folgt der eigentliche Ausgangspunkt des hiesigen Weinbaus,

2. die Landeshauptstadt Stuttgart, wo die Weinberge bis in das dichtbesiedelte Stadtzentrum reichen. In Stuttgart und seiner engeren Umgebung werden vorwiegend Trollingerreben gezogen, daneben auch Riesling und Silvaner. Von der „Stadt zwischen Wald und Reben" geht es in das Herzstück des Weinbaus,

3. in den Mittleren Neckarraum und das Remstal. Im Mittleren Neckartal dominierten die Sorten Trollinger und Silvaner. Das Remstal ist dagegen zu fast gleichen Teilen von Trollinger, Riesling und Silvaner besetzt.
Rechts des Neckars

4. im lieblichen Bottwartal finden wir wiederum vorwiegend Trollinger und Riesling,

5. Das Stromberg-Gebiet links des Neckars fällt durch die Vielfalt seiner Sorten auf: Trollinger, Lemberger, Silvaner, Riesling und verschiedene Burgunderarten sind dort im Anbau.

6. Das Heuchelberg-Gebiet, ebenfalls links des Neckars, erntet Trollinger, Lemberger und etwas Riesling.

7. In der Heilbronner Gegend finden wir Trollinger, Riesling, Schwarzriesling und Burgunderarten.

8. Das Weinsberger Tal sticht mit Trollinger- und Rieslinganbau hervor. Im unteren Weinsberger Tal werden auch Burgunderarten gezogen.

9. Im Hohenlohischen und in der Öhringer Gegend ist Silvaner, Riesling, einige Burgunderarten und etwas Trollinger zu Hause.

10. Das Kocher- und Jagsttal ist vorwiegend mit Silvaner, Müller-Thurgau und Riesling bestückt. Und in Württembergs kleinster Weinlandschaft,

11. im Taubergrund, stellen sich Silvaner, Müller-Thurgau und etwas Riesling ein.

Rund 95 % der württembergischen Weine werden im „Ländle" getrunken und somit nur 5 % „exportiert". Durch diesen Umstand ist der Ruf der württembergischen Weine nur zu den Kennern anderer Anbaugebiete gedrungen. Im Mittel der vier Herbste von 1970 bis einschließlich 1973 wurden in Württemberg 72 Millionen Liter Wein geerntet. Schon früher trank man hier doppelt so viel Wein als es die übrigen Bundesbürger taten, denn 40 Liter pro Jahr und Kopf rinnen durch die Kehlen der eingeborenen Viertelesschlotzer.

Aus der Aufführung der Anbaugebiete und ihrer Sorten geht hervor, wie viele Gewächse die Weinpalette des Landes zieren.

Dazu kommt die sich schnell verbreitende Neuzüchtung „Kerner", eine Kreuzung aus Trollinger und Riesling. Was aber dem schwäbischen Weinbau sein Gepräge gibt und die Herzen der Weinfreunde und Kenner höher schlagen läßt, ist die Einzigartigkeit und Vielfalt der Rotgewächse. Sie werden — wenn der Wettergott mitspielt — in Qualität und eigenwilliger Individualität von keinem Rotspon eines anderen Anbaugebietes übertroffen.

Hinter den Sortennamen Trollinger, Spätburgunder, Schwarzriesling, Lemberger und Neuzüchtungen wie Helfensteiner, Heroldrebe und Samtrot steht der unermüdliche Schaffensgeist schwäbischer Weingärtner, ein auf dem letzten Stand önologischer Erkenntnisse stehendes Kellereiwesen und der Forscher- und Experimentiergeist der Weinbauschule Weinsberg.

Alles kann der Schwabe tragen:
fordert Ehre, Recht und Pflicht.
Alles kann der Schwabe tragen,
nur den Durst erträgt er nicht.

Und diesem Durst wird in erster Linie mit dem schwäbischen Nationalgetränk, dem Trollinger, zu Leibe gegangen. Obwohl seine ursprüngliche Heimat, wie der Name sagt, Tirol ist, wurde dieser „Haustrunk" jedes wackeren Schwaben, der ihn rund um die Uhr trinkt, sogar zum Frühstück, wenn er den Kaffee nicht so trocken herunterwürgen will, zum Inbegriff. Der berühmte Spätburgunder nimmt auch in Württemberg die oberste Rangstufe ein. Aus ihm werden die edelsten Rotweine gewonnen, die das Land besitzt.

Zusammen mit dem Trollinger wird auch der Lemberger ausschließlich in Württemberg angebaut. Im Heuchelberg- und Stromberg-Gebiet hat diese, wahrscheinlich aus Österreich stammende Rebe, hier ihr Domizil gefunden. Lemberger, in Österreich „Blaufränkisch" genannt, sind frische, rassige, gerbstoffbetonte Weine von rubinroter Farbe.

Zwei württembergische Spezialitäten sind noch zu erwähnen: der Muskattrollinger — er wird in ganz geringen Mengen im Bottwartal angebaut und stammt aus dem Weingut des Grafen Adelmann und der Schillerwein, heute eine Kuriosität selbstvermarkender Winzer. Sein Name hat nichts mit dem schwäbischen Dichter zu tun, sondern rührt von der zwischen Weiß und Rot schillernden Farbe des Weines her. Er wird aus zusammengelesenen und gekelterten Weiß- und Rotweinreben gewonnen. Der Anzahl der Sorten und der Phantasie sind dabei keine Grenzen gesetzt. Ansonsten ist bekanntlich der Verschnitt weißer und roter Weine verboten.

Eine immer größere Rolle spielen die Weinsberger Neuzüchtungen: Helfensteiner, eine Kreuzung aus Frühburgunder und Trollinger; Heroldrebe, aus Portugieser und Lemberger; Samtrot, eine Mutation aus dem Schwarzriesling.

Die Rotweine werden in Württemberg gerbstoffarm ausgebaut. Im Gegensatz zu unserem französischen Nachbarland, das den Gerbstoff als einen typischen Geschmacksbestandteil des Bordeaux zum Beispiel schätzt, ist dies in Württemberg unerwünscht.

Kein Württemberger ist wie der andere. Bodenbeschaffenheit, Kleinklima, Sortenwahl und die Verschnittkunst erfahrener Kellermeister, lassen Weine reifen, die die ganze Geschmacksskala vom leichten bis zum schweren, vom feinsüßigen und milden bis zum trockenen oder herben, ausfüllen. Es gibt somit kein Charakteristikum das für alle württembergischen Weine Gültigkeit hätte. Aber eine Eigentümlichkeit schwäbischer Weine, das sogenannte „Bodeng' fährtle" sei noch gestreift. Fälschlicherweise wird es oft mit „erdhaftem Nachgeschmack" übersetzt. Gemeint ist vielmehr der nachhaltige Abgang, den der Weintrinker wahrnimmt, wenn die Erzeugnisse aus Muschelkalkgebieten stammen.

Ich hab' getrunken manchen Wein
in manchem Land beim Wandern.
Der eine fuhr mir ins Gebein,
im Kopf fühlt' ich den andern.
Ins Herz doch ging mir keiner so
und machte mich so frei und froh
und ledig aller Bande
wie Wein vom Schwabenlande.

Deutschland

Walporzheim an der Ahr mit seinen Weinbergen inmitten des romantischen und sehenswerten Ahrtales. Längs der Ahr befindet sich das größte geschlossene Anbaugebiet für rote Qualitätsweine in Deutschland

Deutschland

oben: Guldental, Nahe (Ortsteil Heddesheim)

unten: Teilansicht von Guldental (Ortsteil Waldhilbersheim), Rebfläche 502 ha

Deutschland

Verlockend lädt die Ruine Hornberg über Neckarzimmern zu einem Gang durch die württembergischen Rebgärten ein

Deutschland

Die große Rheinschleife an der Lorelei. Auf beiden Seiten des Flusses wird der mittelrheinische Wein auf schmalen Terrassen mühsam gezogen. Manche Parzellen liegen brach.

8. Die Nahe und ihre Weine

Gewoben aus Blüten,
und sonnigem Schein.

Die Rebfläche des Nahegebietes (Landkreis Kreuznach und Rockenhausen) beträgt über 3 500 ha (Ernteertrag über 350 000 hl). Silvaner mit 40 % und in bevorzugten Lagen Riesling mit 20 % liegen an der Spitze. Rotwein kommt praktisch nicht vor. Die Klöster Disibodenberg, Sponheim und Rupertsberg wurden zu geschichtlich bedeutenden Kulturträgern des Nahegaues. Der Anbau im gemischten Satz wie noch vor dreißig Jahren ist größtenteils verschwunden. Naheweine sind abwechslungsreich und interessant wie die Landschaft. Man findet solche, die durch Gehalt und Körper an Rheinwein und solche, die durch Eleganz und Rasse an Moselwein erinnern. Sie sind daher ein Entdeckungsfeld für Liebhaber, die sich geschmacklich noch nicht festgelegt haben. Goethe lobte in seinen Tagebuchaufzeichnungen zum St.-Rochus-Fest die feurigen Monzinger.

Die Unterschiedlichkeit der Naheweine mit den voneinander abweichenden Boden- und Anbauverhältnissen hat zu einer starken Unterteilung des kleinen Weinbaugebietes, dieses „Probierstübchens“ besonderer Art, geführt. Man unterscheidet: Bereich Kreuznach, Bereich Schloß Böckelheim.

1. Die untere Nahe von Bingerbrück bis Bretzenheim nebst den von Westen einmündenden Seitentälern.

   Unverkennbar ist die Verwandtschaft dieser Weine mit dem Rheingauer. Besonders der Riesling aus guten Lagen bringt hervorragende Spitzenweine. Bretzenheim, Langenlohnsheim, Laubenheim an der Nahe*, Münster-Sarmsheim und Bingerbrück sind dem Weinfreund geläufig.

2. Die mittlere Nahe von Schloß Böckelheim bis Bad Kreuznach.

   Sie stellt mit ihren Lehm-, Sand-, Vulkan- und Schieferböden das Kernstück des Gebietes dar. Die Vielfalt der Weine ist groß. Der Vulkanboden liefert das Feuer, der Schieferboden das rassig Elegante der Mosel. Die feine Blume hat den Ruf der Naheweine begründet. Wenige Kilometer unterhalb von Schloß Böckelheim liegt Ebernburg, wo Alsenz und Nahe sich vereinigen. Es folgen Niederhausen, Norheim, Bad Kreuznach, weiter westlich Rüdesheim an der Nahe*, Weinsheim und Roxheim.

---

* Im Gegensatz zu Laubenheim bzw. Rüdesheim am Rhein.

3. Die obere Nahe von Martinstein bis Boos.

   Sie bringt auf kleiner Fläche Weine voller Eigenart. Manche Rieslinggewächse erinnern an Saarwein. Auf der linken Uferseite liegen Martinstein, Monzingen und Nußbaum, rechts Merxheim und Meddersheim.

4. Der Anbau am Glan bringt vornehmlich Konsumweine, die im Land selbst verbraucht werden. Im Trollbach-, im Guldenbach- und im Gräfenbachtal herrscht heute die Erzeugung von qualitativ hochwertigen Weinen vor.

5. Im Alsenztal werden neben Tafel- auch einige Spitzenweine gewonnen. Kein Geringerer als Fürst Otto von Bismarck wurde nach Beendigung des Krieges 1870/71 bei seiner Rückkehr aus Frankreich auf deutschem Boden mit einem Pokal Nahewein empfangen. Vom 29. April 1872 datiert sein Brief, in dem er u. a. dankend äußert: „Der Bügeltrunk war mir eine solche Erquickung, daß ich das Bedauern mitnahm, den Humpen nicht ganz geleert zu haben."

9. Die Ahr

Wer an der Ahr war,
und weiß, daß er an der Ahr war,
war nicht an der Ahr.

Mit annähernd 500 ha Rebland (Erntemenge 35 000 hl) das kleinste deutsche Anbauareal, ist die Ahr gleichzeitig das nördlichste geschlossene Gebiet unseres Landes für Rotweine. Auch hier haben es die Winzer besonders schwer. Durch intensive Bodenbearbeitung gelang es, aus den Ahrweinen und besonders den Ahrburgundern wertvolle Qualitätserzeugnisse zu bereiten. An den Steilhängen ist Terrassierung erforderlich. Neuerdings werden auch gegen Frost widerstandskräftigere Weißweinsorten gezogen. Die charakteristische Rebe der Ahr ist der Spätburgunder. Sie ergibt runde Rotweine, ist allerdings im Ertrag nicht üppig, in der Blüte frostempfindlich, doch hervorragend in der Qualität. Der vulkanische Boden vermittelt den Weinen jenes kraftvolle Feuer, das neben feinem Aroma, Würze und beachtlichem Alkoholgehalt die charakteristischen Merkmale bildet.

Ursprünglich reichte der Anbau weit nach Norden bis ins Kesselinger Tal. Die Geschmacksverfeinerung der Rotweinverbraucher brachte es mit sich, daß die Rebe sich mehr und mehr ahrabwärts in den „Ahrgau" zurückzog und sich im Ahr- und Angtal besonders der besseren Lagen bemächtigte. Erwähnt seien Walporzheim, Ahrweiler, Dernau, Mayschoß und Altenahr. Es dominiert die Portugieser-Rebe.

10. Mittelrhein und Lahn

Ich weiß nicht was soll es bedeuten,
Daß ich so traurig bin.
Ein Märchen aus uralten Zeiten
Das kommt mir nicht aus dem Sinn ....
(Heinrich Heine)

Trotz der bescheidenen Anbaufläche von etwa 1000 ha (Erntemenge 60 000 hl) spielt die Weinwirtschaft in diesem Gebiet eine beachtliche Rolle. Zum eigentlichen Mittelrheingebiet, das bald hinter Rüdesheim (nach Lorchhausen) beginnt, kommen noch einige Lahngemeinden hinzu, in denen leichter Tafelwein erzeugt wird. Zu achtzig Prozent wird Riesling gebaut.

Die Landschaft des Mittelrheins ist eine der abwechslungsreichsten und romantischsten. Steile Berghänge wechseln mit schroffen Felsen und verfallenen Burgen, kleinen Weindörfern und sauberen Städtchen. Die Steilhänge mit ihrer mühsamen Bearbeitung erfordern durch Mauern verbundene Terrassierung. Von der südlichsten Grenze bis zur Burg Sooneck stoßen wir auf Taunusquarzit. Zwischen Niederheimbach, Bacharach und Oberwesel wachsen die Reben auf Hunsrückschiefer mit Lößeinlagen. Von St. Goar bis Boppard besteht der Boden aus den sogenannten Koblenzschichten mit gleichfalls Lößeinlagen.

Wir nähern uns jetzt, je weiter wir nordwärts kommen, dem kritischen Punkt, an dem die Rebe anfängt, sich nicht mehr zu Hause zu fühlen. Bei Andernach treffen wir noch einige Orte, die vielfach einen an Mosel erinnernden Wein hervorbringen. Es folgt das Siebengebirge mit seinem roten Drachenblut aus Burgundertrauben oder frühreifenden Portugiesern. Kurz vor der Mündung der Sieg in den Rhein ist der nördlichste Punkt erreicht, an dem die Rebe gedeiht. Die Süd- und Südwestlagen sind die geeignetsten. Im Frühjahr und Herbst kommt es leicht zu Frostschäden, da in den Seitentälern oft kalte Luft aus dem bergischen Hinterland und die noch wärmeren Strömungen des Rheintals aufeinanderstoßen, während im Schiefergebiet die Sonnenwärme gespeichert wird und nachts ausstrahlt. Der frostbeständigere Riesling herrscht vor, die weicheren Sorten, Silvaner und Müller-Thurgau, sind seltener. Der früher beachtliche Rotweinbau ist stark zurückgegangen und wird da und dort nur noch aus Tradition betrieben. Neben dem Klima wird die Arbeit der Winzer durch Böden und Terrassierung im Weinanbaugebiet des Mittelrheins erschwert.

So verschiedenartig wie die Böden, sind auch die Weine des Mittelrheins. Im allgemeinen trifft man leichte, milde Tafelweine von angenehmer Beschaffenheit. In einigen guten Lagen gedeihen vorzügliche Weißweine, denken wir an den Steeger Riesling aus einem Seitental bei Bacharach, an die Lagen Posten Lennenborn und Hambusch. Erwähnt seien noch aus der Fülle der Sonnenberg bei Unkel, der Mühlberg bei Braubach, die Elfenlay bei Boppard, Katz und Loreley bei St. Goarshausen, der Pfalzgrafenstein bei Kaub und der Goldemund bei Oberwesel.

Schon im Mittelalter bestand im Lahntal ein umfangreicher Weinbau, der aber Ende des 18. Jahrhunderts bis auf kleine Reste untergegangen war. Erst gegen Ende des 19. Jahrhunderts legten Winzer von der Mosel in Obernhof und Weinähr neue Weinberge an und pflanzten vor allem Rieslingreben, während bis dahin der rote Spätburgunder vorherrschte. Heute ist nur noch eine sehr kleine Rebfläche vorhanden, der Wein findet bei dem zunehmenden Fremdenverkehr im gastlichen Unterlahntal guten Absatz durch Ausschank und Direktverkauf.

11. Hessische Bergstraße

Vier Sinne sind beim Weine dicht:
Geruch, Geschmack, Gefühl, Gesicht.
Doch auch ans Hören denke man,
Drum stoßet an!

Die Bergstraße ist dank ihres milden Klimas dafür bekannt, daß sie im Frühjahr die ersten blühenden Bäume und Sträucher aufzuweisen hat. Kein Wunder, daß in diesem von der Witterung so begünstigten Landstreifen auch der Wein gedeiht. Die Bergstraße liegt mit ihrem nördlichen Teil in Hessen, mit ihrem südlichen Teil jedoch in Baden-Württemberg. Die Weine sind frisch und mundig und werden ähnlich wie im württembergischen Weinbaubereich fast ausschließlich im Gebiet selbst verkauft. Klingende Weinnamen an der Bergstraße sind Schriesheim, Weinheim, Hemsbach, Laudenbach, Heppenheim, Bensheim und Zwingenberg. Auf 832 ha werden 29 000 hl erzielt.

Ein weiteres, kleines Anbaugebiet in Starkenburg befindet sich im Landkreis Dieburg, und zwar um die Stadt Groß-Umstadt. Im hessischen Teil der Bergstraße erfolgte nach dem Zweiten Weltkrieg die Gründung der Bergsträßer Gebietswinzergenossenschaft in Heppenheim. Dieser Zusammenschluß ermöglicht den einheitlichen Ausbau der Moste der sehr zahlreichen Winzer mit Kleinbesitz und führt zu einem überwachten Qualitätsangebot. Über die Hälfte der Rebfläche entfällt auf Riesling, ihm folgen Silvaner und Müller-Thurgau mit je 15 Prozent. Rotwein wird kaum angebaut. 1973 ist die Hälfte mehr als 1972 geerntet worden.

Die Weinbeere trägt bis fünf Kerne in sich: Freude, Schönheit, Wahrheit, Weisheit und Vergessen.

V. Deutsche Eigenarten

1. Die deutschen Rebsorten

Der deutsche Wein verdankt seinen weltberühmten Klang inmitten der anderen europäischen Weine vorzugsweise dem Riesling, der Königin der Trauben. Es ist die Traubensorte, die überwiegend an der Mosel, im Rheingau, am Mittelrhein, an der Nahe und in der Pfalz angebaut wird. Für die Rieslingweine ist ein edles, anhaltendes Bukett und eine rassige Säure charakteristisch. Die Riesling-Auslesen, -Beerenauslesen und -Trockenbeerenauslesen aus den besten Lagen stehen an der Spitze der deutschen Prädikatsweine. In Baden finden wir den Riesling um Bühl und teilweise in der rebenumkränzten Ortenau, wo er unter der Bezeichnung „Klingelberger" bekannt ist sowie in Qualitätsweingütern des Kaiserstuhls.

Die Silvanerrebe, auch nach der Herkunft „Österreicher" genannt, die sich durch verhältnismäßig sichere Erträge auszeichnet, ist in den deutschen Weinbaugebieten stark im Anbau verbreitet. Sie liefert duftig-süffige Weine von weicherer Art und angemessenem Verhältnis von Alkohol und Säure. Die Kreuzung von Riesling und Silvaner ist bekannt unter der Bezeichnung Riesling × Silvaner oder auch nach ihrem Züchter Müller-Thurgau (Dr. Müller). Thurgau ist der Mädchenname seiner Mutter. Es ist eine frühreife Rebsorte mit zugleich sicheren und hohen Erträgen sowie verhältnismäßig wenig Ansprüchen an das Klima. Die Weine zeichnen sich durch angenehmes Sortenbukett aus, sind infolge ihrer geringen Säure mild und erfreuen sich zunehmender Beliebtheit.

Die Gutedeltraube, zugleich die beste Tafeltraube, ist typisch für das badische Anbaugebiet und wird südlich Freiburg bis zum Rheinknie nahezu in reinem Satz angepflanzt. Sie liefert milde Weine mit mittlerem Alkoholgehalt von angenehmer Art und zartem Bukett. Nach der Herkunft wird Gutedelwein dort vielfach auch „Markgräfler" genannt. Gutedel ist gegen Sauerwurm anfällig, weswegen sie vielerorts zurückgedrängt wurde.

Die Ruländerweine sind vor allem ein Erzeugnis des badischen Anbaugebietes. Die Traubensorte, die zur Familie der Burgunder (grauer

Pinot) gehört, hat ihren Namen von einem Kaufmann Ruland aus Speyer, der sie zu Anfang des 18. Jahrhunderts nach Deutschland eingeführt haben soll. Diese Rebsorte wird vorwiegend in den heißen Lagen des Kaiserstuhls und der Ortenau angepflanzt. Die Ruländertraube reift mittelfrüh, erreicht deshalb auch in den meisten Jahren einen hohen Zuckergehalt und liefert volle Weine. Der Säuregehalt ist gering.

Die Traminerrebe tritt mengenmäßig zurück, teils bedingt wegen ihrer Anfälligkeit für bestimmte Krankheiten, doch steht ihre Qualität mit Ruländer und Riesling an erster Stelle der badischen Gewächse. In der Ortenau als „Clevner" bekannt, ergibt die Traminerrebe, die ihren Ursprung in dem bei Bozen gelegenen Anbaugebiet hat, körper- und bukettreiche Weine mit mäßiger Säure.

Der Anbau des Gewürztraminers wird in den verschiedensten Gebieten in kleinerem Umfang, insbesondere aber in der Pfalz, gepflegt. Die Weine zeichnen sich durch aparte Art und stark anhaltendes Bukett aus. Die Scheu-Rebe (S 88), nach ihrem Züchter benannt, ist eine Kreuzung Silvaner × Riesling und besonders in Rheinhessen und in der Pfalz verbreitet. Die Weine sind körperreich und bukettbetont. Charakteristisch für die Scheu-Rebe ist der in geringeren Lagen und kleinen Jahrgängen an schwarze Johannisbeeren erinnernde oft aufdringliche Geschmack.

Eine andere neuere Zuchtsorte ist der Morio-Muskat, genannt nach dem Rebzüchter Peter Morio, die besonders seit dem Zweiten Weltkrieg in der Pfalz und in Rheinhessen angebaut wird. In geringeren Lagen kann ihr Bukett einseitig betont sein durch grasige Säure oder Citrusgeruch.

Der Weißburgunder wird bei uns nicht viel angebaut. Durch Auslese guter Zuchtstämme lohnt sich der Anbau neuerdings mehr, besonders auf schweren, kalkhaltigen Böden und bringt dort Weine von rassigem Körper und feinem Bukett.

Bisher als Mainriesling bekannt, hat der Rieslaner, eine Würzburger Züchtung, im fränkischen Weinbau Bedeutung erlangt. Er soll den Riesling dort, wo er nicht genügend ausreift, ersetzen. Die Sieger-Rebe bringt reife Weine mit Würze, und beachtliche Mostgewichte die Huxelrebe. Die Faber-Rebe (Kreuzung Weißburgunder mit Müller-Thurgau) reift sehr frühzeitig und liefert fruchtige Weine mit kräftigem Ausdruck, ähnlich der Kanzler-Rebe (Kreuzung Müller-Thurgau und Silvaner), die gern für Prädikatsweine verwendet wird. Neuere Kreuzungen sind Freisamer (Silvaner x Ruländer) und Kerner (Trollinger x Riesling).

Auf allen Bodenarten gedeiht die Portugieser-Rebe. Wir finden sie in der Pfalz, in Rheinhessen, in Württemberg und an der Ahr. Qualitativ kommt der Portugieser nicht an den Spätburgunder heran. Weine aus Portugieser sind mild und von schwächerer Farbintensität.

Der Trollinger — in manchen Gebieten auch „Zottler“ genannt — gilt als spätreifende Traubensorte und erfordert daher in unserem rauhen Klima eine gute Lage. Heute wird er vorzugsweise in Württemberg gebaut. In guten Jahren bringt der Trollinger Gerbstoff und Geist zur Haltbarkeit mit, gutes Bukett und besonderen Muskatgeschmack.

Die Sorten Elbling, auch Kleinberger oder „Klemperich“ genannt, die wir insbesondere an der Obermosel antreffen, sowie Räuschling und Alben werden nur in Konsumgebieten gepflanzt. Der Anbau dieser Mengenträger geht mehr und mehr zurück zugunsten qualitativ besserer Sorten. In Baden finden wir sie vornehmlich im Breisgau und um den Kaiserstuhl; oft gelangen sie als „Kaiserstühler“ in den Handel.

Als typisch badische Weinsorte ist schließlich der Weißherbst zu ererwähnen, jener Wein, der aus der blauen Spätburgundertraube durch sofortiges Abpressen der Maische gewonnen wird. Das Aussehen der Weißherbste ist je nach dem Reifegrad der Trauben und ihrer Behandlung von gelblicher bis rötlicher Farbe. Die Weine zeichnen sich durch eine liebliche und milde Art aus. Sie sind nicht zu verwechseln mit den Schillerweinen, jener in Württemberg heimischen Bezeichnung, unter der man dort Weine versteht, die aus weißen und blauen Trauben gewonnen werden, also im gemischten Satz gekeltert wurden. Außerhalb Württembergs wird Schillerwein als Rotling bezeichnet.

Auxerrois nimmt im Anbau in Baden an Bedeutung zu. Weißherbst und Auxerrois bringen harmonische Weine mit Alkohol und Säure.

Da und dort kommen Muskatellerweine und neuerdings Muskat-Ottonel oder Muskat-Gutedel in Süddeutschland vor. Die Burgundertraube, die Frankreich seinen weltbekannten Ruf geschaffen hat, liefert auch bei uns — beispielsweise an der Ahr — rote Weine, die längeren Ausbaus und sorgfältiger Pflege bedürfen. Unser größtes Gebiet für Spätburgunder mit jenem sanften Brombeerton ist Baden.

2. Berühmte Weinjahre ab 1650

Dankbarkeit ist die schönste
Tugend des Weintrinkers.

1652, 1653 gut und reichlich, 1659, 1660, 1661 gar gut und viel
1670, 1671, feiner Wein und gut, 1676 gar gut, doch wenig

1681, 1683, 1690 gut und viel
1704 gut, aber nicht gar viel
1712 guter Wein, auch viel
1719 seiner Sonnensüße wegen als „Hutzelbrühe" bekannt geworden
1727 gut, auch viel — im Bremer Ratskeller noch zu haben
1753 berühmte „Weinwachs"
1783 berühmtes Weinjahr
1804 gut und viel
1811 von Goethe besungen, Kometenwein, mit Gold aufgewogen
1822 ähnlich wie 1811
1834 ausgezeichnet
1846 Mostgewicht des Tischweines 100° Öchsle*)
1857 als Sommerwonnen-Bronnentrank, als milder, wilder Tonnentrank wurde er im „Kladderadatsch" charakterisiert
1858 hervorragend — Lese im Schnee
1862 vortrefflich
1865 hohe Mostgewichte
1868 großes Weinjahr
1893 deutsche Weine als beste der Welt auf der Weltausstellung ausgezeichnet. Für eine Flasche wurden bis zu 80 Goldmark bezahlt
1904 hervorragender Jahrhundertwein**
1911 herrlicher Kometenweinjahrgang, vollreif
1920 gute Spätlesen
1921 Weine, die nicht zu früh auf die Flasche gefüllt wurden, gehörten zu den größten Kreszenzen, die jemals gewachsen sind.
1934 gut, sehr lagerfähig
1937 sehr gut
1945 sehr gut, Friedenswein
1949 sonnengesegnete Weine, große Reife, Süße und Fülle
1953 Spitzenweine von großer Eleganz, Reife und Feinheit, die aber kaum noch zu bezahlen sind, waren eine gute Kapitalanlage
1959 Jahrhundertwein. Höchste Mostgewichte aller Zeiten. Glücklich, wer noch davon hat!
1964 dieser interessante Jahrgang besitzt Vollreife.
1966 verspricht ein großer Jahrgang zu werden.
1967 Jahrgang mit abgeschliffener Säure, neigt zum hochfarbig werden.

---

* Die EWG-Bestimmungen begnügen sich mit der Hälfte für Tafelwein.
** In London wurde kürzlich eine Flasche zu DM 1600.— versteigert.

1969 von der Presse hochgespielt, haltbar und entwicklungsfähig, wenn auch nicht immer vollreif.

1970 größte deutsche Mengenernte aller Zeiten mit über 10 Mill. hl. Wer fleißig sucht, findet Lockendes.

1971 Jahrhundertwein von köstlicher Reife; in Frankreich „une grande année".

1973 verspricht interessant zu werden; in Frankrech alsbald zu verbrauchen.

1975 schwierig zu behandelnder „Schwefelfresser", der groß zu werden verspricht.

3. Diabetiker-Weine

Und wüßten wir
wo jemand traurig läge,
wir geben ihm den Wein.
(Matthias Claudius)

Seit dem Zweiten Weltkrieg hat sich der Diabetes mellitus (Zuckerkrankheit) sehr entwickelt. Der Krankheit liegt ein Mangel an Insulin zugrunde, das überschüssige Kalorien im Körper zu Fett aufbaut. Die Diät stellt für den Zuckerkranken die Basisbehandlung dar. Sie muß kalorisch knapp und biologisch hochwertig, also reich an Vitaminen sein.

Bei dem im Wein vorhandenen Zucker unterscheidet man zwischen Saccharose (Rohrzucker), Glukose (Traubenzucker) und Fruktose (Fruchtzucker). Da der Gesamtstoffwechsel des Diabetikers durch Glukose als Blutzucker ungünstig beeinflußt wird, sollen von ihm nur solche Weine getrunken werden, deren Glukosemenge gering ist. Nach neuesten medizinischen Erkenntnissen können mit Zucker verbesserte Weine von Diabetikern getrunken werden, da zugesetzter Zucker am schnellsten zu Alkohol vergärt. Von der Deutschen Landwirtschaftsgesellschaft (DLG) wird als Grenzwert für das Diabetiker-Weinsiegel 4 g/l Gesamtzucker (unvergoren, maximal 4 g/l Glucose)festgesetzt. Die Prüfung auf Saccharose muß negativ verlaufen. Ferner wird verlangt: 12 Vol. % Alkohol, gesamte SO_2 höchstens 200 mg/l, davon freie SO_2 höchstens 25 mg/l, also Schwefelmengen unter der Norm. Tafelwein ist vom Weinsiegel ausgeschlossen.

Die wichtige Diabetiker Weinsiegelkommission setzt sich zusammen aus Landw. Dir. Horst-Ulrich Großer, Kellermeister Benno Kippes, Studiendirektor Dr. Paul Knapp, Weinkaufmann Hermann Lorch, Betriebsleiter Robert Noll, Dipl.-Landwirt Richard Sebastian und dem Autor als Weinsachverständigen.

Das gelbe (Diabetiker-)Weinsiegel wird nur für Flaschenweine verliehen. Weinsiegelbetriebe können zwischen dem mit der Aufschrift „Trocken" und dem mit dem zusätzlichen Etikett für Diabetiker wählen.

4. Weinansprache in deutsch und französisch

De gustibus non est disputandum

abfallend	bei der Weinprobe falsch eingestuft	mal placé, im Geschmack: dégénérescent
Abgang	schöner oder schlechter letzter Geschmackseindruck	queue de paon qui manque d'allonge
abgebaut	Alterserscheinung, Mangel an Frische	chapeau sur l'oreille
abgelebt	überlagert, auch tot oder müde und lahm	tomber dans ses bottes
abgerahmt	Wein an dem nichts mehr dran ist	amaigri
abgesetzt	s. Niederschlag	dépôt
absterbend	Höhepunkt überschritten	éteint, usé
Adel	großer, vornehmer, edler Wein	noble
adstringierend	durch zu hohen Säure- oder Tanningehalt zusammenziehend	astringent
alkoholarm	für kleine, magere Weine	léger
alkoholisch	Alkohol spitz herausschmeckend, auch spritig, brandig, schnapsig	alcoolique, spiritueux
alkoholreich	bei Dessertweinen	vinosité; généreux
alt, Alterston	Mangel an Frische und Kohlensäure, durch Luftzutritt oxydiert	oxydation, sénile, usé
anmutig	lieblich und angenehm, gut gebaut	vénusté, qui a du charme
anregend, ansprechend	frisch, lockend, anreizend	friand, excitant, éveillé, attirant
ansprechend	zusagend	qui cause bien, nerveux, nerf
Apothekengeschmack	negativer Chemikaliengeschmack	goût de pharmacie
Arbeiterwein	ordinär	plébéien
arm	kleiner, unselbständiger Wein	pauvre

Aroma Geruchswerte, die sich aus Estern, Aldehyden und Ketonen zusammensetzen	arôme
Art, arteigen naturgebundener Landschaftsgeschmack	cachet, caractère, racé
artig gefälliger, kleinerer Wein	facile, petit vin agréable
Ausbruch in Österreich und auf dem Balkan (Ungarn) gebräuchliche Bezeichnung für Auslese	französisches Synonym sélection
Ausdruck s. Art	
ausdruckslos kleiner Wein, zu unterkühlt probiert	sans cachet, sans caractère, anémique
ausgebaut fertig entwickelt, lagerreif	en bonne forme, qui a de la charpente, bien assis, charpenté
ausgeglichen s. harmonisch	
ausgezeichnet ohne Mängel	complet, vin d'une oreille
ausgezogen mißhandelter, strapazierter „leerer" Wein	fatigué, abîmé
Auslese typisch deutscher Prädikatsbegriff, in Südtirol mißbräuchlich verwendet für Kalterer See „Auslese"	französisches Synonym sélection
bauernhell Wein ohne letzte Brillanz, nicht blitzblank	légérement voilé
bemerkenswert angenehm auffallend	sensuel
berauschend s. Kopfwehwein	
bestechend vollendet	séduisant
bissig s. säurebetont	mordant
bitter Überschuß an Gerbstoff oder durch Bakterien erzeugt	amer, acèrbe âpre, amertume
Bittermandel Geschmack auf Grund zu intensiver Blauschönung	goût de collage bleu
blaß armseliger Wein, ohne Ausdruck (bei weißgekelterten Rotweinen, Rosé, Rotling, Schillerwein ohne genügend Farbstoff oder blaßfarbig bei pale Sherry)	maigre, sans robe

Blender meist durch Süße mehr vortäuschend	à fanfreluches
blind ohne Glanz, leicht schleierig	voilé
blitzblank kristallklar	cristallin, brillant
Blume flüchtige Bukettstoffe	mouchoir, bouquet, arôme, bouqueté
blumig s. Blume	qui a du nez
blutarm, blutleer gehaltlos	anémique
Böckser Geschmack nach faulen Eiern (Schwefelwasserstoff)	bocké
Bodengeschmack Lageton, Erdgeschmack, Geschmäckle, Bodengefährtle	cru de tel clos, cru terroir, goût de terroir
brandig unharmonisch süß-sauer, Alkohol unangenehm hervortretend	spiritueux
bräunlich fehlfarbige Weiß- und Rotweine	fauve
breit Fülle ohne die zu erwartende Feinheit	ample, ampleur, qui a de la chair, bien meublé
Bukett s. Blume	bouquet
Burgund ähnlich an Burgunder erinnernd	bourguignote
buttersäurestichig, Buttersäurestich	acide butyrique
Christbaum Niederschlag in Christbaumform, s. Niederschlag	dépôt, queue de renard
delikat ausgezeichnet	complet
dick zu extrakt- und körperreich oder mit zu viel unvergorenem Zucker, auch dickflüssig	chargé, venusté, épais, lourd
drückt Entwicklung fehlerhafter Kohlensäure	travaille
Duft, duftig feinblumig, s. Blume	bouqueté
dumpf eingeschlossen, modrig, s. Schimmelgeschmack	moisi

Schweiz

Die Weinberge der „La Côte" – hier bei Crausaz – ziehen in sanftem Gefälle durch malerische Landschaft zum Genfer See

Schweiz

Das Weißweinanbaugebiet Chablais vorm Einfluß der Rhone in den Genfer See. Hoch klettern die Reben an den mit Mauern abgestützten Terrassen die Hänge hinauf bis an den Waldessaum. Besitz der Domaines Schenk gehörend.

Hier gedeiht der „Dorin“

WESTFALIA Separator (fahrbar) mit selbstreinigender Trommel in einem badischen Kellereibetrieb

Schweiz

Mittelalterliches Schloß oberhalb des Genfer Sees inmitten gepflegter Weingärten im Besitz der Domaines Schenk; im Vordergrund eine Neuanlage

dünn kleiner Wein mit wenig Stoff	petit vin, lymphatique
durcheinander zerschlagen besonders nach dem Versand	non harmonieux
echt, Echtheit auf Reinheit hinweisend	génuinité, pur, typique
eckig s. unharmonisch	
edel Bezeichnung für hochwertige Weine und in Wortverbindungen gebraucht wie edelsüß	noble
ehrlich gediegen, auch ohne deutliche Restsüße	franc de goût, droit de goût, net
Eigenart hervortreten nicht definierbarer besonderer Geschmackseindrücke	goût très particulier
einnehmend überzeugend	prenant
elegant bestechende Harmonie aller Geruchs- und Geschmacksstoffe, besonders bei nicht so schweren Weinen	élégant
entwickelt Ausbaubezeichnung nach vollendetem Faßlager	d'un beau fini
Erdbeerton an Erdbeeren erinnernd	framboisé
Erdgeschmack s. Bodengeschmack	terroir
Essenz großer Edelwein, beim ungarischen Tokajer konzentrierter Most	essence
Essigstich stichig	piqué, il pique
extraktreich stoffig, körperreicher Wein	riche en extrait
fad säurearmer, ausdrucksloser Wein ohne Stoff, schal	fade
Farbe je nach Rebsorte und Alter hat der Wein eine eigene Farbe	robe (für Rotwein) brillante robe, éblouissante robe
farbentstellt für Rotweine, die einen Einschlag ins Bräunliche haben	truilé

farblos blaßfarbig, ohne Farbprägung	sans couleur, dépouillé, robe légère
farbstark s. hochfabrig oder von schöner Farbe	chargé qui a une jolie robe
Faßgeschmack dumpfer Holzton nach verschimmelten oder unsauberen Gebinden	goût de fût malpropre, goût de sec
faulig starker Hefegeschmack	goût de la lie, croupi
Federweißer Most, der in der Gärung nachläßt, milchig-trüb, oft lauwarm; Vorstadium: Rauscher, Sauser, Endstadium: Jungwein	vin nouveau, vin jeune encore trouble, flexible
fein, feine Art überdurchschnittlich, s. Art	fin, finesse
feingörig s. Gär (auch Gör)	
Fenster s. Schlieren	il colle au verre
fertig, positiv: gut ausgebaut negativ: tot	d'un beau fini, passé
fest Wein mit reichlicher Säure, Steigerung: hart	dur
fett saftig, ölig, schmalzig	riche, gros, gras
Feuer, feurig vor allem bei Rotwein so viel wie erwärmend, gern auch auf die Farbe bezüglich, nicht hitzend	sève, amour (in Burgund gebräuchlich) il est chaud, il a du feu, chaleur
Feuersteingeschmack wie etwas angebrannt (typisch für Dézaley, Yvorne)	pierre à fusil
Finesse bestechend fruchtige Art edler Weine	finesse
firn alter Wein mit Firn(Terpentin)geschmack, positive Steigerung: Edelfirne, firn im Geruch	il vieillarde, vieillarder, entrer en dégénérescense, qui a le chapeau sur l'oreille, vieilli, dont le bonnet dégringole, éventé
flach ohne Relief, ohne Charakter	sans caractère, plat, gringalet
flaschenkrank vorübergehendes Durcheinandersein des Weines nach der Abfüllung von etwa 3 Wochen	maladie de bouteille

flaschenreif richtiger Abfüllzeitpunkt beim Faßausbau	d'un beau fini
flau s. flach	
flüchtig zarte Duft- und Geschmacksstoffe	volatil
flüchtige Säure s. Essigstich	asside volatil
forciert vorzeitig haltbar gemachte Weine mit 6 Wochen Haltbarkeitsgarantie	forcé, fatigué
fordernd s. lockend	agressif
fremd störender Beigeschmack	goût étrange
frisch belebende, junge Weine mit Kohlensäure	frais, vif, vivacité
Frostgeschmack widerlicher, verkrampfter Geschmack	goût de gelée
Frucht, fruchtig guter Wein mit Sortenbukett z. B. nach Aprikosen, Pfirsichen usw.	savoureux, fruité, évocateur
frühreif s. heurig	
Fuchsgeschmack, foxig abstoßender Geschmack nach Hybriden (Wildreben und deren Kreuzungen) als Wanzengeschmack empfunden, an Brombeeren erinnernd	fox, foxé
fuchsig s. Fuchsgeschmack	
Fülle vollmundiger Wein s. voll	Cuisse, jambé
funkelnd von schöner Farbe, besonders bei ausländischen Rotweinen	scintillant
Gär, Gör (Gähr, Göhr) Wein mit Gärbuketten	il travaille, pétille
gärig in Gärung befindlicher Wein mit noch vergärbarem Zucker, auch Nachgärung	en fermentation
Gaumenschmeichler verführerischer Wein	chat
gebrochen trüb und durcheinander	cassé

gedeckt deutscher Rotwein mit Zusatz von ausländischem Deckwein zwecks Farbintensivierung	coupé
gediegen ehrlicher, unfrisierter meist kleinerer Wein	étoffé, qui a du fond
gefällig kleiner Wein von angenehmer Beschaffenheit	aimable, insignifiant, plaisant
Gehalt, gehaltvoll guter, voller Wein	chair, charnu, capiteux
gepantscht überstreckt, durch verbotene Zusätze geschmiert, getaufter Wein	frelaté
gerbstoffreich, gerbsäurereich für herbe, rauhe, ziehende Rotweine	amertume, tournant à l'amer
Geschmäckle besonders in Süddeutschland geläufig für Landwein mit kleinem nicht unangenehmem Beigeschmack	petit arrière goût particulier
geschmeidig auch glatt für runde Weine mit abgeschliffener Säure	coulant, friand, moelleux, souple, onctueux
gespalten wie durcheinander, für Weine, die noch keine Einheit bilden	coupé en deux, inharmonieux
gestoppt meist unharmonisch süße Weine, die mit Schwefel in der Gärung unterbrochen wurden	arrêté, arrangé
gestört wie durcheinander, auch Wein in Nachgärung	cassé
getauft s. gepantscht, gewässert, gestreckt	aqueux
Gewächs Wein aus renommiertem Gut oder Schloß	vin de premier crû, grand
gezehrt für trockenen Wein mit „aufgezehrtem" Zucker, besonders für Sherry gebräuchlich	très sec
gezuckert dafür wurde bisher verbessert gesagt, seit dem 1971 Weingesetz angereichert	chaptalisé
Glanz oder Brillanz haben blitzblanke Weine mit leuchtend reinem oder feurig-rubinrotem Farbton	scintillant
glanzlos	terne

glanzhell durchsichtige, einwandfrei klare Weißweine	cristallin
glatt wie geschmeidig	moelleux, souple, coulant, friand
goldgelb sattes Gelb bei großen, alten Weinen (nicht zu verwechseln mit hochfarbig für überlagerte, oxydierte Weine)	aune doré
Gör s. Gär	
Grasgeschmack, grasig grasiger Unreife-Geschmack schlechter oder frostiger Jahrgänge	vert, sauvage, herbacé
Grenzfall fragwürdiger Wein	louche
grob Gegenteil von zart, fein, besonders bei Rotwein	gros rouge, grossier, charnu, rustre
groß wie edel für Spitzenwein	somptueux, somptueuse robe,
grün unreifer Wein mit giftiger Säure	cru, vert, ferme
grünlich infolge erhöhten Chlorophyllgehaltes sind dies portugiesische vinho verde und Mosel-Saar-Ruwer-Rieslinge	verdâtre
hängt steckengebliebene Weine und solche, die im Abgeschmack am Gaumen haften bleiben „hängen"	mal équilibré
harmonisch richtiges Verhältnis aller Bestandteile im Wein	équilibré, complet, harmonieux
harntreibend verschiedene Weine des In- und Auslandes, besonders auch Mosel stehen in diesem Ruf	diurétique
hart säurebetonter Wein, vor allem Übermaß an Äpfelsäure	dur, dureté, vert, sauvage, âpre, ferme, fermeté
harzig Wein mit harzähnlichem Terpentingeschmack; in Griechenland werden die Weine geharzt (reziniert), s. rezinieren	résineux
Hefegeschmack, hefig der oft milchig-fehlerhafte Wein riecht und schmeckt nach zersetzter Hefe (Hefeböckser)	bourru, lies

hell Vorstufe zu glanzhell, blitzblank	de couleur claire
herb besonders bei Rotwein mit recht viel Gerbstoff (Tannin) zusammenziehend (nicht zu verwechseln mit hart und sauer)	acerbe, rude
Herrenwein vollendeter, vielfach durchgegorener Kneipwein wie manche gelb gesiegelte Diabetikerweine der DLG	vin de Monsieur, de Grand Seigneur, un Grand Seigneur
Herrschaftswein besonders aus Ungarn bzw. dem einstigen Österreich-Ungarn geläufige Bezeichnung für Wein aus Herrschaftsgütern mit einwandfreier Kellerwirtschaft	premier cru
hervorragend über dem Durchschnitt stehend	sensuel
herzhaft gediegen, leicht säurebetont	vigoureux
heurig frühreif, Weine wie der Beaujolais, die im Jahr auf die Ernte getrunken gehören	primeur
hinten Abgangs-Geschmackswahrnehmung, auch Schwanz	arrière-goût
hochfarbig schwefelarme, oxydierte, fehlerhafte oder überlagerte Weine von betont gelber oder gelb-brauner Farbe	trop chargé, trop, habillé, mordoré
Holzgeschmack, holzig ungenügend vorbereitete, unsaubere, nicht weingrün gemachter Fässer, s. Lohgeschmack	bois
honigartig honigsüßer Geschmack von Edelweinen	goût de miel
hübsch kleine Anerkennung für sauberen Wein, an dem nicht viel dran ist	facile, pas mal
Hybridengeschmack grasiger Ton, s. Fuchsgeschmack (von Bastardpflanzen)	hybride
Jahrgangston positiv: Botrytiston hervorragender Jahrgänge (Jahrhundertwein) negativ: Frostgeschmack verunglückter Jahrgänge	goût de l'année
Jungfernwein: Erstertrag einer Neupflanzung	vièrge

Jungwein der Wein besitzt Gör nach abgeschlossener Hauptgärung, klärt sich, enthält noch Kohlensäure; Vorstadium: Federweißer	vin nouveau
Kabinettwein heute unterster Prädikatswein, früher Rarität aus dem Cabinetkeller (ein vom Hauptkeller abgetrenntes Gewölbe)	vin de classe
kahmig Weine mit Oberflächenvegetation von Kahmpilzen (beim Sherry hochgeschätzt), die durch Kahmhefen geschmacklich und geruchlich nachteilig beeinflußt werden durch Milch- oder Buttersäurestich	moisi, couvert de fleurs
Kammgeschmack bitterer Rappengeschmack, s. Rappengeschmack	goût de râpe
kantig s. eckig	
kernig körperreich, kräftig-nerviger Wein mit etwas Säure; wie herzhaft	sérieux
klar ohne Trübung	clair
klein Wein mit wenig Körper und Alkohol, manchmal sauer	mince, petit vin
knochig, harter Knochen alter, säurebetonter Wein	ferme, fermeté, âpre, dur
knospig soviel wie „steckt noch"	crudité, qui renarde, pas fait
Kopfwehwein überschwefelter Wein	fumeux, casse-tête
Korkschmecker übler Geruch und Geschmack nach krankem Korken	bouchon
Körper extraktreiche Weine mit Geschmacksintensität, man hat „ein Maul voll Wein" wie man in Rheinhessen sagt	sève, séveux, qui a du corps, qui a de la base
körperarm arm, dünn, leicht	mal bâti, lymphatique, faible, court
körperreich	qui a du corsage, corsé
kräftig gesunder, lagerfähiger Wein	fort
krank	malade

kratzig, kratzt unangenehmes Merkmal stichiger Weine,	il gratte
kristallklar wie blitzblank	clair, brillant, vif
kurz spitzer Wein ohne Abgang und Schwanz	court, aucune queue
kurzlebig kein Lagerwein	fugace
laff wie fad	flasque, mou, dégingandé
lahm (lahmer Esel) müd, leer, langweiliger Wein	fatigué, mal fichu, étriqué, fluet
lang auf den Flüssigkeitsgrad bezogen s. zähe und lind	huileux
langlebig kräftiger, lagerfähiger Wein meist guten Jahrganges	puissant, généreux, qui a le grain serré
lebendig anregender jugendlicher Wein mit fruchtiger Säure und Kohlensäure	nerveux, nerf, vif, vivacité, qui a de la verve
leer dünn, gehaltlos, schal; Mangel an Extrakt und Säure	maigre, gringalet, bref, court
leicht kleiner Wein mit geringem Alkohol- und Extraktgehalt	léger
lieblich Wein, der sich angenehm und mildgehalten probiert	aimable, chat
likörartig schwere Weine mit viel Alkohol und Zucker wie Sauternes	liquoreux
lind s. zähe (vorübergehende Krankheit)	filant, qui file comme de l'huile
lockend, Lockvogel verführerischer Wein, von dem man nachfordert	friand, séducteur, attirance, suave
Lohgeschmack Gerbstoffe vom Eichenholzfaß herrührend, wenn es zu wenig weingrün gemacht worden ist	tanné
Luftgeschmack abgestanden, schal, maderisiert, oxydiert	madérisé, madéré, oxydé

Deutschland

Immer mehr wuchern die Großstädte – hier Freiburg i. Br. – aus. Oft fällt dabei wertvolles Rebgelände der Stadtplanung zum Opfer

Deutschland

Riesige Tanks, rechts des Baugeländes noch liegend, und mitten im Feld auf hohen Füßen aufgerichtet, zeugen von dem Bau des größten Lagerkellers der Zentralkellerei badischer Winzergenossenschaften. Erst wenn alle Tanks stehen, wird mit dem Bau der Außenmauern begonnen (1971)

Deutschland

Große Weinprobe im Kloster Eberbach anläßlich der Siegerehrung bei der DLG-Bundesweinprämiierung 1971

Deutschland
Moderne Edelstahltanks in der Zentralgenossenschaftskellerei dienen dem Ausbau der Jungweine

mächtig beeindruckender, wuchtiger Wein mit großem Körper	puissant, plein
mager dünn, extraktarm, ausdruckslos	fluet, maigre, mince
markant Wein mit bestimmender Eigenart, die hervortritt	sensuel, qui a le grain serré
markig kräftiger Wein mit nachhaltigem Geschmack	moelle
massiv stabil gebauter Wein mit deutlich hervortretender Geschmackskomponente	capiteux, qui a du montant
matt leer, ohne Frische, müde, trocken	mat
mäuseln seltener, scheußlich nachhaltiger Gestank und Geschmack — besonders bei ausländischen Weinen im Faß (an Mäuseharn erinnernd)	crotte de souris
milchig Wein mit Trübungserscheinungen wie beim Federweißen	laiteux
Milchsäure Weinfehler infolge bakteriellem Säureabbau	acide lactique
mild, mildgehalten ausgeglichene, säurearme Weine wie die Badischen	souple, douceur, moelleux
mißfarbig bei Weißwein s. hochfarbig bei Rotwein ins Bräunliche spielend	trop habillé, mordoré, mal habillé truilé, fauve
mollig extrakt- und gehaltvolle, runde Weine wie Burgunder	velouté, amoureux
mostig unerwünschter, in der Gärung hängen gebliebener Jungwein	goût de moût
moussierend perlender Wein, bei dem Kohlensäure entweicht	pétillant, perlant
müde abgelebter Wein ohne Frische	fatigué, battu, aplati
muffig dumpfer eingeschlossener Geruch und Geschmack, Schimmelgeschmack	moisi

munter lebhaft und spritzig wie Schweizer Weine und Mosel	vif, vivacité éveillé
Musik s. Spiel	qui chante
Nachtrübung klar auf Glas gezogener Wein, der auf der Flasche nachtrübte	voilé, trouble
nackt Wein an dem nichts mehr dran ist	dépouillé
Nase Wein mit feinen Duftstoffen	qui a du nez
Nerv, nervig kräftig, weinige Art mit angenehmer Rasse	excitant
nett sauberer, kleiner Wein	attirant, aimable
Niederschlag bei Weißwein s. Christbaum, bei Rotwein Satz oder Tanninkrusten	mouche, queue de renard
nobel, noble Art s. vornehm	qui a del a distintion, noble, noblesse
ölig große etwas dickflüssige ältere Weine	bien nourri, bien en chair, huileux
ordinär unterdurchschnittlicher Geschmack, Wein der breiten Masse	commun
oxydiert nicht Luft abgeschlossen	oxydé, aldéhydique
pappig dicksüß wie manche Dessertweine	liquoreux
parfürmiert aufdringliche Duftstoffe	parfumé, mouchoir
passé s. tot	ficelle, dentelles, tomber en dentelles
perlend Jungweine mit hohem Kohlensäuregehalt perlen im Glase, Perlwein	pétillant, déluré perlant
pikant Wein mit fein abgeschliffener Fruchtsäure	qui a de la vaillance
platt s. matt	plat
plump Wein von hohem Extraktgehalt, viel Körper, doch ohne Charakter, also unharmonisch durch gewisse zu stark hervortretende Eigenschaften (Gegensatz: elegant)	lourd, grossier

prickelnd spritzig durch spürbare Kohlensäure, (z. B. Mosel)	pétillant, déluré
probierfähig Wein, bei dem Pflege und Kellerbehandlung abgeschlossen sind, nicht probierfähig: kurz nach Abstich, Blauschönung oder Filtration sind die Weine gestört bzw. durcheinander	dégustable, pas dégustable à l'instant
rahn Geruchs- und Geschmacksfehler durch Luftzutritt entstanden, an trockene Brotrinden erinnernd	rance
ranzig s. Buttersäurestichig, übergegangener Wein	faut-goût, malade, tendance à la piqûre
Rappengeschmack, rapsig bitterlicher Nachgeschmack von Kämmen und Traubenstielen (den Rappen), die zu stark ausgepreßt wurden	herbacé
Rasse, rassig körperreicher Wein mit abgeschliffener Säure	corsé, qui a du gilet
Rauchgeschmack, rauchig Lageneigentümlichkeit mancher Ruwerweine (vergl. auch Hochheimer „Rauchloch") angeblich durch Rauch nahegelegener Eisenbahnlinien hervorgerufen	fumeux
rauh hoher Gerbstoffgehalt, früher auch für überschwefelte alte Weine	dur, acide, âpre
reich Fülle, Süße, Spiel, Musik	riche, complet, voluptueux, qui chante
reif Wein aus reifem Jahrgang mit genügend Faß- und Flaschenlager	mûr
rein, reintönig ehrlicher, sauberer Wein ohne Nebengeschmack, auch im Sinne von nicht „angereichert" gebraucht	net
rezinieren alte griechische Sitte, Weine mit Harz zu versetzen	résineux
roh eckig, unausgeglichen	cru, crudité
Rosé, Roseewein Sammelbegriff für rosafarbige Weine wie Schillerwein und Rotling	rosé

Rückgrat nervige Weine von kernig, kräftiger Art	substantiel
rund glatt und geschmeidig	rondeur, rond, enveloppe
Saft, saftig vollsaftiger Wein, der kein trockenes Gefühl auf der Zunge hinterläßt	sève, séveux, moelleux, gras, savoureux, ayant de la chair
samtig keine Herbe, an Verlour erinnernd	velouté
sauber einwandfrei, Lob für kleine Weine	plaisant
sauer s. hart	aigre, à faire danser les chèvres
sauersüß kleiner durch Mostzusatz unharmonischer, saurer Wein mit Süße	inharmonieux
Säure, säurebetont harte Weine mit hohem Gehalt an Apfelsäure	vert, vin vert, vin de fer
Säureabbau Abnahme der Säure durch Weinstein-Ausfall oder durch bakterielle Umwandlung von Apfelsäure in Milchsäure	tartre, acide tartrique
schal Wein ohne Frische, abgestanden, vergl. abgebaut, leer, matt	plat, mou, dégingandé
scharf so viel Kohlensäure, daß sie unangenehm die Zunge beizt	il pique
schäumend Weine, die wie Sekt schäumen, sind umgeschlagen, schäumender Wein s. Perlwein	pimpant, pétillant, il mousse
Schillerwein typisch für Württemberg, Gemisch weißer und blauer Sorten (im gemischten Satz gekeltert), Sammelbegriff: Roseewein	rosé
Schimmelgeschmack dumpfer, muffiger Geschmack von fauligem Lesegut, von schimmeligen Gebinden oder bakteriell verunreinigten Schläuchen herrührend	de vendange moisie ou de la futaille
Schimmer feine Trübung im Glas	voilé
Schleier leichte Trübung des Weines, auch staubig	voilé

Österreich

Weinlese bei Klosterneuburg vor Wien. Die mit Trauben frischgefüllten Kiepen stehen abholbereit am Wingert

Österreich

In der schönen Wachau ziehen bei Krems die niederösterreichischen Weingärten bis zur Donau hinab. Die guten Weißweine von Dürnstein, Stein und Krems sind auch in der Bundesrepublik bekannt geworden

Österreich

In den Grinzinger Heurigen-Lokalen herrscht weinfroh-fidele Stimmung

Frankreich

Blick auf die vigne de Montmartre unterhalb der Kirche Sacré-Coeur, wo der Weinberg nach der Banlieue abfällt

schleimig
s. zäh | qui graisse

Schlieren
Adhäsionserscheinung oft großer Weine am Glas (Kirchenfenster) | pleurer

schmalzig
viel Extraktstoffe, besonders Glycerin
s. fett | gras, onctueux

Schmand
s. kahmig | couvert de fleurs

schmierig
ungut behandelter, säurearmer Wein mit verwischtem Charakter | anémique et souple

schnapsig
mehr als brandig, einseitig alkoholisch | spiritueux

schön
glatter, sauberer Wein ohne gravierende Note | caressant, coulant

Schwanz, Schweif
guter, nachhaltiger, ausgiebiger Abgang | qui s'allonge, long, qui a du montant, paon

Schwefel
Geruch nach schwefliger Säure (SO_2) | sulfité, sursulfité

Schwefelböckser
Geruch nach Schwefelwasserstoff, faulen Eiern | bocké

schwer
alkoholreich, kräftig, wuchtig, stark | généreux, grand

seidig
geschmeidig, fein gebaut | soyeux

seifig
besonders bei Cognac gebräuchlich | savonneux

Sherrybukett
an Sherry erinnernd, artfremd für deutsche Weine, Geruch nach trockenen Brotrinden | sec, rance

solid
gediegen | solide

Sortenbukett
von der Rebsorte geprägtes Bukett | bouqueté, évocateur

Spätlese
ungezuckerter Wein aus vollreifen Trauben nach der allgemeinen Lese geerntet | récolte tardive

Spiel
akkordartiger Zusammenklang einer Reihe von angenehmen Geschmackseindrücken | qui chante

spitz
eckig, hart, hager, säurebetont | pointu, il a une pointe

Spitze, Spitzenwein hoch über dem Durchschnitt der Weine stehend	complet, qui a du chien
spritig s. brandig, einseitig hoher Alkoholgehalt	spiritueux
spritzig prickelnd, kohlensäurehaltig, typisch für Mosel	pétillant, pimpant
stahlig rassig, metallisch, fruchtig, typisch für Rheingau	savoureux, sérieux
stark schwer	généreux
stärkend kräftigender Krankenwein wie Tokajer	tonique
staubig leichte Trübung durch Schwebeteile	voilé
stechend bei zuviel freier schwefl. Säure (SO_2)	pénétrant
steckengeblieben unentwickelter, zurückgebliebener Wein, wie eine erfrorene Knospe im Vergleich zur Blume	qui renarde, pas fait
Sternliwein perlende Gutedelweine, im Glas einen Stern von Bläschen bildend, typisch für Schweizer Weißwein	qui fait l'étoile
Stich, stichig Essigstich, Buttersäurestich, Milchsäurestich	malade, piqûre acétique, piqué, il pique
stimmulierend anregend	qui a du montant
stickig, sticksig s. Schimmelgeschmack	moisi
Stielgeschmack s. Rappengeschmack	herbacé
stinkt unangenehmer Geruch wie böcksern oder nach Hefe	mauvaise odeur, lies
Stoff, stoffig kräftig, voller Körper und Extrakt-Stoff	étoffé, enveloppe, il a du plein
Stopfengeschmack s. Korkschmecker	bouchon
streng trockene, unangenehme Eigenart, zu langer Faßausbau	sérieux, sévère
strohig stumpf-grasiger Geschmack, langweilig	muet, embêtant

stumpf abgelebter Wein, der die Zähne stumpf macht	aplati, éventé, éteint
südweinartig ölig, auf Beeren- und Trockenbeerenauslesen zutreffend	liquoreux
süffig animierender Wein, der sich problemlos trinkt	glissant, gouleyant, câlin, qui a du chien
süß Edelsüß, Honigsüß, Wein mit unvergorenem Zucker	doux, douceur
tanninhaltig gerbstoffreiche Rotweine	chargé en tanin
Ton s. Art	
tot Bezeichnung für abgelebten, überlagerten Wein	usé, cassé
totgeschwefelt überschwefelter Wein mit stechendem Schwefelgeruch, ohne weitere Entwicklung und nicht verkehrsfähig	sursulfité
treibt, drückt, arbeitet, gespannt verspundete Faßweine drücken im Sommer durch Ausdehnung des Volumens; auf der Flasche können bei beginnender Nachgärung die Stopfen hochgedrückt werden	il travaille
Trestergeschmack ähnlich dem Grasgeschmack	goût herbacé grossier goût de marc
trocken schal, matt ohne Leben und Frische, bei Schaumwein herb (dry) d. h. ohne Süße	sec, für Weißwein astringent für Rotwein
trübe staubig, milchig, schleirig, blind	louche, trouble, voilé
typisch Wein mit charakteristischer Eigenart in Bezug auf Gebiet, Jahrgang oder Sorte	normal, typique
überschwefelt in der Nase stechender Wein mit zuviel freier schwefliger Säure	sulfité, sursulfité
überstreckt extraktarmer, gepanschter Wein mit unerlaubt hohen Mengen an Zuckerwasser	aqueux
umschlagen Trübwerden des Weines durch Nachgärung	tourné, odeur de choucroute

unansehnlich, schlecht staubig, blind, auch für Weine, die unter der Kapsel ausschwitzen	louche, trouble vin de deux oreilles
unartig s. Art	
unentwickelt Jungweine, die nicht ausgebaut sind	étriqué, deséquilibré
unharmonisch sind Weine, bei denen die Geschmackskomponenten Säure, Alkohol, Süße, Kohlensäure noch auseinanderfallen, also nicht genügend verbunden sind	inharmonieux
unklar nimmt Bezug auf Sortenaroma, Weincharakter, Jahrgang, sofern diese nicht charakteristisch sondern verwischt sind	louche
unreif kleiner, unharmonischer, grüner Wein mit spitzer Apfelsäure	vert
unrein, unsauber fehlerhafter Wein mit Nebengeruch und Fremdgeschmack	tripoté, sans caractère propre
unselbständig geringer Wein, der unverschnitten nicht genießbar ist	frivole, un rustre
unterschwefelt Weine unter 20 mg/l freie schwefl. Säure altern rasch, sind nicht haltbar, haben einen eigentümlichen Oxydationston, der an trockene Brotrinden erinnert, man bezeichnet sie auch als rahn	pas suffisament soufré
verbessert eine seit 1971 außer Gebrauch kommende Bezeichnung für gezuckert. Weil Zuckerung den Alkohol erhöht, sagt man im neuen Weingesetz „anreichern"	chaptalisé
verdeckt, verhalten, verschlossen der Wein erinnert an eine Knospe d. h. die vorhandenen Geruchs- und Geschmacksstoffe haben sich zusammengezogen und sind verdeckt	froid
Verfassung, guter oder schlechter bezieht sich auf den Zustand des Weines im Augenblick der Verkostung	charpenté — froid
verschlossen s. verdeckt	froid

Küferlehrling beim Faßreinigen

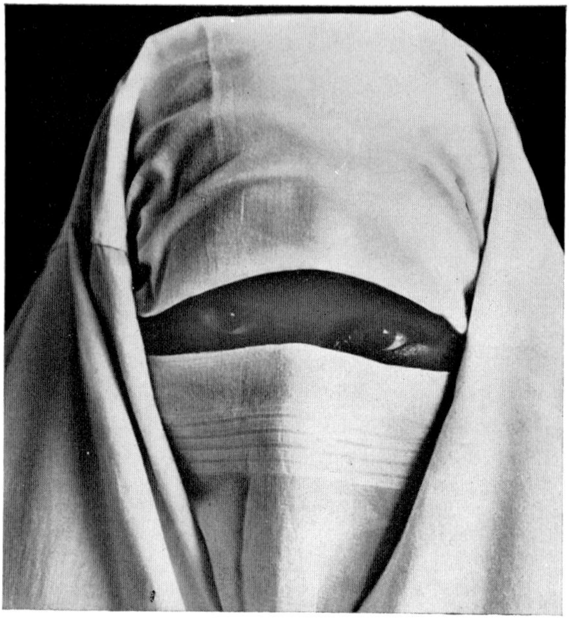

Marokko

oben: Bei der Traubenlese in Marokko wird die Pflückarbeit von verschleierten Araberinnen geleistet

unten: In marokkanischen Großkellereien wird die Maische in oberirdischen Gärkammern angegoren

Europas größter Weintanker „Dahra", 3027 Brt., an der Weinumschlagsanlage im Bremer Industriehafen mit einem Fassungsvermögen von 40 750 hl

Weinspeicheranlage im Bremer Freihafen. Eine der modernsten Anlagen mit einer Lagerkapazität von ca. 20 000 hl und allen erforderlichen Einrichtungen zum raschen Löschen von Weintankschiffen

verschnitten, Verschnitt Das richtige Verschneiden (Vermischen) von Wein ist eine Kunst, die zum Ziel hat, Weine mit gewissen Mängeln zu harmonisieren	coupé, mélangé
verwässert sind Weine aus verregnet eingebrachtem Lesegut oder solche, die gewässert (getauft) worden sind	aqueux
voll, vollmundig gute, den Mund ausfüllende Weine („ein Maul voller Wein")	corsage, cuisse, jambé
vollendet wenn der höchst erreichbare Zustand gewonnen wurde	parfait
vollkommen Wein ohne Mängel, uneingeschränktes Lob	complet
vorne erste Geschmackswahrnehmung auf der Zunge	avant-goût
vornehm große Weine mit ausgeprägtem Charakter	distingué, élégant
warm ein bei guten Rotweinen erforderlicher Geschmackseindruck	rond
wässern zweifelhaft, s. dünn	aqueux, pauvre
weich wenn Säuremangel besteht	souple, tendre
Weinfälscher Personengruppe, die vorsätzlich gegen das Weingesetz gerichtete Handlungen zur eigenen Bereicherung vornimmt	frelateur, saucier, falsificateur
Weingehalt s. weinig	vinosité
Weingrün Beim Weingrünmachen der Fässer wird durch vielfache Wässerung Gerbstoff und Lohe dem Holz entzogen	aviner, déboiser
weinhaltig, weinig gute Weine haben „viel Wein" d. h. viel Körper	vineux
Weinheber Gerät, um Wein aus dem Faß herauszuziehen	siphon, larron

Weinkeller kühler, meist nach Norden oder Nordosten liegender Raum, in dem sich möglichst keine Erschütterungen bemerkbar machen sollen	cave à vin, chais (zu ebener Erde)
Weinkellner auf Wein spezialisierter Kellner, besonders in guten Restaurants in Frankreich	sommelier
Weinschröter uralter, ausgestorbener Berufszweig; mit der Schrotleiter wurden früher die Weinfässer in die Keller befördert	encaveur
Weißherbst weißgekelterte Moste aus blauen Trauben eine besondere in Süddeutschland beheimatete Spezialität	rosé
wuchtig schwerer, voller, alkoholreicher Wein, oft bei Pfälzern und bei Burgundern gebrauchte Bezeichnung	capiteux, quissant
würzig ein oft sortenbedingter Würzgeschmack z. B. nach Muskat	goût aromatique
zähe dickflüssiges Schleimigwerden von Wein, wobei er mitunter Fäden zieht	filant, huileux tourner au gras
zart feinnerviger, nicht so kräftiger Wein	tendre, délicat, „gouleyant"
zehren, gezehrt typische Bezeichnung beim Sherry. Gezehrt heißt mager, ganz ohne Süße. Auch Anbruchweine können gezehrt oder rahn schmecken infolge oxydativer Veränderung	très sec
zerfallen, zerschlagen ein vorübergehender Zustand z. B. nach dem Transport, wenn der Wein sich „durcheinander" bei der Probe zeigt	cassé
Zibeben am Stock angeschnittene Trauben, die rosinenartig zusammenschrumpfen zur Qualitätserhöhung wie man es im Ausland z. B. auf Pantelleria (kleine Nachbarinsel bei Sizilien) oft sieht	dessication du raisin sur la souche
zickend der Wein ist zäh, enthält Schleim, riecht und schmeckt nach ranziger Butter (Buttersäurestich)	filant
zieht unreife Säure, grün, zieht den Mund zusammen	astringent, vert

Zuckerrest, Restzucker — encore doux, incomplètement fermenté
ein im Wein verbliebener Zuckerrest kann bis 20 g/l und mehr betragen; die Höhe hängt mit der gezügelten Gärführung zusammen. Im Elsaß und in der Schweiz gibt es solche vielfach gekünstelten Weine nicht

Zukunft — avenir
große Lageraussichten

zurück — en arrière
noch unentwickelt, unentfaltet wie eine Knospe

zusammenziehend — astringent, âpre
der Wein hat Gerbstoff und ist zu säurebetont

5. Internationale Weinansprache

in deutsch, englisch, französisch, italienisch und spanisch

Im Wein liegt Wahrheit
und mit der stößt man überall an.
(Hegel)

DEUTSCH	ENGLISCH	FRANZÖSISCH	ITALIENISCH	SPANISCH
Alkoholgehalt	percentage of alcohol	teneur en alcool	alcoolicitá	porcentaje en alcohol
alt	old	passé	vecchio	viejo, rancio
angenehm	agreable	agréable	gradevole	agradable
berühmt	famous, celebrated	réputé, célêbre	famouse, celebre	famoso
Bukett	bouquet	bouquet	profumo	perfume
edel	noble	fin, de cru	generoso	generoso
fein	fine	fin	fino	fino
feurig	heady, fiery	capiteux	generoso	generoso
frisch	fresh	frais, (f) fraîche	fresco	fresco
fruchtig	fruity	fruité	fruttato	afrutado
Fruchtsäure	acidity	acidité	acidità	acido
Geschmack	taste	goût, saveur	gusto, sapore	gusto, sabor, boca
harmonisch	harmonious	harmonieux	armonico	armonico
herb	dry, acerb	acerbe, âpre	acerbo, brusco	acerbo, brusco
Körper	body	corps	corpo	cuerpo

DEUTSCH	ENGLISCH	FRANZÖSISCH	ITALIENISCH	SPANISCH
kräftig	potent	potent, puissant	poderoso	poderoso
leicht	light	léger	leggiero	ligero
lieblich, köstlich	delicious, tasty	délicieux, précieux,	abboccato, grazioso,	delicioso, sabroso
mager	meager	maigre	magro	pequeño
markig, kernig	vigorous	moelleux, vigoureux	vigoroso	vigoroso
mild, sanft	mellow	suave	amabile, soave	suave
reif	matured	mûr	fotto	maduro
samtig	velvety	velouté	vellutato	atterciopelado
süffig	delicious, tasty	plaisant, facile	piacevole	abocado
süß	sweet	sucré	dolce	dulce
trocken	dry	sec	secco, asciutto	seco
vortrefflich	admirable, excellent	admirable	admirabile	admirable
weinig	winy	vineux	vinoso	vinoso
würzig	aromatic	aromatique	aromatico	aromático
zart	delicado	subtil, tendre	sottile	delicado

Schönberger Blasenzwicker

Marke geschützt, Reg. Nr. 74470

WEINGUT MANFRED SCHÖNBRENNER

SODBRENNEREI 3562 SCHÖNBERG 89 TEL. (02733) 297

Ausgezeichnet mit der Schönberger Blechmedaille mit Essigstein sowie dem Großen Silbernen Ehrenkatheter der urologischen Abteilung des Allgemeinen Krankenhauses zu Horn

Frankreich (Clos de Vougeot)

In der französischen Weinbruderschaft der Chevaliers du Tastevin werden auch Damen mit der Wurzel des Weinstockes in den Ritterstand geschlagen. Am Mikrophon, im festlichen Ordensgewand, Marc Misserey, Teilhaber des Weingutes P. Misserey & Frére in Nuits-St. Georges

Frankreich

Zu den größten Kellern in Burgund zählt der geräumige Verkostungssaal des Hauses Patriarche Père & Fils in Beaune

Zypern

Gesattelt liegen die Fässer der großen Exporteure in Limassol zur Maderisierung in der Sonne. Die Anbaufläche beträgt 38.000 ha

Überseeschiffe bringen Weine aus aller Welt nach Hamburg. Dort werden im Freihafen die Original-Ablader-Fässer in Schuten übernommen oder die Tanks gelöscht. Leistungsfähige Importhäuser verfügen über Wasser- und Gleisanschluß, um große Mengen Wein vom Freihafen einlagern zu können

Frankreich

Teilansicht der Flaschenkeller im alten Teil des Klosters „Visitandines“ aus dem 17. Jahrhundert und im Besitz des Hauses Patriarche Père & Fils in Beaune

Frankreich

Weinberge in der anmutigen Champagne

Trink Wein und erwirb,
Trink Wasser und stirb.
Besser Wein getrunken und erworben,
Als Wasser getrunken und gestorben.

VI. Die Bedeutung der norddeutschen Hansestädte im Wein-, Rum- und Arrakimport

Seit Jahrhunderten sind die norddeutschen Hansestädte Bremen, Hamburg und Lübeck weltbekannte Handelszentren für Waren und Güter aller Art. Durch moderne Hafenanlagen, Speicher, Lager- und Kellerräume haben sie von jeher große Bedeutung für den Weinhandel besessen.

Alte Weinhandelsfirmen mit großer Tradition befassen sich mit dem Import von Weinen und Dessertweinen aus allen bedeutenden Weinbauländern.
In den weiträumigen Weinspeichern und Kelleranlagen werden die meist in Originalfässern von den Seeschiffen angebrachten Erzeugnisse aufgenommen und erfahren durch fachkundige Hand die notwendige Kellerbehandlung. Durch „Bereitung", wie man dort die Weinschönung nennt, und durch Filtration werden die Weine verfeinert, veredelt und weiter ausgebaut.

Die „großen Erzeugnisse" der verschiedenen Herkunftsländer jedoch ruhen geraume Zeit auf den einzelnen „Böden" (Kelleretagen) und reifen ihrer Vollendung entgegen, bevor sie den Weg zum Verbraucher antreten.

Gerade in letzter Zeit gewinnen die Seehafenstädte durch Einsatz neuzeitlicher Weintankschiffe mit hohem Fassungsvermögen wachsende Bedeutung als Einfuhr- und Umschlagplätze für Wein und Dessertwein.

Es sei auch darauf hingewiesen, daß die Einfuhr von Rum und Arrak, neben anderen Spirituosen, von Bedeutung ist. Alter Tradition folgend, sind die Hansestädte sowie Flensburg weithin bekannt als Importeur und Lieferant von Rum- und Arrakerzeugnissen in vorzüglicher Qualität.

Trotz erheblicher Einbußen und Zerstörungen während des Zweiten Weltkrieges in den Häfen und Städten gelang es den hanseatischen Weinimporteuren, durch zähen Arbeitswillen und emsigen Fleiß im Wiederaufbau ihre führende Stellung als Seehafen-Weinimportplätze zu wahren. Umgekehrt tritt über die Seehäfen der Hansestädte auch deutscher Wein als Exportgut den Weg in die ganze Welt an.

Wein muß man genau so gewissenhaft aussuchen wie eine Frau. Man spart sich Geld und Verdruß.

VII. Frankreich und seine Weine

1. Allgemeines

Ganz Frankreich, mit seiner jährlichen Durchschnittsernte von 60 Mill. Hektolitern Wein und einem jährlichen Eigenverbrauch von 107 Litern auf den Kopf der Bevölkerung, kann mit einem großen Weingarten verglichen werden. Überall gibt es Spezialitäten zu entdecken auf 1,3 Mill. ha Anbaufläche, denn Wein ist der selbstverständliche Begleiter einer Mahlzeit.

Dort wachsen neben unzähligen Tischweinen (vins ordinaires, vin de pays und vins de consommation courante) die gehobenen Sorten der „appellation contrôlée", auf Preislisten und Angeboten meist a. c. abgekürzt, deren es etwa 170 verschiedene gibt und mit denen wir uns etwas näher befassen wollen. Dazwischen stehen die V. D. Q. S. — beides Q. b. A.-Weine. In Paris befindet sich die Niederlassung des „Institut Nationale des Appellations d'Origne des Vins et Eaux-de-Vie", das die Aufgabe hat, die Erzeugnisse des gesamten französischen Weinbaus, die mit einer kontrollierten Herkunftsbezeichnung versehen sind, in bezug auf die Auswahl der Rebsorten, die Bestellung der Böden, Düngung, Ernte und die anschließenden kellertechnischen Bearbeitungen zu überwachen. Dazu kommt noch die statistische Erfassung der Weinmengen und die genaue Kontrolle der Benennung der Weine unter Berücksichtigung von Güte und Qualität, die von der jeweiligen Lage des Weinbergs abhängig ist. In den Weinbaugebieten sitzt ein Stab erfahrener Sachverständiger, welcher die Beachtung der vom Institut gegebenen Vorschriften an Ort und Stelle beaufsichtigt, die Winzer aufklärt und belehrt. Weitere Sachverständige beobachten den Verkehr mit „appellation contrôlée"-Weinen in den größeren Umschlagplätzen des Verbrauchergebietes, ähnlich wie es auch in den übrigen weinbautreibenden Ländern gehandhabt wird. A. c.-Weine dürfen chaptalisiert* werden.

---

*) Verfahren, das nach seinem Erfinder, dem napoleonischen Landwirtschaftsminister Chaptal im Französischen chaptalisation genannt wird, bei dem vor der Gärung dem Most oder Traubensaft Zucker zugesetzt wird.

An dieser Stelle sei erwähnt, daß jeder Weintransport in Frankreich — gleichgültig ob innerhalb der Landesgrenzen oder darüber hinaus — mit einem von der örtlichen Weinbehörde ausgefertigten Dokument und verbürgter Herkunftsbezeichnung begleitet sein muß. Im Zollverkehr mit Frankreich ist ein derartiges Begleitpapier — z. B. das sogenannte „acquit vert“ für Trinkweine, das „acquit blanc“ für Brennwein — vorgeschrieben. An jede einzelne „appellation contrôlée“ sind ganz bestimmte, charakteristische, mehr oder minder hohe Bedingungen geknüpft, die den Wert des Erzeugnisses ausmachen. So sind für jede einzelne a. c. die einzig und allein statthaften Rebsorten festgelegt, ferner die Bodenbeschaffenheit, der maximale Ernteertrag und der Mindestalkoholgehalt. Die geographische Ausdehnung der einzelnen a. c. ist katasteramtlich genau bestimmt.

2. Frankreichs Weinbaugebiete

Der Wein, der Wein ist Goldes Wert
Er lindert alle Schmerzen
Er macht die Dummen oft gelehrt
Und bessert böse Herzen.

Es werden in Frankreich Weine aus folgenden Hauptgebieten mit deutlich erkennbaren Geschmacksmerkmalen unterschieden:

1. Bordeaux-Weine, rot und weiß, erstere aus Cabernet-, Merlot-, Petit Verdot- und Malbec-, letztere aus Sauvignon- und Sémillon-Trauben, (Ertrag 2,6 Mill. hl), a. c.-Weine,
2. Burgunderweine, rot und weiß, die „verbessert“ werden dürfen und infolge der Höhenlage häufig gezuckert werden müssen (Angaben wie naturrein und dgl. auf Flaschenschildern oder Preislisten sind in Frankreich wie dem übrigen Ausland unbekannt und nach dem deutschen Weingesetz von 1971 verboten), (Ertrag 1,2 Mill. hl), a. c.-Weine,
3. Rhône-Weine, überwiegend rot, (Ertrag 1,1 Mill. hl), etwas rosé und weiß, a. c.-Weine,
4. Rotwein und Rosé der Côtes de Provence (V. D. Q. S.),
5. Midi-Weine, die als französische Tafelweine (meist rot) in den Verkehr gelangen, vielfach unter Phantasiebezeichnungen, (10 Mill. hl im Hérault)
6. Roussillon-Dessertweine, international bekannt,
7. Charenteweine für Cognac- und zur Weinbrandherstellung, (8 Mill. hl)

8. Gers-Weine für Armagnac- und zur Weinbrandherstellung (2 Mill. hl),
9. Weine aus der Champagne zur Schaumweinbereitung (Ertrag 1 Mill. hl),
10. Riesling-, Silvaner-, Gewürztraminerweine u. a., im Geschmack unseren schwäbischen Weinen verwandt (Ertrag 800 000 hl) aus dem Elsaß

Ferner gibt es beachtliche Weine, die noch nicht genügend exportiert werden, weil die Gebiete nicht bekannt genug sind:

a) bei Tours an der Loire die spritzigen Vouvrayweine, a. c.-Weine,
b) an der unteren Loire die milden Anjou- und Saumurweine und die trockenen Muscadetweine aus der Gegend von Nantes, (Loire-Ertrag 2 Mill. hl), a. c.-Weine, sowie die pikanten Sancerre vom Oberlauf.
c) im Jura, auf Korsika der Patrimonio und Rosé vom Cap Corse.

3. Roter und weißer Bordeaux (Clairet)

In vielen Fällen ist den Menschen der Wein aber notwendig.
(Augustinus)

Mit den eingangs genannten Weinen wollen wir uns etwas näher bekannt machen. Zunächst die Bordeauxweine, die zum Teil unter der Gattungsbezeichnung „Bordeaux“ oder „Bordeaux supérieur“ a. c. auf dem Markt erscheinen. Bei weitem nicht alle um die Hafenstadt Bordeaux wachsenden Weine haben Anrecht hierauf. Daneben finden wir Gebietsbezeichnungen wie Médoc, Graves, Sauternes — alle drei westlich der Gironde bzw. ihres Nebenflusses Garonne von Norden nach Süden gelegen; weiterhin Entre-deux-Mers und Graves de Vayres zwischen den beiden Nebenflüssen Garonne und Dordogne; St.-Emilon und Pomerol auf der gegenüberliegenden, d. h. nördlichen Seite der Dordogne. Daneben gibt es in jenen Gebieten, in denen die besseren und besten Weine wachsen, Ortsbezeichnungen. Dies trifft insbesondere für die Médocweine (rot) zu, bei denen man St.-Estèphe, Pauillac und St.-Julien am häufigsten sieht sowie für die Sauternesweine (weiß), bei denen besonders Barsac als hochqualifizierte Ortsbezeichnung zu erwähnen ist.

Für die Qualitätsgebiete von Médoc und Sauternes wurde seit Mitte des vergangenen Jahrhunderts eine weitere Unterteilung in fünf Kategorien von Schloßweinen vorgenommen, die als 1er, 2e, 3e, 4e und 5e, crû classé bezeichnet werden. Der Unterschied zwischen der 1. und 2. Kategorie ist am auffallendsten. Es gibt seit 1855 über 80 derart klassifizierte Schlösser. Daneben stoßen wir auf eine große Zahl von nicht qualifizierten Schlössern, die sogenannten bürgerlichen Gewächse. Die fünf bestqualifizierten roten Bordeaux-Schloßweine (1er crus classés) lauten Château Lafite-Rothschild*, Château Margaux, Château Latour**, Château Haut-Brion und Château Mouton-Rothschild. International werden sie hoch bezahlt.

Erzeuger-Abfüllungen werden als „Mise en bouteille au Château" oder einfach „Mise du Château" bezeichnet, während die Wachstumsfüllungen der zweiten Hand als „Mise en bouteille dans nos chais" oder „Mise en bouteille dans nos caves" oder „à Bordeaux" deklariert werden. Médocweine sind ausschließlich rot, dunkelrot, verhältnismäßig alkoholarm, daher auch Kranken besonders zuträglich, aber stark gerbstoff- und tanninhaltig und bedürfen infolgedessen langer Lagerung, bis die gewünschte Abrundung sie zum König der Rotweine Frankreichs stempelt. Sie wachsen in Meeresnähe, auf armen Böden, die überreichlich mit Kies bedeckt sind, und in ebener Lage. Bordeaux Weine reicht man grundsätzlich zum Essen.

Graves-Weine weiter südlich sind teils rot, teils weiß, Sauternesweine ausschließlich weiße Auslesen und Trockenbeerweine von hoher Qualität. Bestbekannt hierfür ist das Château d'Yquem des Marquis de Lur-Saluces, ein Schloß in herrlicher Lage, das ausschließlich Flaschenweine verabfolgt.

Zwischen Garonne und Dordogne im Entre-deux-Mers-Bezirk werden im wesentlichen weiße Konsumweine der gleichnamigen a. c. angetroffen. Graves de Vayres mit selbständiger a. c. ist ein kleinerer Unterabschnitt am linken Ufer der Dordogne. Auch dort wachsen kleinere, süßliche weiße Konsumqualitäten. Durch die eigene Bezeichnung „Graves de Vayres" wird deutlich unterschieden gegenüber den erheblich besseren und hochwertigen Graves-Weinen (weiß und rot), die man nicht verwechseln darf.

In St-Emilon und Pomerol — einem leicht hügeligen Gebiet am rechten Ufer der Dordogne — gedeihen ausschließlich Rotweine, die einen Einschlag von Burgunderton besitzen. Ganz besonders die St-Emilion-Weine sind feuriger, als es rote Bordeaux im allgemeinen sind. Daher werden sie scherzhalber als „Burgunder des Gironde-Departements" bezeichnet und zwar nicht zuletzt auch deshalb, weil sie sich wesentlich schneller als die Médocweine entwickeln. Auch an den Hängen der benachbarten Côtes de Fronsac und Côte de Canon-Fronsac wachsen beachtliche Rotweine.

---

* Eine Schloßabfüllung mit Jahrgangsangabe 1806 wurde 1976 mit 14.200 Dollars bezahlt.

** Unmittelbarer Nachbar, an einem malerischen, kiesbedeckten Hang ist Château Léoville-Las-Cases, ein 2e crû classé an der Spitze der Gewächse von St.-Julien.

Gegenüber dem feinen Gebiet von Graves und Sauternes zieht sich auf der rechten Seite der Garonne ein schmaler Höhenzug hin, bezeichnet als die Premières Côtes de Bordeaux. In diesem hügeligen Geländestrich — etwa Barsac gegenüber — finden wir die gern getrunkenen, süßen Weißweine von Sainte-Croix-du-Mont (a. c.), Monbazillac und Loupiac (a. c.), die der Güte der Sauternesweine kaum nachstehen, doch billiger sind.

4. Roter und weißer Burgunder

Große Menschen haben auch immer guten Wein geschätzt.

(Rabelais)

Im Gegensatz zu dem flachen, kiesigen oder felsigen Gelände von Bordeaux treffen wir in Burgund eine reizvolle Höhenkette an, die längs der Saône verläuft. Von Süden nach Norden hebt sich die Qualität der Weine merklich. Im Süden haben wir zunächst das etwa 80 km lang ausgedehnte Beaujolaisgebiet von Lyon — oder genauer gesagt — von Villefranche bei Lyon bis Mâcon. Es wachsen dort recht unterschiedliche Rotweine: neben hellfarbigen, netten, kleineren, zum alsbaldigen Verbrauch bestimmten Weinen auch durchaus exportwürdige leichtere Burgundersorten. Die „Gamay"-Rebe, die auf anderen Böden erfahrungsgemäß nur kleine Weine bringt, gedeiht im Beaujolais vorzüglich. Burgunder wird in 228 Liter fassenden Oxhoften gehandelt.

Die Beaujolaisweine haben eine liebliche Art und sind durch ihren besonderen Ton herauszufinden. Zwei gehobene Ortsbenennungen des Beaujolaisgebietes, nämlich Moulin à Vent und Fleurie, seien erwähnt. Die kleinen Weine von Mâcon bis Chalon-sur-Saône kommen im allgemeinen in Frankreich selbst zum Verbrauch. Beaujolais wird heute kellerkühl gereicht.

Es folgt alsdann von Chalon bis Beaune die 16 Kilometer lange Côte de Beaune (Hügelkette von Beaune) mit hervorragenden, kräftigen, rubinroten Burgundern und etwas trockenem Weißwein in Meursault und näherer Umgebung. Hier sind uns die Ortsnamen der a. c. bekannt. Erwähnt seien Santenay, Chassagne, Volnay, Pommard, Beaune und Aloxe Corton.

Weiter nordwärts folgt die etwa ebenso lange Côte de Nuits mit edlen, schweren und durch nichts zu überbietenden roten Burgundern in Nuits-St-Georges, Vosne-Romannée, Vougeot mit der Lage (auf französisch: climat) Clos de Vougeot (Clos ist ein durch Steinmauern eingefaßter Weingarten), Chambolle-Musigny, Gevrey-Chambertin und Fixin. In diesen letztgenannten Spitzengebieten stoßen wir auf eine begrenzte Zahl von Lagebezeichnungen, deren Aufzählung den Rahmen dieser Arbeit übersteigt. Die in Burgund angepflanzte Rebensorte ist „Pinot noirien“ für rote, „Chardonnay“ für weiße Weine.

Nordwestlich hiervon, nahe bei Auxerre, liegt das Chablisgebiet mit bekannten weißen Burgundern der gleichnamigen a. c. Man unterscheidet der Güte folgend: Petit Chablis, Chablis und Chablis premier crû.

Neben der Gattungsbezeichnung „Bourgogne“, worunter ein weißer oder roter Burgunderwein gegeben werden kann, vorausgesetzt daß er mindestens 10,5 bzw. 10 Vol. % Alkohol besitzt, sind noch zwei weitere Konsum-a.-c. bekannt geworden, auf die der Vollständigkeit wegen kurz hingewiesen werden soll. Es sind dies der weiße Bourgogne aligoté aus der geringeren Traubensorte „aligoté“ mit nur 9,5 Vol. % und der ebenfalls geringere rote Bourgogne „passe tout grains“, auf deutsch: „im gemischten Satz gekeltert“, bei dem zwei Drittel der geringeren „Gamay“-Rebe und ein Drittel Pinot verwendet werden. Für „passe tout grains“ werden gleichfalls nur 9,5 Vol. % Alkohol gefordert. In den französischen Angeboten sind diese Gattungsburgunder mitunter nur „aligoté“ oder „passe tout grains“ gekennzeichnet, sie sind aber berechtigt, diese Bezeichnung in Verbindung mit dem Wort Burgunder zu tragen.

5. Weine aus dem Elsaß

Beim Wilden Mann ger ein
Hier ist gude Kost und Wein.

Die Elsässer Weine — vorzugsweise Weißweine — sind den schwäbischen verwandt. Sie werden jedoch nicht nach den Anbaugemeinden benannt, wie wir es in Deutschland gewohnt sind, sondern nach den Traubensorten. Die Abfüllung erfolgt in Schlegelflaschen. Der Wein ist trocken und im großen und ganzen durchgegoren. Nur wenn er den als Norm festgelegten Bedingungen genügt, darf er als „Appellation Alsace contrôlée“ gekennzeichnet werden. Im einzelnen ist in der Benennung zu unterscheiden zwischen Edelzwicker, Chasselas (oder Gutedel), Silvaner, Pinot (oder Klevner), Pinot Gris (oder Tokay d’Alsace), Riesling, Gewürztraminer und Muskat, Pinot Noir (Rosé d’Alsace oder Clairet d’Alsace oder Schillerwein d’Alsace).

Das Rebgelände reicht von Cleebourg nahe der Pfälzer Grenze über Marlenheim im Norden (an der Hauptverkehrsstraße Paris — Straßburg) bis nach Thann. Die bekanntesten Orte im Unterrheingebiet sind Marlenheim, Wangen, Obernai, Barr und Dambach; im Oberrheingebiet

Bergheim, Ribeauvillé, Hunawihr, Riquewihr, Bennwihr, Mittelwihr, Sigolsheim, Kientzheim, Ammerschwihr, Turckheim, Eguisheim, Westhalten, Guebwiller und Thann. Rebfläche 10 275 ha, Ertrag 800 000 hl.

Unter Edelzwicker versteht man einen Wein, der aus einer oder mehreren der obengenannten Traubensorten in harmonischem Verhältnis, je nach Geschmacksrichtung des Erzeugers unterschiedlich zusammengestellt wird. Er ist für den laufenden Bedarf bestimmt und wird in Gaststätten gern in offenen Tonkrügen gut gekühlt ausgeschenkt.

Der Silvaner erzeugt gute Qualitäten. Er wird sowohl im Raum von Guebwiller (Gebweiler), im Süden des Weinbaugebietes, als auch auf den Hängen bei Colmar und Ribeauvillé (Rappoltsweiler) im Norden angetroffen. Er ist der Tischwein zu Vorspeisen, weil er frisch, fruchtig und spritzig ist.

Der Pinot, der in verschiedenen Spielarten — weißer, grauer (Tokay d'Alsace) und schwarzer — vorkommt, gibt einen feinen, trockenen Wein, der sich als Bratenwein eignet. Der Tokay (Pinot gris) hat das Feuer seiner ungarischen Herkunft bewahrt und besitzt dazu das feine Bukett des elsässischen Bodens. Ähnlich wie der Gewürztraminer und der Muskat wird er gern nach dem Essen getrunken.

Der Riesling gilt im Elsaß als Edelsorte. Er zeigt sich von seiner schönsten Seite: fruchtig und sehr trocken.

Der Gewürztraminer mit ausgeprägtem Bukett wird zu Käse, besonders zum „Munster", genommen. Neu ist die a.c.-Bezeichnung „Alsace Grand Crû".

Der Muskat ist durch seine Süße und Abrundung der Wein der Damen. Er wird als Aperitif, als Begleiter der Süßspeise und als Digestif gereicht.

Alle Berufsverbände „ASSOCIATION DES VITICULTEURS D'ALSACE" (Elsässer Winzerverband), „FEDERATION DES COOPERATIVES VINICOLES D'ALSACE" (Föderation der Elsässischen Winzergenossenschaften), „GROUPEMENT DES PRODUCTEURS-NEGOCIANTS DU VIGNOBLE ALSACIEN" (Zusammenschluß der Weingutsbesitzer und Weinhändler des Elsässischen Reblandes), „SYNDICAT DES PEPINIERISTES D'ALSACE (Syndikat der Elsässischen Pfropfer) sind im COMITE INTERPROFESSIONNEL DU VIN D'ALSACE (Interberufliches Komitee des Elsässischen Weines) zusammengefaßt. Die Confrérie ST-ETIENNE d'Alsace (Elsässische Stephansbruderschaft), die mit Weinproben im In- und Ausland zur Einführung der Elsässer Weine viel beigetragen hat, darf hier nicht vergessen werden.

Berühmt sind die Eaux-de-Vie d'Alsace, nämlich Kirsch, Quetsch, Mirabelle, Framboise, Poire Williams und Marc (Trester) de Gewürztraminer.

Frankreich

Die typischen Felsenkeller in Vouvray (Loire) erhalten den Weinen Spritz und Lebendigkeit

Frankreich

Faßbinderei in Burgund

Frankreich

Innenhof des durch seine edlen Sauternes-Weine berühmten und sehenswerten Château d'Yquem

Frankreich

Gemütliches Vesper während der Lese in Orschwir, Elsaß. Neuerdings wird Pinot noir auch zu gutem, trockenen Roseewein verarbeitet

6. Die Weine der Loire

Ein neuer Freund ist ein neuer Wein;
Laß ihn alt werden, so wird er dir schmecken.

Die Loire, der längste Strom Frankreichs, berührt auf seinem 900 km langen Lauf zwischen seiner Quelle westlich von Lyon bis nach Nantes am Atlantik eine Reihe der verschiedenartigsten Weinbaugebiete; bei uns sind diese Weine, diese bunte Palette, die vom Landwein bis zum Großartigen reicht, noch viel zu wenig bekannt geworden. Die edle Sauvignon-Rebe liefert im oberen Loire Tal Weißweine, die vielfach als Fumé bezeichnet werden; es sind rassig pikante Weine aus Pouilly s/Loire, Sancerre, Quincy und Reuilly.

Aus der Chasselas (Gutedel)-Rebe wird der offene Wein in Pouilly bereitet; er ist von kürzerer Lebensdauer. Der aus der Sauvignon-Rebe als Pouilly-Fumé gekelterte Weißwein besitzt Feinheit. Pouilly selbst ist eine mittelfranzösische Kleinstadt an der Loire unweit von Nevers.

Das nächste malerische Städtchen, das wir auf unserer Talfahrt berühren, ist Sancerre mit frischen fruchtig-blumigen Weißweinen, die jung getrunken werden. Daneben wird aus Pinot Noir guter Rosé erzeugt. Unweit hiervon wird in Quincy am Cherfluß bei Bourges, einem Nebenfluß der Loire, ein sehr trockener Blanc-Fumé gewonnen. In der gleichen Gegend stoßen wir noch in Reuilly auf ähnlichen Wein aus Sauvignon-blanc-Reben, doch besteht die Gefahr, daß die Weine dieses Bereichs, die mehrfach von schweren Frühjahrsfrösten bedroht waren, ganz verschwinden werden.

Nun gleiten wir durch die Chateau-Departements der Touraine. Hier ist der spritzig-frische, lagerfähige Vouvray die bekannteste Weißweinsorte. Neben der Traubensorte Sauvignon führt die Chenin-blanc sowie Pinotgris und Arbois, während bei Rotweinen und Rosé aus der Touraine die Sorten Cabernet Franc, Malbec, Pinot Meunier und Groslot vorkommen. Die Touraine Weine werden im Land selbst heurig getrunken. Der Vouvray wird auch pétillant (Perlwein) oder schäumend (mousseux) hergestellt. Auf der linken Loire Seite etwa Vouvray gegenüber liegt Montlouis, deren ebenbürtige Weine aus Chenin-blanc-Trauben seit dem Zweiten Weltkrieg meist unter der Sammelbezeichnung Vouvray in den Verkehr kommen.

In Saint-Nicolas de Bourgueil und Bourgueil (rechtes Loire-Ufer) selbst werden aus Cabernet Franc leichte Rotweine der Mittelklasse gewonnen, die bekanntlich in der französischen Literatur Eingang gefunden haben. Rabelais' Schloß im Schlaraffenland, seine Abbaye de Thelème lag in Bourgueil. Den Charme seiner belle Angevine, Marie, besang Ronsart in Bourgueil. Auch in der historischen Kleinstadt Chinon, berühmt durch das gleichnamige Schloß, gedeiht Rotwein. Rabelais, dort geboren, bezeichnet die Weine als „bon et frais“, was sie auch heute noch sind. In dem benachbarten Azay-le-Rideau mit seinem bekannten Renaissance Schloß wächst lieblicher Weißwein, während unter der Bezeichnung Touraine-Amboise neben Weißwein auch Rot- und Roséwein in den Verkehr gelangt. Zwischen Blois und Tours wird Touraine-Mesland aus Gamay, ein fruchtig, pikanter Rosé erzeugt. Am Südrand der Loire haben wir die Coteaux de Saumur, die nach dem französischen Weingesetz zu den Anjou-Weinen zählen. Die besten Lagen finden sich südlich und südöstlich der malerischen Stadt Saumur, die wegen ihres alten Schlosses bekannt ist. Zur Hälfte werden Weißweine bereitet; der Rest besteht aus sehr hellfarbigen Rosé- und Rotweinen. Es gibt auch Saumur Mousseux. Die weißen Stillweine gelten im allgemeinen als trocken und lagerfähig. Die besten stammen aus Montsoreau, Brézé, Bizay, Parnay, Saint-Cyr, Dampierre, Turquant, Varrains, Epieds und Saix.

Selten in den Handel gelangen die Weiß- und Rotweine der Coteaux du Loir (Le Loir Nebenfluß von La Loire), deren gehobensten Qualitäten bei Jasnières wachsen.

Wir gelangen jetzt flußabwärts zu den milden Anjouweinen, die man in der Bundesrepublik bereits angetroffen hat, zunächst zu den Coteaux du Layon, der Bezeichnung jener Landschaft an den Ufern des kleinen gleichnamigen Nebenflusses der Loire. Qualitativ und quantitativ der wichtigste Weißweinbereich der Provinz Anjou aus Cabernet Franc und Groslot Trauben. Daneben wird in größerem Umfang der milde Rosé du Cabernet oder Rosé d'Anjou von nicht so erlesener Art erzeugt. Weiter westlich schließen sich die Coteau de l'Aubance an, einem gleichnamigen kleinen Nebenfluß der Loire mit halbtrockenen Weißweinen und guten Roséweinen bei Brissac.

Je nach Witterung und Lage sind die Coteaux du Layon goldfarbene, erlesene honigsüße Tropfen, die an die großen Auslesen des Rheingau erinnern oder auch blaßfarbige sehr trockene Gewächse. Berühmte Weinberge in unvergleichlicher Südlage auf Schieferboden befinden sich in Quarts de Chaume, das durch hervorragende Weine aus Chenin blanc Ruf genießt.

Es folgen die Coteaux de la Loire, die Hügelkette an der Loire. Es handelt sich um die Gegend südlich von Angers, der Hauptstadt der alten Provinz Anjou und der westlich gelegene Bereich bei Nantes, wo der aus der Melon-Traube gewonnene trockene, in Frankreich bei Kennern sehr beliebte Muscadet gewonnen wird. Die zuerst aufgeführten Weißweine werden als Anjou (Coteaux de la Loire) vertrieben. Diese recht milden Weißweine reifen spät, sie sind vollmundig fruchtig und von ausgezeichneter Qualität. Der bedeutendste Weinort hier ist Savennières.

7. Sonstige französische Weine (meist rot)

Wahl macht Qual.

Wenn jemand einen Côtes-du-Rhône oder die bekannte Ortsbezeichnung der Rhoneweine, Châteauneuf-du-Pape, das bei Avignon am unteren Rhonelauf liegt, unter die Burgunder reiht, so ist dies unsachlich, denn das gesamte Gebiet der Rhoneweine liegt über 200 km südlich von Burgund, und dementsprechend werden dort andere Rebsorten gebaut. Auch ist die Art dieser Rotweine, so begehrt sie sein mögen, weniger fruchtig, weniger zart und weniger elegant. Bei den sehr kräftigen Rhoneweinen handelt es sich bereits um etwas hitzende, alkoholreiche, schwere und mitunter sogar plumpe Weine mit leichtem Erdgeschmack, den wir, verstärkt und gebunden an einen eigenartigen Ton, bei den nordafrikanischen Weinen von Algier (Oran, Mascara) und Marokko wiederfinden.

Die Weinberge an der Rhone gehören zu den am frühesten nachweisbaren in Frankreich. Man unterscheidet den südlichen Teil mit Tavel (rosé) und dem bekannten Châteauneuf-du-Pape und den nördlicheren mit den Weinen der Côte-Rôtie, mit dem weltberühmten Château Grillet auf der rechten Flußseite mit nur weißen Weinen und Hermitage links. Die Anbaufläche des Hermitage beschränkt sich auf 120 ha mit der geringen Erntemenge von nur 25 hl je ha. Die Hänge des 273 m hohen Hermitagehügels fallen nach Südwesten ab. Die Feinheit der Hermitageweine hängt mit den günstigen Bedingungen seiner Lage zusammen. Vor der Vernichtung der dortigen Weinberge durch die Reblaus gegen Ende des 19. Jahrhunderts waren Hermitage und Crozes-Hermitage bekannter als heute. Die Hermitageweine sind dunkel und ausdrucksvoll. Sie wachsen teils auf Granitgestein, teils auf kalk- und kieshaltigen Böden.

Die Weine der Côtes de Provence ziehen sich von Toulon nach Draguignan, der Hauptstadt des Departements Var. Von Toulon aus gelangt man nach Carqueiranne mit terrassierten Weinbergen in Meeresnähe, nach La Crau, wo gute Branntweine hergestellt werden, nach Pierrefeu mit einer der besteingerichteten Winzergenossenschaften der Provence, nach Puget-Ville mit ausgezeichneten Rotweinen. Auch in Vidauban ist eine moderne Winzergenossenschaft errichtet. Die Weine der Côtes de Provence werden als V.D.Q.S. bezeichnet und müssen somit bestimmte gesetzliche Voraussetzungen erfüllen. Bei uns werden sie als Q. b. A. deklariert.

Die sogenannten Midiweine wachsen im größten Weinbaugelände Frankreichs, das sich von der Rhone (Avignon) über Nîmes, Montpellier, Béziers,

Narbonne bis an die Pyrenäen (Carcassonne) erstreckt. Es handelt sich um die Departements Gard, Hérault, Minervois und Corbières. Landschaftlich gesehen ist dieses Gebiet durch die römischen Kulturdenkmäler Pont du Gard, Arène de Nîmes, Abbé de Frontfroide und Cité de Carcassonne, um nur die beeindruckendsten hervorzuheben, sehr reizvoll. Von Ost nach West gewinnen die Weine an Farbe und an Fülle. Hauptsächlich Rot- und Roséweine, daneben auch Weißweine in kleinerem Umfang, werden bereitet und erfreuen sich bei uns als saubere und preiswerte Trink- und Tafelweine zunehmenden Absatzes. Die Erzeuger sind zu einem großen Teil genossenschaftlich in der Union Régionale des Coopératives Agricoles du Midi mit Sitz in Montpellier zusammengefaßt. Diese bedeutende Weinorganisation verfügt über mehr als 300 verschiedene modern ausgestattete, saubere Großkeller mit durchschnittlich je 50 000 Hektoliter Fassungsvermögen zur Aufnahme der Ernte. Man unterscheidet die Anbaugebiete Avignon, Costières (Gard), Minervois und Corbières. Es gibt in diesem riesigen, zumeist flachen Weinbaugelände kleinere Gebiete, die durch eine Appellation Contrôlée ausgezeichnet sind. Die beachtlichsten — in Deutschland noch wenig bekannt — sind „Clairette du Languedoc" a. c., weiß (Hérault), und rot „Fitou" a. c. (Corbièregebiet).

Neben der a. c.-Bezeichnung tritt auch die Deklaration V.D.Q.S. (vin délimité de qualité supérieure = mengenbegrenzter Wein gehobener Qualität) mehr und mehr in Erscheinung. Die einfache Herkunftsbezeichnung AOS (Appellation d'Origine Simple) entfällt seit 1. 1. 1974 wegen zu großer Verwechslungsgefahr mit Appellation Contrôlée.

Von der Wein-Import Kellerei Reidemeister & Ulrichs, Bremen, werden seit Mai 1971 die sogenannten Sandweine eingeführt. Es handelt sich hier um die Weine der Domaines Viticoles des Salins du Midi, Montpellier. Auf 1.300 ha wird eine durchschnittliche Jahresernte von 100.000 hl — immerhin 10 Millionen Liter — erzielt aus den Departements Gard, Var, Aude und Hérault. Aus diesem südfranzösischen Weinanbaugebiet, diesem Dreieck zwischen dem Weinumladehafen Sète, der belebten Universitätsstadt Montpellier und dem reizvoll verschlafenen Aigues-Mortes stammen die Sandweine. Die 1856 gegründete Muttergesellschaft befaßte sich ursprünglich nur mit der Gewinnung von Meersalz (2,8 Mill. Tonnen pro Jahr). Seit 1880 wird zusätzlich Weinbau betrieben und zwar auf 7 Gütern:

1. Domaine du Bosquet bei Aigues-Mortes (Gard), 2. Domaine de la Gordonne, Pierrefeu (Var), 3. Abbaye de Saint Hilaire, Ollières (Var), 4. Château St. Jean de la Pinède St.-Laurent d'Aigouze (Gard), 5. Domaine de

Jarras-Listel, Aigues-Mortes (Gard), 6. Château de Villeroy, Sète (Hérault), 7. Domaine de St. Louis de la Mer, Cabannes de Fleury (Aude).

Diese Weine werden in Verfolg südländischer Tradition ohne Jahrgang vermarktet; im übrigen sind sie in Frankreich abgefüllt. Es sind gehobene, gepflegte Trinkweine zu gutem Essen; sie gehen unter den Bezeichnungen:

Vin de Ferme des Sables (Rotwein), Listel Gris, Gris de Gris (Roséwein), Listel Dry, blanc de blancs (Weißwein), Listel Rubis, rouge rubis (Rotwein).

Die vereinigten Winzergenossenschaften von Perpignan bringen als erste den vom französischen Weingesetz definierten „vin de pays" (Landwein) mit Herkunftsbezeichnung auf den Markt. Der „vin de pays des Pyrenées Orientales" wird als Rot- und Roséwein angeboten werden.

8. Französische Süßweine

Trunken klug, nüchtern blöd.

Zwischen den östlichen Pyrenäen und der Mittelmeerküste mit Perpignan als Umschlagort finden wir die „vins doux naturels" und „vins de liqueurs" — also Dessertweine — des Haut-Roussillon-Gebietes, zu deren Herstellung nur die üblichen Bukett-Trauben zugelassen sind. Grundsätzlich wird unterschieden zwischen „muscat" (Muskateller) und „muscaté" oder „vin muscaté", worunter solcher Dessertwein verstanden wird, dem man etwa 20 Prozent Muskateller zugegeben hat. Das Gebiet hat guten Ruf für aromareiche Dessertweine. In Frontignan wird eine bekannte Mistelle „muscat de Frontignan" a. c. bereitet, die von hervorragender Qualität ist und in besondere Flaschen abgefüllt wird.

Der gute Pineau des Charentes, der wie der Name besagt im Bezirk der Stadt Cognac hergestellt wird, hat 16,5 bis 22 Vol. % Alkohol aus Cognac. Es handelt sich um eine eigenartige, feine Mistelle, die mit Cognac stumm gemacht wurde, also ein Gemisch von Traubensaft und Cognac.

9. Cognac, Armagnac und Weinbrand

Er geht als wenn alle Häuser sein wären.

Sowohl Weinbrand als auch Cognac bezeichnet man als die „Könige" unter den Spirituosen. Cognac ist das einzige Produkt, das zu 80 Prozent exportiert wird. Der Gesamtabsatz erreichte im Wirtschaftsjahr 1972/1973 122 Millionen Flaschen, davon wurden 96 Millionen exportiert. Der in Deutschland hergestellte Weinbrand wird vor allem im Erzeugerland konsumiert, aber auch exportiert, während Cognac als der ältere Bruder vorzugsweise in der ganzen Welt angetroffen wird.

Der Name der Bezirkshauptstadt Cognac wurde zum Herkunftbegriff des französischen Produktes. Das Weinbaugebiet um Cognac liegt nördlich der Gironde und wird im Westen vom Atlantischen Ozean begrenzt; es deckt sich in etwa mit den Departements Charente und Charente Maritime. Wir unterscheiden in diesem Bezirk nach der qualitätsmäßigen Reihenfolge sieben Produktionszonen:

1. Grande Champagne (Gebiet im Südosten der Stadt Cognac),
2. Petite Champagne (um die Grande Champagne herum mit Ausnahme des Nordens),
3. Borderies (im Norden am rechten Ufer des Flusses Charente),
4. Fins Bois (um die Grande und Petite Champagne herum),
5. Bons Bois,
6. Bois Ordinaires,
7. Bois à Terroir.

Unter „Fine Champagne“ versteht man einen Verschnitt aus Grande und Petite Champagne mit einem Mindestgehalt von 50 Prozent Grande Champagne — es ist die Spitze der französischen Produktion.

Branntwein aus Wein, dessen Ausgangsprodukt durch Destillation obiger Charenteweine im dortigen Bezirk Frankreichs gewonnen wurde, darf laut Gesetz vom 1. Mai 1909 die Qualitätsbezeichnung „Cognac“ tragen; Brände aus anderen Bezirken werden als „Eau-de-Vie de vin“ bezeichnet.

Die vorstehende Güteklassifikation ergibt sich zwangsläufig aus den örtlichen Bodenverhältnissen. Das Klima innerhalb der gesetzlich festgelegten Zone ist mild und infolge der Meeresnähe ausgeglichen. Der Boden ist kalkreich. Der Grundwein stammt im wesentlichen aus den weißen Rebsorten Folle Blanche, Saint Emilion und Colombard. Diese ergeben infolge des verhältnismäßig niederen Alkoholgehaltes und hoher Säure keine hochwertigen selbständigen Gewächse. Dagegen eignen sie sich als Grundweine zur Destillation vorzüglich. Darüber hinaus dienen sie zur Bereitung des Pineau des Charentes, eines mit Cognac verstärkten vorzüglichen Dessertweines (Mistelle aus stumm gemachtem Most mit 170 g Zuckergehalt).

Die Kunst des Brennens besteht darin, aus den an und für sich kleinen Weinen des Charentegebietes einen großen Brand herzustellen. Frankreich ist im übrigen der klassische Lieferant von Brennwein für die Herstellung von Weinbrand. Aus Zweckmäßigkeits- und Ersparnisgründen gelangt je nach der gewünschten Qualität entweder

a) Charentewein, mit Charentedestillat auf ca. 24,5 Vol.% Alkohol verstärkt und begleitet von einem Zertifikat, dem sogenannten acquit jaune d'or, oder

b) Charentewein, mit anderem Weindestillat auf ca. 24,5 Vol.% Alkohol verstärkt und begleitet von einem Zertifikat, dem sogenannten acquit blanc, zur Lieferung.

In Frankreich wird der vergorene Wein ohne Abstich, also mit der Bodenhefe, in die einfachen kupfernen Brennkessel (Alambics) gebracht, um dort ebenso wie in Deutschland durch zweimaliges Brennen in das Anfangsstadium des Destillats, verwandelt zu werden. Diese erste Erhitzung — als Vorbrand oder „brouillis“ bezeichnet — liefert eine 25 bis 30 Grad helle Flüssigkeit. Die zweite wird „bonne chauffe“ genannt. Man behält von der hierbei anfallenden Flüssigkeit nur das Mittelstück, das „Herz“, zurück. „Kopf“ und „Schwanz“, Vor- und Nachlauf, sind unerwünscht. Das „Herz“ hat dann etwa 70 bis 72 Grad. Die an Weinäther und anderen organoleptischen Stoffen sehr reiche Weinhefe ist vor der Destillation mit dem Grundwein vermischt worden. Ihr Vorhandensein ist erforderlich. Auch in den Lieferungen in die Bundesrepublik ist sie im Rohprodukt enthalten.

Nach beendeter Destillation beginnt die Lagerung. Das Altern (vieillissement) vollzieht sich hier wie dort in Eichenholzfässern. Das verwendete Holz der Steineichen stammt aus den Wäldern des Limousin und gibt dem noch farblosen Destillat seinen milden Schliff und die erwünschte bernsteingelbe Färbung durch Oxydierung.

Beim Altern, das jahrelang dauern kann, verliert das Destillat an Alkoholgraden und gewinnt an Farbe und Güte. Das Weindestillat darf höchstens 86 Vol. % Alkohol enthalten und wird in beiden Ländern durch Zusatz von reinem Wasser auf Trinkstärke herabgesetzt und auf Flaschen gefüllt. Als Anhaltspunkte über das Alter der Erzeugnisse können die international bekannten Abkürzungen gelten:

V. O. (very old) — sehr alt,
X. O. (extra old),
V. O. P. (very old pale) — hellfarbig,
V. S. O. (very superior old),
V. S. O. P. (very superior old pale),
V. V. S. O. P. (very very superior old pale).

Die Brennereien unterhalten gewaltige Lager, aus denen sie in fachmännischer Wahl ihre Zusammenstellungen bereiten. Die verschiedenen Brände aus den einzelnen Jahrgängen werden miteinander verschnitten, um eine gleichbleibende, abgerundete Qualität zu gewährleisten. Große Vorräte, Fachwissen und Fingerspitzengefühl sind hierzu erforderlich.

Jede Phase der Herstellung, vom Weinstock bis zum Vertrieb an den Verbraucher, unterliegt in beiden Ländern einer äußerst strengen Überwachung. Frankreich exportiert zur Zeit über 90 Millionen Flaschen Cognac.

Weinbrand probiert man in nach oben spitz zulaufenden Gläsern den sogenannten „Schwenkern". Das volle Aroma und die milde Feinheit zeigen sich in der Vollendung erst nach leichter Erwärmung des Glases in der Hand. Gastronomen, die Weinbrand oder Cognac eisgekühlt servieren, begehen einen Fehler. Feinen Gastronomen ist bekannt, daß Weinbrand und Cognac auch der Zubereitung mancher erlesener Gerichte dienen.

Worin bestehen nun die wesentlichen Unterschiede zwischen Weinbrand und Cognac? Cognac ist in der Auswahl der Grundweine an das Charentegebiet gebunden. Der Weinbrandhersteller ist in der Wahl der Grundweine unabhängig, denn er kann sich je nach Wetter-, Ernte- und Preisaussichten auch Brennweine aus anderen Gebieten wie Jugoslawien oder Italien beschaffen. Er kann also die unbestrittene Eleganz und feine Fruchtigkeit der französischen Charenteweine mit den saftigen, herbwürzigen Basisweinen der anderen Gebiete verbinden. Das gibt dem Weinbrand jene Geschmacksrichtung, wie sie der Großteil der deutschen Bevölkerung gewohnt ist. Auch im Alkoholgehalt besteht ein kleiner Unterschied. Die Franzosen stellen den Cognac auf 40 bis 42 Vol.% Alkohol, während der deutsche Weinbrand dem Gesetz entsprechend auf 38 Vol. % eingestellt wird. Versuche einzelner Brennereien, Weinbrand ebenfalls höher einzustellen, haben nicht den gewünschten Erfolg gebracht. Die Gründe hierfür liegen einerseits im höheren Preis, andererseits sucht der Verbraucher die feine Abrundung und Milde und meidet den höheren Alkoholgehalt.

Die Mindestlagerungszeit für einfachen Cognac beträgt 5 Monate, in Deutschland gelten 6 Monate für Weinbrand als üblich. Für Brände mit Alterungsprädikaten gilt in beiden Ländern eine Mindestlagerung von 12 Monaten als normal. Die großen Häuser wetteifern miteinander, die Mindestvorschriften zu überbieten, weil sie wissen, daß Alter und Güte in unmittelbarem Zusammenhang stehen. Die französische Kontrollbehörde prüft die Alterung bis ins fünfte Jahr der Lagerung. Altersangaben darüber hinaus gelten als unlauter und werden geahndet.

Der seifige Geschmack mancher französischen Brände ist eine Besonderheit, die nichts mit der Länge der Lagerzeit zu tun hat. Dieser nicht von allen Liebhabern geschätzte, etwas veraltete Geschmack ergibt sich beim Brennen selbst und hängt mit der Menge der mitdestillierten Weinhefe zusammen.

Frankreich

Charakteristische Kieslagen an der Rhone erhalten dem Weinstock die erwünschte Bodenfeuchtigkeit

Moderne Tanks für Konsumweine

Frankreich

Cognac Brennerei

Frankreich

266 ha Rebfläche westlich von Sète mit Luftaufnahme des Château de Villeroy, von dem die Sandweine stammen; links das Mittelmeer, rechts Trockenbecken zur Salzgewinnung aus Meerwasser

Manche Verbraucher sind der Ansicht, daß viele Sterne auf den Etiketten ein Zeichen für hohes Alter seien. Dies trifft heutzutage nicht mehr zu. Auch die Bezeichnung Napoleon ist heute zum Freizeichen geworden. Lediglich bei „Cognac Napoleon" wird eine fünfjährige Lagerzeit vorausgesetzt. Ein Destillat nimmt an Güte zu, d. h. altert, nur im Limousinholzfaß; mit der Abfüllung auf die Flasche ist dieser Entwicklungsvorgang abgeschlossen; daher sind künstlich verstaubte Cognac-Flaschen Bluff.

Dem Cognac verwandte, in ihren Eigenschaften fast gleichkommende Erzeugnisse aus dem Departement Gers (südlich der Garonne), in dem die alte Grafschaft Armagnac liegt, heißen nach einer Verordnung vom 25. Mai 1909 „Armagnac". Sie werden in Bocksbeutel ähnliche Flaschen gezogen.

Die Bezeichnung „Marc" (z. B. Marc de Bourgogne) weist auf Branntwein aus Weintrestern hin und hat mit Cognac nichts zu tun. „Eau-de-Vie" (Brandy) bedeutet Branntwein, „Eau-de-Vie de vin" Branntwein aus Wein. Es sollte auch Nichtfachleuten bei einiger Übung nicht allzu schwer fallen, Weinbrand und Cognac mit Sicherheit von Branntwein zu unterscheiden. Im geleerten Schwenkglas füttert sich das edle Aroma von Weinbrand und Cognac, steigert sich und kann bei alten hochwertigen Erzeugnissen viele Stunden unvermindert anhalten. Weinbrand, Cognac und Armagnac sind Spitzenerzeugnisse deutscher und französischer Brennkunst, letzterer ist in seinem Geschmack sehr ehrlich und etwas rustikaler.

10. Champagner

Beim Bordeaux denkt man an Dummheiten.
Beim Burgunder sagt man Dummheiten.
Beim Champagner macht man Dummheiten.
(Brillat-Savarin)

Unter Frankreichs Weinbauerzeugnissen hat der Champagner seit altersher einen Ehrenplatz. Zunehmend findet man ihn auch wieder in der Bundesrepublik. Er ist als „Französischer Schaumwein" zu kennzeichnen. Champagner muß nach der Gesetzgebung aus Weinen der Champagne im dortigen Gebiet hergestellt sein, wobei zwischen méthode champenoise (Flaschengärung) und cuve close (Tankvergärung) unterschieden wird. Französische Schaumweine aus anderen Gebieten werden als mousseux bezeichnet.

Das Weinbaugebiet der Champagne liegt 150 km östlich von Paris. Gegen die Nachbargebiete ist die Champagne durch kalkhaltige Hügel zwischen Reims, Château-Thierry, Epernay (und südlich davon) abgegrenzt. Es werden drei Hauptgebiete innerhalb des kleinen Areals unterschieden:

1. Montagne de Reims, 2. Valée de la Marne, 3. Côte des Blancs.

Bewußt wurde das Qualitätsgebiet für Champagner klein gehalten, damit die Schaumweine die traditionsgewohnte Eigenart bewahren. Reims, Epernay oder Ay ist der Sitz von Champagnerkellereien mit weltbekannten Namen.* Die Champagne umfaßt ein Prozent der französischen Rebfläche.

Das milde, nicht zu feuchte und nicht zu sonnige Klima der Champagne wird durch westliche Meereswinde einerseits und kontinentale Einflüsse der östlichen und nördlichen Gebiete andererseits bestimmt. Die Trauben reifen daher nur langsam. Es ist das nördlichste Anbaugebiet Frankreichs.

Auch die Rebsorten der Champagne sind gesetzlich festgelegt. Es dürfen nur blauer Pinot, Meunier- und Chardonnayreben zu Champagner verarbeitet werden. Größtenteils werden blaue Trauben angebaut, die sich den Bodengegebenheiten besonders gut angepaßt haben. Damit der Most sich nicht ins rötliche verfärbt, arbeitet man in der Champagne mit besonderen Pressen. Sie haben eine große Fläche bei nur geringer Höhe. Der gekelterte Most ist fast weiß. Champagner aus weißen Trauben führt mitunter den Vermerk „blanc de blanc". Die vollendete Harmonie feiner Champagner ergibt sich aus dem wohlgelungenen Verschnitt der genannten Sorten. Es gibt auch Jahrgangs-Champagner (millésimé).

Champagner trinkt man nicht nur bei großen Festlichkeiten, bei Champagner-Diners, oder wenn Schiffe zu ihrer ersten Fahrt auslaufen; auch am Bett des Kranken spendet er seine belebende Wirkung. Unübertroffen ist der Ruf des in aller Welt begehrten Champagners.

Außer der klassischen Falschengröße von 78 cl gibt es kleinere und größere Formate: die „Quart" (viertel), die „Demie" (halbe), die „Médium" (dreiviertel), ein „Magnum" (2 Flaschen), ein „Jéroboam" (4 Flaschen) und ein „Réhoboam" (6 Flaschen). Champagner-Produktion über 100 Mill. $^{1}/_{1}$-Flaschen.

Zur Förderung des Champagnergenusses wurde in den Vereinigten Staaten von Amerika eine originelle Idee verwirklicht durch Gründung einer weiblichen Vereinigung, die sich den Namen die „Champagner-Damen" gab. Diese Frauenbewegung hat sich zum Ziel gesetzt zu erreichen, daß mehr Champagner in der Welt getrunken werden soll. Der Champagneranteil gemessen an der Weltproduktion von Schaumwein, ist gegenüber vor fünfzehn Jahren von einem Drittel auf 18 % gesunken.

---

* Heidsieck Monopole, Lanson, Mercier, Moët et Chandon, Mumm, Perrier-Jouët, Piper-Heidsieck, Pommery-Greno, Taittinger, Veuve-Clicquot u. a.; Spitzenqualitäten: Bollinger, Krug und Roederer.

Alles, was unvernünftig ist,
haßt den Wein.
(Aelian „Variae historiae")

VIII. Andere europäische Weinbaugebiete

1. Italien

a) Allgemeines (1,6 Mill. ha Anbaufläche)

Unter den weinproduzierenden Ländern unseres Kontinents nimmt Italien eine besondere Stellung ein. Die Weinrebe wird seit Jahrtausenden im Mittelmeerraum angebaut, bereits zweitausend Jahre vor Christi Geburt war sie in Sizilien bekannt. Von Griechenland her erreichte sie Süditalien und breitete sich nach der Eroberung Galliens durch das Römische Reich in allen Ländern Europas aus, deren Klima ihrem Gedeihen zuträglich ist. Italien kann daher als die Heimat der europäischen Weinbaukunst bezeichnet werden. Denken wir in diesem Zusammenhang an jenen gesüßten Gewürzwein, der seit etwa zweihundert Jahren bekannt ist unter der Bezeichnung „Vermouth di Torino" und heute — ein Weltbegriff — in allen Ländern getrunken wird. Italiens Ernteertrag liegt bei 70 Mill. hl.

Kaum ein Land kann sich rühmen, über so viele Weinsorten wie Italien zu verfügen. Wie verschieden sind doch die klimatischen Verhältnisse für den Rebanbau an den Ufern des Gardasees, auf den Hügeln um Turin oder in der Toscana von jenen, die an den Hängen des Vesuvs herrschen oder in den südlichen Küstengebieten Siziliens, etwa in Marsala. Überall stößt der Italienreisende auf interessante Weine, meist sind es Rotweine.

b) Die Weine Südtirols (Region Trentino/Südtirol)

Sterb ich, neben einem Weinstock
grabt mir meine Ruhestätte,
daß mein Staub, dafern ihn dürstet,
immer noch zu trinken hätte.

In Südtirol (Anbaufläche 21 700 ha mit einem durchschnittlichen Jahresertrag von rund 1,5 Mill. hl) werden gute Weiß- und Rotweine angebaut, die insbesondere im Verkehr mit Süddeutschland eine nicht zu unterschätzende Rolle spielen. Die bekanntesten Tiroler Weine sind Grüner Veltliner, Kalterer See, Terlaner, Lagrein Kretzer und St. Magdalener. Sie werden teils nach dem Ort oder dem Gebiet ihrer Herkunft, teils nach den Rebsorten benannt. Es handelt sich um recht mundige Tischweine, die nicht schwer und von angenehmer, dankbarer Art sind. Eine Eigenart der Gegend ist der Pergelbau, der der Traube erhöhte Reife gibt. Die Kellerwirtschaft ist auf der Höhe. Die Rebe gedeiht auf Dolomitkalk und Porphyrgründen des Etschtales. Beim Ausbau der Weine herrscht das Holzfaß vor. Der Winzer verkauft „Preis auf Ehr" an den Handel, und bei der Bozener Weinkost, die 1976 zum 54. Male stattfand, besteht Gelegenheit, Wein zu kosten und zu vergleichen sowie „Weinbeißer" und alte Freunde aus der Fachwelt des In- und Auslandes zu treffen.

Als Riesling — in Südtirol ein Sammelbegriff — bzw. als Welschriesling werden die gewöhnlichen Weißweine deklariert aus Weiß-Vernatsch, Terlaner Riesling, Spielarten von Kleinberger, Elbling und Silvaner.

Der reine Riesling wird in Südtirol, in der Schweiz und der Steiermark als „Rheinriesling" bezeichnet und besonders geschätzt. Er ist selten.

Der Weinbau in Südtirol ist uralt und reicht nachweisbar 2500 Jahre zurück. In einem Traktat von 1678 ist erwähnt, daß der in Tramin „waxende Wein in viel alten und weit von hier geschriebenen Artzneibüchern vor absonderlich gesund angerühmt wird". Es geht auch aus einer Verlautbarung aus dem Jahre 1535 hervor, daß nach altem Brauch alljährlich zwei Männer zu bestimmen sind, die alle Traminerweine zu verzeichnen und mit besonderen Siegeln zu versehen haben, damit nicht fremde Weine für Traminer gehandelt werden. Leider muß man in jüngster Zeit feststellen, daß nicht nur die zunehmende Ausdehnung der Städte, sondern auch das Überhandnehmen von Golden-Delicious-Apfel-Plantagen den herkömmlichen Weinbau, besonders in den schwer zu bewirtschaftenden Lagen etwas verdrängt.

Die Südtiroler Etschlagen liegen 200 bis 600 m hoch, im Eisacktal bis 800 m. Sie werden als „Weinleiten", die Weinlese als „Wimmat" bezeichnet. Die weißen Trauben werden in der „Torggl" (Weinpresse) gekeltert, während die rote Maische „gerebelt" wird, d. h. von den Kämmen befreit auf den Trestern vergärt. Der Rotwein heißt „Vergärner". Nur die dunkelroten Trauben, die rasch von den Trestern abgezogen werden, nennt man in Südtirol „Kretzern", weil der aus der Presse fließende Saft durch einen aus Weiden geflochtenen Seihkorb, die sogenannte „Kretze", fließen muß zur Abtrennung der festen Traubenbestandteile.

Etwa zwei Drittel der italienischen Trinkweinausfuhr in die Bundesrepublik stammen aus Südtirol (Provinz Bozen). Die Ausfuhr südtiroler Weine geht vorzugsweise nach Deutschland, der Schweiz und Österreich. Südtirol steht in Europa als Weinexporteur an erster Stelle, wenn man Ausfuhr- und Erzeugungsziffer ins Verhältnis setzt.

c) Die Weine Norditaliens bis Florenz

Der Wein ist der beste Koch auf Erden,
Der beste Leibarzt auf der Welt,
Der zu Gesunden sich gesellt,
Die Schwachen wieder stark läßt werden.

Im Anschluß an das Tiroler Weinbaugebiet erreichen wir rund um die alte Konzilstadt Trient ausgedehnte Weinkulturen. Erwähnt seien der kräftige, rubinrote Teroldego, ein Tischwein, der nach längerer Lagerung zum Bratenwein wird, der Merzemino, ein schmackhafter Wein, sowie der granatrote Lagarino Rosato, dessen Blume an Vanille erinnert.

Der Weinbau ist von der in Südtirol üblichen Pergola auf den Rebstockbau übergegangen; der Anbau der Reben bleibt äußerst intensiv.

Wo die Etsch durch die Berner Klause hindurch die fruchtbare Ebene um Verona erreicht, treffen wir in Venetien das erste der klassischen italienischen Rotweingebiete: die Landschaft, die sich im Südosten des Gardasees bis zur Moränengegend um Custozza erstreckt und grüne Täler sowie fruchtbare Moränenhügel rund um die historische Skaligerstadt Verona umfaßt. Als berühmteste Weine dieser Gegend möchten wir den Valpolicella nennen sowie — allerdings mit etwas Abstand — den Valpantena, die beide in den gleichnamigen Tälern nördlich Veronas im Schutz der Monti Lessini gewonnen werden und milde, trockene, leicht bittere Qualitäten abgeben. Fast ebenso bekannt ist der Bardolino, ein feuriger Tafelwein, der aus den Trauben der reichen Hügellandschaft am südöstlichen Ufer des Gardasees bereitet wird. Bei Brescia finden wir den frischen Chiaretto del-Garda als den bekanntesten der zahlreichen, unter sehr vielen Namen im Handel stehenden Gardaseeweine. Es handelt sich ebenfalls um trockene, leicht bittere Rot- und Roséweine.

Rund um Verona wachsen noch zahlreiche gute Rotweine, die im allgemeinen unter der Sammelbezeichnung „Vino Veronese“ bekannt sind und im Gebiet von Sona-Custozza, Val di Illasi, Val Tramigna, Valle Squaranto und Val Mezzane hergestellt werden.

Einer der bekanntesten trockenen Weißweine Norditaliens, der Soave, gedeiht wenige Kilometer ostwärts von Verona bei Monteforte. Es ist ein klassischer Wein zu Fisch- und Vorspeisen, leicht, der auf der Stufe mancher elsässischer Weine steht und in Schlegelflaschen abgefüllt wird. Nördlich von Venedig in der Provinz Treviso wird im Gebiet der Piave die Verdiso-Traube angebaut. Sie bringt ganz leichte, trockene Weißweine von hell grüngoldener Farbe, während die ausgezeichneten Prosecco süßer sind. In Conegliano, dem Zentrum dieses Weinbaugebietes, befindet sich ein bekanntes Weinbau-Institut mit Schule. Das Gütezeichen des Consorzio dei vini tipici del Piave bürgt für Qualität und Herkunft.

Südlich von Verona, in Emilien und zwar am rechten Ufer des Mittel- und Unterlaufs des Po, werden vorwiegend leichtere Rotweine gezogen, die vielfach der Industrie als Grundweine dienen.

Hervorzuheben sind die Lambrusco-Weine, die rund um Modena wachsen, rubinrot sind, ein trockenes, mitunter auch halbsüßes, leicht prickelndes Aroma haben und vor allem zu den schweren, fetten Speisen der bekannten Modeneser Küche munden: gekochtes Schweinefleisch, „zampone ala Modenese“ (gefüllte Stelzen) sowie verschiedene Kochwürste. Der Lambrusco, ein Perlwein, ergänzt die emilianische Küche auf das harmonischste.

In der Lombardei (Provinz Sondrio) werden die berühmtesten Weine im Veltlin gewonnen, einem von hohen Bergen im Norden und Süden geschützten Tal, wo durch menschlichen Fleiß zahllose Terrassen längs der Flanken der Berge angelegt wurden, die einen einzigen Weingarten darstellen. Die Trauben stammen von den ausgezeichneten und reichtragenden Nebbiolo-Reben. Im Veltlin werden vor allem an den rechten, sonnendurchglühten Hängen der Adda Rotweine gezogen mit weltberühmten Weingutsbezeichnungen: Grumello, Inferno, Sassella und Valgella. Alle Veltliner Weine sind rubinrot, trocken und harmonisch und haben eine ganz ausgezeichnete Lagerungsfähigkeit, wobei sie mit zunehmendem Alter wunderbare Eigenschaften entwickeln. Es sind typische Bratenweine.

Auf dem rechten Ufer des Po befindet sich das von Hügeln umsäumte Oltrepo-pavese-Tal südlich von Pavia. Aus diesem kleinen Gebiet kommen berühmte Weine, die von Kennern sehr geschätzt werden. Es ist der nach der im dortigen Raum sehr verbreiteten Traubensorte Cortese (höflich) benannte feine, mildtrockene Weißwein mit einer Gradation zwischen 11 und 13°. An Rotweinen haben wir im Oltrepo die nach den Traubensorten bezeichneten Pinot und Bonarda; ferner den heurig zu trinkenden Barbacarlo aus den Traubensorten Ughetto, Croatina und Moradella. Eine sehr besondere Göhr zeichnet die oft 13-gradigen spritzigen Barbacarlo mit ihrem zart anklingenden Himbeerton aus. Zu diesen Weinen reicht man gern Grana Padano, einen dem Parmesan verwandten Käse. Ein ganz trockener Herrenwein ist der nach seiner Traubensorte benannte Barbera dell Oltrepo

Pavese, 13-gradig bei 6 bis 8 ‰ Säuregehalt. Die Weine des Oltrepo-Tals gehören zur „Denominazione originale controllata", abgekürzt DOC.*

Weiter westwärts gelangen wir ins Piemont, eines der bedeutendsten Weinbaugebiete Italiens, der Heimat des Vermouth di Torino und des Moscato d'Asti. Dort wird auch der bekannte Asti Spumante, jener süßliche italienische Schaumwein, hergestellt. Der intensivste Weinbau wird im Piemont in jenem Hügelland betrieben, das sich von Turin über Chieri und Asti bis jenseits von Valenza erstreckt und schließlich in den Apennin übergeht. Von den Spitzenweinen seien hier aufgezählt: der Barolo und der Barbaresco, die in den Hügelgebieten rund um Cuneo und Alba gezogen werden. Der Barolo, von rubinroter Farbe mit Bernsteinreflexen und veilchenartiger Blume mit firnigem Nachgeschmack, kann drei Jahre in Fässern gelagert werden. Der Barbaresco ist etwas milder und altert schneller. Weitere piemontesische Weinsorten sind der Grignolino, der leicht moussierende Freisa, der Dolcetto und der Bonarda d'Asti. Eine besondere Erwähnung verdient der im Piemont weitverbreitete Weinstock Barbera, der rund um Asti, Alessandria und Cuneo gedeiht und besonders temperamentvolle, kräftige und herbe Weine abgibt.

Hervorragende Rotweine werden in der Provinz Nowara gezogen und zwar in den Gemeinde Fara und Briona. Der mindestens 12-gradige edle Fara, ist ein idealer Begleiter von Ente und Gans. Jahrgangsangabe und wenigstens 3 jährige Faßlagerung werden von der Weinüberwachungsbehörde gefordert. Als Käse eignet sich Provolone vorzüglich zum Fara.

Im Umkreis der Gemeinde Ghemme wird der gleichnamige, edelkräftige Rotwein aus Nebbiolo- und Bonardatrauben bereitet. Der vornehme leicht harzig duftende und zart bitterlich schmeckende Ghemme hat beachtliche Lagerfähigkeit — allein 4 Jahre fordert die Behörde der kontrollierten Ursprungsbezeichnung. In die gleiche Richtung fällt auch der Sizzano, der je zu einem Drittel aus Nebbiolo-, Bonarda- und Vespolinanovarese-Trauben bereitet sowie bis zu 5 Jahren in Holzgebinden gelagert wird und einen Duft nach Rosen oder Veilchen mitbringt. Zu diesen kräftig-würzigen Weinen paßt als Käsesorte am besten Gorgonzola, denn Sizzano hat bis 9 ‰ Säure.

Der berühmteste ligurische Wein ist der Cinqueterre, von goldgelber Farbe, die auf schwer erreichbaren Felsen entlang der Küste von Spezia bis Levanto wachsen.

---

* Fast 10 % der italienischen Weinerzeugung tragen eine DOC-Bezeichnung, deren es insgesamt 158 gibt. Ein Drittel davon entfällt auf Piemont und 11 auf die Toskana.

d) *Die Weine südlich von Florenz, Sizilien und Sardinien*

Alle Dinge sind giftig
und nichts ist ohne Gift.
Allein die Dosis macht's,
Daß ein Ding kein Gift ist.

Dort, wo der Apenninenzug ostwärts ziehend die Ligurische Küste verläßt, dehnt sich die historisch so bedeutsame Provinz Toskana mit den Städten Florenz, Siena und Pisa. Ein großer Teil der Toskana besteht aus mittelhohen Bergen und sanften Hügeln, die sich durch Bodenbeschaffenheit und Klima zum Anbau besonders geschätzter Erzeugnisse wie Oliven, Feingemüse und Wein eignen. Der berühmteste und bedeutendste klassische Vertreter des Weinbaus in der Toskana ist der Chianti, ein feiner, bekömmlicher, roter Tafelwein. Seine hohe Durchschnittsqualität, obwohl in so großen Mengen durch Handelshäuser wie Antinori, Bertani oder Ruffino u. a. hergestellt, hat zur Folge, daß er in der ganzen Welt bekannt und geschätzt wird. Der klassische Chianti gedeiht südlich von Florenz gegen Siena und Arezzo hin. (Ertrag 323 000 hl). Er wird nach dem traditionellen toskanischen Verfahren hergestellt, und zwar aus 70 % Trauben der Sangiovese-Rebe, 20 % Canaiolo nero sowie 10 % Malvasia und Trebbiano, und durch eine zweite Fermentierung verfeinert. Diese Weine vertragen lange Reisen unter den verschiedensten klimatischen Bedingungen, ohne an Güte einzubüßen. Als hochwertigster Chianti gilt alter Brolio vom gleichnamigen Schloß der Barone von Ricasoli.* In hohem Maße ist dieser edle Bratenwein lagerfähig. Schloß Brolio liegt im hügeligen Zentrum des klassischen Chiantigebietes. Das Garantiezeichen mit dem schwarzen Hahn wird nur für klassische Chiantiweine verabfolgt, die in Italien abgefüllt wurden und tritt zur Zeit bei uns noch wenig in Erscheinung. Typisch für alle Weine aus der Chiantigegend ist der „Fiasco“, die bekannte bauchförmige, langhalsige Flasche, die mit Bast umwunden ist. Die große Vorliebe, die vor allem von Ausländern dem „Fiasco“ entgegenbracht wird, hat zur Folge, daß heute auch andere Weinsorten in die ursprünglich nur für Chianti-Weine üblichen Bastflaschen abgefüllt werden. Die Handelsgrößen sind 0,5, 1 und 2 Liter „Fiaschi“. Der Vollständigkeit halber sei erwähnt, daß es nach dem neuen italienischen Weingesetz keinen weißen Chianti classico mehr gibt. Er wird von nun an vino bianco della zona del Chianti genannt. In dem benachbarten südwestlichen Umbrien treffen wir einen geschätzten und auch in der Bundesrepublik eingeführten Weißwein, den Orvieto. Am bekanntesten sind die trockenen (secco); ins süßliche gehende Sorten werden

* Neuerdings dem Seagram-Konzern angeschlossen.

Italien

Die Ebene von Mezzolombardo. Teroldego wird als der „König der Trentiner Weine" bezeichnet.
Die sehenswerten Weinberge des Teroldego sind zu beiden Seite des Noce gelegen

Südtirol

Tramin mit Weinlagen „Schneckenthal“ und „Kastellatz“

Südtirol

Tief unter dem 1771 erbauten Bibliotheksaal befinden sich die ausgedehnten Weinkeller des Klosters Neustift bei Brixen, wo die höchsten Eisack-Lagen angetroffen werden

Italien

Riesige Weinspeicherhäuser soweit das Auge reicht – das ist der Weinfreihafen in Triest

„abboccato“ gekennzeichnet. Es ist ein Wein, der hervorragend zum Fisch paßt. Der typische Wein der Marken ist der auch bei uns aufgetauchte Verdicchio, der an den Hängen von Lesi gedeiht. Er ist trocken und von blasser Farbe mit leicht bitterlichem Geschmack — ein Durststiller.

Gute Gewächse bringt weiterhin die Insel Elba. Der von dort stammende rote Dessertwein Aleatico aus angetrockneten Trauben ist ebenso bekannt wie der süße Recioto des Veroneser Gebietes.

Der ganze Raum südlich der Toskana bis hinunter nach Rom wird vom Weißwein beherrscht — in Italien sonst eine Ausnahme —, da der rote in den Hintergrund tritt. Nur in den Abruzzen, dem gebirgigen Herzen der italienischen Halbinsel, wird ein Rotwein gezogen, der erwähnt werden muß: der Montepulciano d'Abruzzo, ein dicklicher, feiner Bratenwein.

In Latium, auf den vulkanischen Hügeln südöstlich von Rom, gedeiht wieder ein berühmter Weißwein, der Castelli Romani, der vielfach unter dem Gattungsnamen Frascati in den Handel gelangt. Geschmeidig, trocken oder halbsüß, strohfarbig bis goldgelb, ist er als Tischwein sehr geschätzt. Ferner gibt es noch den Est! Est!! Est!!! aus Montefiascone, einen trockenen, leicht bitteren, goldgelben Wein.

An der Küste zwischen Rom und Neapel, in Formia sowie auf den Phlegräischen Feldern bei Neapel finden wir den roten Falerner, einen Wein, der schon in der goldenen Ära des römischen Imperiums von Schriftstellern begeistert gelobt und von Dichtern besungen wurde. Der Falerner ist von kräftiger, rubinroter Farbe, angenehm und harmonisch-trocken oder goldgelb, zartblumig und trocken. Im Golf von Neapel wächst an den steilen Hängen des Vesuvs ein feiner roter Tafelwein, der Rosso del Vesuvio. Auf Ischia, Capri und Procida, auf der Halbinsel von Sorrent sowie an den Abhängen der Monti Lattari und in Kampanien werden gute Rotweine gezogen, darunter der Conca, ein kräftiger, dunkelroter Wein, der Gragnano, ein würziger Tafelwein, der Solopaca (im Gebiet von Benevent), der Taurasi und vor allem der Ravello, der nach längerer Lagerung zu den besten Tafel- und Bratenweinen gerechnet werden kann. Bei Tarent und Bari an der Adria (Apulien) finden wir den Barletta und den Squinzano, zwei beliebte Verschnittweine, dick, schwer und dunkel. Von den Weinen Kalabriens, die hier am äußersten Ende der Halbinsel wachsen, seien genannt der Savuto (rund um Cosenza), ein herber, stahliger und besonders gehaltvoller Wein, der Cirò di Calabria, ein Wein mit trockener, angenehmer Blume, der Lacrima di Castrovillari (Pollino), der nördlich von Catanzaro geerntet wird. Der bekannteste Tischwein Lukamiens ist der Agliantico di Volture.

Auf dem sonnendurchglühten Boden Siziliens ist der Weinbau seit weit mehr als zwei Jahrtausenden hoch in Ehren. Die Insel ist heute Heimat weltberühmter Dessertweine, aber auch ausgezeichneter Rotweine. An den Hügeln der Straße von Messina wird der rote Faro bereitet, ein leichter, würziger Wein. Südlich davon erstreckt sich die Küstenlandschaft, die vom Ätna beherrscht wird. Seine Abhänge sind mit schwarzer Lava bedeckt und tragen in der unteren Höhenlage von 400 bis 1000 m terrassenförmig angelegte Weingärten, in denen zahlreiche Verschnitt- und Landweine mit hohem Alkoholgehalt, die Ätna-Weine, gewonnen werden. Im Hinterland von Syrakus, an der Südspitze der Insel, wird der granatfarbige Eloro bereitet. In der Provinz von Palermo finden wir gute weiße und rote Tafelweine. Sie werden als vino Corvo vertrieben. Die Weinberge liegen östlich von Palermo und gehören zu den Besitztümern des Herzogs von Salaparuta. Es sind ganz frische Weine, die eine eigene Würze und 12,5 Vol. % Alkohol besitzen. „Corvo" ist Markenbezeichnung und bedeutet Rabe.

Sardinien ist die Heimat des Oliena, eines rubinroten Erzeugnisses mit leicht bitterem, firnigem Nachgeschmack, das im Alter zu einem schönen Bratenwein wird. Er wurde von Gabriele d'Annunzio lobend erwähnt. Unter den Weißweinen hat besonders der Vernaccia di Sardegna seine Liebhaber gefunden. Er gedeiht in dem unteren Tal des Tirso sowie an den Osthängen Sardiniens bei Siniscola und Orosei. Als guter Wein zu Fisch seien der Nuragus aus der Umgegend von Campidano, der Malvasia di Bosa von der Westküste der Insel und der Vermentino di Gallura von der äußersten Nordspitze genannt. Erwähnenswert ist ferner der Sangiovese di Arborea, ein roter Tafelwein, der wie alle sardischen Weine im Ausland unbekannt geblieben ist. Die Insel war zu lange von der Außenwelt abgeschnitten.

2. Spanien

Trinke den Wein nie anders, als aus den Händen des Schönen,
Der zu dir spricht mit Feinheit der Rede und der ihr gleicht.
(Aus den Tausendundein Nächten)

Spanien ist nach seinem Mostertrag das drittgrößte Weinbaugebiet Europas und das viertgrößte der Welt. In Spanien werden jährlich etwa 25 Mill. hl geerntet, in Europa stehen ihm nur Frankreich und Italien mit einer Durchschnittsernte von je etwa 60 Mill. hl voran. 1,6 Mill. ha Anbaufläche.

Was die Tafelweine Spaniens anbelangt, so finden wir zwar im ganzen Land Weinbau, doch gedeihen die besten Sorten — auch im Hinblick auf den Export — am oberen Ebrolauf. Sie werden als „Rioja" bezeichnet.

Dieses Weinbaugebiet liegt in Nordwestspanien — im Westen und Osten von den Provinzen Burgos und Zaragoza, im Norden und Süden von den Provinzen Navarra und Soria begrenzt. Der Weinbau erstreckt sich in der Ebro-Ebene bis zu 10 km nördlich und bis zu 39 km südlich des Flußlaufs in einer Länge von etwa 100 km. Am Oberlauf des Ebro ist Haro der Hauptort und Handelsplatz des Westens, am Mittellauf folgt Logroño, und am Unterlauf ist es Alfaro. Das Gebiet ist wasserreich, schattig, grün und fruchtbar. Dort trifft man sowohl rote als weiße Weine an, gelegentlich auch Rosé. Sie sind alle alkoholreich (bis 15 Vol.% Alkohol) und würzig. Unter den roten haben wir solche, bei denen man den runden, milden und vollen Burgundercharakter herausschmeckt, und andere, die die feine Art, den Körper und Gerbstoff guter Bordeauxweine besitzen. Ähnlich liegt die Zweiteilung auch beim weißen Rioja. Hier stoßen wir auf den vollsüßen Typ, der mit den Sauternesweinen von Bordeaux zu vergleichen ist, und daneben auf Weine von ganz trockener Art, wie sie sehr typisch für Spanien sind, die an Chablis oder Meursault anklingen.

Gute Riojaweine aus den Handelszentren von Haro und Logroño führen sich auch in der Bundesrepublik allmählich ein. Auf dem Flaschenschild tragen sie das viereckige Schutzzeichen des Consejo Regulador (Überwachungsausschuß), in das die Herkunftsbezeichnung Rioja quer eingedruckt ist. Diese Organisation besteht seit 1870. Bei der Einfuhr sind Riojaweine von einem Ursprungszeugnis begleitet. Jahrgangsangaben, wie wir sie gewohnt sind, werden nur in besonderen Fällen gemacht. Die besten Jahrgänge im Riojagebiet stimmen in etwa mit den besten in Frankreich und bei uns überein. Öfters sieht man statt Jahrgangsangaben die Kennzeichnung zweijährig, vierjährig usw.

Zum größten Teil kommen die Riojaweine unter Markenweinbezeichnungen und Phantasienamen in den Verkehr. So ist „Viña Pomal" ein in Spanien sehr bekannter Ebro-Markenwein, den man dort in vielen guten Restaurants in stets gleichbleibender Güte antrifft. Das gleiche gilt für „Diamante", „Corona", „Cepa de oro", „Viña sole", „Vina real" und viele andere.

Die Weißweine können je nach dem Grad ihrer Trockenheit oder Süße zu Austern, Fisch, Vorspeisen, Salat oder zur süßen Nachspeise gereicht werden. Die roten dagegen eignen sich je nach Körper und Stärke zu Schinken, Huhn, Fleisch, Braten und Käse. Die rosé Typen können durchgehend, also auch zu Fisch, gegeben werden.

Als feine Spezialität aus Spanien sind die Alella-Weine anzusprechen, die aus den gleichnamigen Tälern in der Nähe von Barcelona stammen. Da diese Weine guten Rheinweinen in ihrer Geschmacksrichtung nahestehen, sind sie vielfach mit einer Halsschleife „Estilo Rhin“ ausgestattet. Neben weißen Trinkweinen wird auch wertvoller roter Dessertwein bereitet.

Weiterhin seien die Panades- und Priorato-, beide aus Katalonien, die Mancha- und die Alicanteweine, im allgemeinen von rubinroter Farbe, erwähnt. An den sonnendurchglühten Hängen von Cordoba gedeiht eine Weißweinsorte, Moriles fino genannt, die Sherrycharakter aufweist, jedoch im Gegensatz zum eigentlichen alkoholreichen Dessertwein Sherry nur etwa 15 Vol.% Alkohol enthält. Dieses trockene Erzeugnis ist als Trinkweinbegleiter zum Essen zu werten und — so typisch dieser gezehrte Wein für Spanien sein mag — in der Bundesrepublik unbekannt geblieben.

Spaniens volkstümlichster Wein ist der Valdepeñas (weiß und rot), der in Valdepeñas, Manzanares, Alcazar de San Juan, Tomelloso und Socuellamos angebaut wird. Aus Galizien in der Provinz Orense kommen der Ribeiro, ferner Salvatierra, Betanzos, Cacabelos und Bienzo.

3. Portugal

Guter Wein hat diesen Lohn,
daß man red't davon.

Portugal ist als Weinland recht bedeutend und erzielt auf etwa 350 000 ha eine durchschnittliche Weinernte von 18 Mill. hl.

An vielen Stellen des Landes, insbesondere im Raum von Lissabon, gedeiht kräftiger weißer und roter Tischwein, der aber im allgemeinen an Ort und Stelle verbraucht wird. Im internationalen Weinhandel sind diese Sorten unbeachtet geblieben.

Im Norden, unmittelbar nordwestlich des Dourogebietes, das den Portwein liefert, gedeihen die Vinhos Verdes — die Grünen Weine — in einer durch Gesetz abgegrenzten Gegend der Provinz Minho. Der Boden besteht aus Granit (im Gegensatz zum benachbarten Dourogebiet), das Klima ist ein Übergangsklima zwischen dem des Mittelmeerraumes und dem der feuchten Zone Europas. Die Rebe wird an Stützbäumen hochgezogen. Die Weine besitzen nur einen verhältnismäßig geringen Alkoholgehalt und eine für südliche Länder betonte Säure. Angeblich seien die Trauben nicht ausgereift. Die Weine sind sprizig und frisch, stehen unseren Moselweinen nahe, mit denen sie zuweilen verglichen werden. Der Export erfolgt in Flaschen, um dem empfindlichen Wein die frischen, zarten Bukettstoffe zu erhalten. Auf dem Transport im Faß gingen sie verloren. Es sind Weißweine aus den Sorten Alvarinho und Azal. Vinhos Verdes aus Amarante und Basto an den Ufern des Flusses Tâmega sind besonders geschätzt.

Südlich des Dourogebietes, in einem parallel laufenden Tal im Zentrum des Landes, ebenfalls in einer gesetzlich begrenzten, hochgelegenen Gebirgsgegend am Dao- und Mondegofluß, gedeiht der Dao, der von ausgezeichneter Qualität ist. Die Rebe wird auf granitartigem Boden gezogen. Die Traubensorten sind Tourigo und Preto Mortàgua. Die roten Daoweine sind rubinfarbig, feinaromatisch und von mildem, gerbstoffarmen Geschmack. Die Dao-Weißweine sind frischer, leichter und ohne Herbe.

Im Raum nordwestlich und nördlich der Hauptstadt Lissabon wachsen die rubinfarbigen Colaresweine nahe bei Sintra auf tonhaltigem Boden, am Sacavem, einem Nebenfluß des Tajo, die weißen Bucelas, die trocken und säuerlich sind.

Bei Lissabon werden die Moscatel de Setúbal auf der gleichnamigen Halbinsel bereitet. Die Rebe gedeiht an den Hängen des aus Ton und Kalkstein bestehenden Arrabida-Gebirges. Der Süßwein hat Muskatellerbukett.

Dem Zug der Zeit folgend, finden schöne Roséweine, insbesondere der milde Mateus Rosé, der in Bocksbeutelflaschen* original gefüllt wird, stärkere Beachtung und werden in vielen guten Gaststätten Portugals auf der Weinkarte angetroffen. Auch in der Bundesrepublik ist er aufgetaucht.

Darüber hinaus stößt der aufmerksame Besucher dieses Weinlandes noch auf eine Reihe köstlicher und gepflegter, kräftiger und reifer Rotweine, die unter Gattungsbezeichnungen „Sogrape“ u. a. vertrieben werden.

Die Überwachung der portugiesischen Tafelweine erfolgt nach strengen Grundsätzen durch die Junta Nacional do Vinho in Lissabon. Vor über 200 Jahren erließ der Marquis de Pombal Herstellungsvorschriften und Gesetze, die den heutigen Bestimmungen noch zugrunde liegen.

Portugals weltweit bekannte Dessertweine Port und Madeira, werden im Teil X ausführlich behandelt. In den großen Bodegas (Keller zu ebener Erde, in Felsen getrieben) der Exporthäuser, wie Cockburn Smithes & Co., Ferreira, Koepke, Real Vinicola, Sandeman u. a. altert der junge Portwein unter ständiger Kontrolle von erfahrenen Fachleuten. Diese Keller müssen sich am linken Flußufer, Oporto gegenüber, in Vila Nova da Gaia befinden. Vom Produktionsgebiet bis zu den Speichern in Gaia legt der Jungwein eine etwa 100 Kilometer lange Strecke zurück.

Als Madeira dürfen nach der strengen Gesetzgebung nur die auf der portugiesischen Insel Madeira nach althergebrachten Weise erzeugten, edlen Dessertweine gleichen Namens über den Hafen Funchal zur Ausfuhr gelangen.

---

* Hierwegen läuft zwecks Klärung ein Verfahren, da diese Flaschenform nach deutscher Auffassung ausschließlich Frankenweinen vorbehalten ist.

4. Schweiz

Wann der best' Wein ins faul Faß kam,
dann mußt er ersauern,
so wenn ein jung's Meidlein ein' Alten nähm,
ihr Herz müßt drob ertrauern.

In verschiedenen Gebieten der Schweiz ist der Weinbau einer der wichtigsten landwirtschaftlichen Produktionszweige. Besonders längs der Seen und in einigen Flußtälern siedelte sich die Rebe schon in alter Zeit an. Der Weinstock gedeiht vorzüglich an den Ufern des Genfer-, Neuenburger-, Bieler- und Zürichersees; er ist aber auch in der trockenen Wärme des Walliser Gebirgstales oder in der südlichen Sonne des Tessins zu Hause. In allen Teilen des Landes findet sich Weinbau: von der nördlichen Grenze bei Basel bis zum südlichsten Zipfel bei Lugano, im Rheintal wie im Rhonetal. Auf 12 000 ha werden durchschnittlich 1 Mill. hl Wein erzeugt. Drei Viertel dieser Ernte besteht aus Weißwein, vornehmlich in der französisch sprechenden Schweiz.

Der Schweizer Weinbau kann in drei Gebiete aufgeteilt werden:

1. die französisch sprechende Schweiz mit ihren Weinbergen im Rhonetal und am Jurafuß; sie produziert ungefähr 65 v. H. der Weine;
2. die deutsch sprechende Schweiz mit Rebbergen am Zürichsee und längs des Rheinlaufes;
3. die italienisch sprechende Schweiz, das Tessin, auf der Alpensüdseite.

Jedes dieser Gebiete hat seine alte Tradition und liefert Wein von ganz bestimmter Eigenart.

In der französisch sprechenden Schweiz wird hauptsächlich Gutedel oder „Chasselas" angebaut. In den meisten Ländern wird diese Traubensorte nur als Tafeltraube verwendet und gilt als ungeeignet für die Weinbereitung. Aber ausgerechnet der Gutedel bringt in der Westschweiz, ähnlich wie in Süddeutschland im badischen Weinbaugebiet, eine reiche Auswahl fruchtiger Weine; sie sind frisch und bekömmlich.

Im sonnigen Wallis wird der Gutedel „Fendant" genannt. In intensivster Kultur gedeihen in diesem Tal noch andere Traubensorten. Der „Johannisberg" (im Wallis nicht Riesling, sondern Sylvaner) verrät nur wenig von seiner feinen Blume. Das Wallis produziert auch einen roten Qualitätswein: den Dôle. Er zeichnet sich durch einen Feuersteingeschmack aus und ist zugleich zart, samtig und fordernd. Der rubinrote Dôle dürfte unter den Schweizer Weinen dem deutschen Geschmack wohl am besten entsprechen.

Im Vorbeigehen sei noch auf den höchstgelegenen Weinberg Europas hingewiesen: Visperterminen ca. 1200 m am Eingang ins Tal von Zermatt.

Der Kanton Waadt besitzt nicht die Vielfalt der Rebsorten wie das Wallis. Zwischen Lausanne und Genf schmiegt sich der Weinberg der „La Côte“ an den sanften Abhang gegen den See. Luins, Féchy, Vinzel, Mont-sur-Rolle, Morges, fast jedes Dorf ist zum Begriff geworden für leichte, spritzige Weine, die so gut zu den Fischspezialitäten des Genfer Sees munden. Östlich von Lausanne erstreckt sich der Rebberg von „Lavaux“ bis gegen Vevey. Kleine Parzellen, von soliden Mauern unterstützt, bilden Tausende von Terrassen, die sich im Blau des Sees spiegeln. Dézaley Weine haben Ruf. Ferner sind bekannt Villette, Grandvaux, Cully, Riez, Epesses, Saint-Saphorin und Chardome. Die Chasselas-Traube herrscht vor. Es schließt sich vor dem Einfluß der Rhone in den Genfer See das Chablais an mit den Orten Villeneuve, Yvorne, Aigle, Ollon und Bex.

Dorin ist der waadtländische Name für Gutedel, jene Rebsorte, die dort am weitesten verbreitet ist. Eine Besonderheit im Waadt ist innerhalb von 40 km der Übergang vom Jurakalk der Côte zur Molasse des Plateau Lavaux und schließlich zum Kalk der Voralpen (Aigle-Yvorne). Der charakteristische goût vaudois eines „Dorin“ Féchy, Dézaley, Aigle ist verstärkt durch die reflektorische Wirkung des Sees den besonderen klimatischen Verhältnissen zu verdanken. „Salvagnin“ ist der neugebildete Sammelname für Pinot- oder Gamay-Rotweine waadtländischer Herkunft, die sich einer Ernten-Mengenkontrolle und einer Degustation durch 5 Experten unterworfen haben. Im Schloß von Glérolles (1160) ist der Ursprung der Confrérie du Guillon zu suchen, die mitunter im Château de Chillon tagt. Die Eigenart der Weißweine von St.-Saphorin, Aigle-Yvorne, Villeneuve (harntreibend nach der Ansicht Napoleons) sind die große Frische gepaart mit zartem feinstem Duft und mit leicht bitterem Nachgeschmack von Feuerstein bei den Weinen aus dem Alpenvorland. Die Chasselas Rebe gelangte aus dem Mittleren Orient ins Waadtland. Französische Mönche haben im Mittelalter Pate gestanden, Anleitung gegeben und Anbaumethoden aus dem Burgundischen eingeführt. Seit 1960 etwa ist eine bemerkenswerte Qualitätssteigerung festzustellen.

Die „Route des Vignobles“, die Waadtländer Weinstraße entlang der sanften Hügel der Côte führt von Nyon bis nach Aubonne. Lausanne kann man ähnlich wie Stuttgart als Weinstadt bezeichnen, in die sich das Rebgelände hineinfrißt. Das Waadtland erntet 28 Mill. l Wein, ein Drittel des Schweizer Ertrages.

In der deutsch sprechenden Schweiz werden neben Riesling × Sylvaner (Müller-Thurgau) hauptsächlich leichte Rotweine erzeugt. Die Weine von Hallau, vom Zürichsee und der „Bündner Herrschaft“ werden besonders von den Zürchern geschätzt. Von den Seeweinen sind ferner bekannt: Schipfgut bei Herrliberg, Sternenhalde und Lattenberg bei Stäfa.

Der Neuenburger macht den Stern im Glas. Er gedeiht auf Kalkboden wie die Rebe in der Champagne. Der Wein wird sehr jung von der Hefe auf die Flasche gefüllt und behält so seine natürliche Kohlensäure. Das ist das Geheimnis seiner Jugend. Er hat schon vor langer Zeit den Weg über die Landesgrenze gefunden.

Locarno und Lugano sind inmitten der Weingelände des Tessins gelegen. Es werden fast ausschließlich rote Weine angebaut, die schon südlichen Charakter zeigen: warm und markig.

5. Österreich

Es ertrinken mehr in Gläsern, als in allen Wässern.
Du weißt: Sobald die Leute trinken, sind sie reich,
energisch, unternehmend, siegreich vor Gericht,
beglückt und andere noch beglückend!
Drum hol' mir gleich 'ne Kanne Wein,
damit ich meinen Witz zu klugem Rat befeuchte!

Österreich erntet auf ca. 47000 ha Rebfläche 2,5 Mill. hl, die zum größten Teil im Land selbst aufgebraucht werden. Der Pro-Kopf-Verbrauch ohne Kinder wird auf 35 Liter geschätzt. Die bereiteten Weine sind so verschieden in Art und Geschmack wie Mosel und Pfälzer bei uns. Man unterscheidet vier voneinander getrennte Anbaugebiete, in denen 85 % auf Weißwein und 15 % auf Rotwein fallen:

1. Das Gebiet nördlich der Donau (Niederösterreich):

60 % der österreichischen Weinproduktion entfallen auf dieses Bundesland. Verschiedenartige Böden — vom Urgestein über Schotter, Sand, Löß bis zum Lehmboden — und ein Kleinklima mit bedeutenden Unterschieden ermöglichen den Anbau aller Qualitätssorten. Die Sortenauswahl wird bereichert durch Österreichs Spezialitäten nämlich Grüner Veltliner, Spätrot-Rotgipfler und Neuburger. Niederösterreich wird heute in folgende sieben Bereiche unterteilt:

a) Die Wachau, das westlichste und landschaftlich reizvollste Gebiet. Auf terrassenförmig zur Donau gelegenen Weingärten wird hier

Schweiz

Die nach Süden sich erstreckenden Weinberge der „La Côte“ verlaufen sanft abfallend zum Genfer See. Im Hintergrund die Savoyer-Alpen

Schweiz

Hochgelegene Weinberge im Wallis oberhalb des Rhonetales. Hier erlangt im Herbst der „Salvagnin" seine letzte Reife

Frankreich

Mit groben Steinen überhäufte Rebfläche im südlichen Burgund. Savigny les Beaune
im Besitz der Domaines Schenk

Schweiz

Nicht weit vom alten Schloß Chillon, auf einer Insel des Genfer Sees gelegen, mit der modernen Autostraße darüber, wachsen die Weißweine von Montreux, dem Weinbaugebiet Lavaux besonders wertvoller Wein gebaut. Rheinriesling, Grüner Veltliner und Müller-Thurgau sind weit verbreitet.

b) Die alte wohlhabende Weinstadt Krems gab diesem Gebiet seinen Namen. Die Kremser Weine, bei denen ebenfalls der Grüne Veltliner vorherrscht, gehören zu den am meisten von deutschen Privatleuten eingeführten Sorten. Hier wurde Österreichs erster Rosé, die „Kremser Rose“, nach klassischem Vorbild erzeugt.

c) Östlich von Krems erstreckt sich das Weinbaugebiet von Langenlois im landschaftlich reizvollen Kamptal. Langenlois ist Österreichs größte Weinstadt.

d) Das Weinviertel ist Niederösterreichs größtes Anbaugebiet. Bekannte Weinorte sind Röschitz, Retz, Haugsdorf, Poysdorf, Matzen und Wolkersdorf. Auch hier führt der Grüne Veltliner. Durch seine gemischten Wein-Ackerbaubetriebe unterscheidet sich das Weinviertel von allen übrigen Anbaugebieten.

e) Im Bereich Donauland bilden Traismauer, Klosterneuburg und Prellenkirchen die Hauptorte. In Klosterneuburg befindet sich das österreichische Schul- und Forschungszentrum des Weinbaus, das sich in Europa eines guten Rufes erfreut.

f) Im Süden von Wien im Weinbaugebiet Baden hat neben Pfaffstätten, Baden, Perchtoldsdorf und Traiskirchen besonders Gumpoldskirchen mit den Sorten Zierfandler, Rotgipfler und Neuburger Weltberühmtheit erlangt.

g) Im Weinbaugebiet Vöslau tritt der Rotweinbau in den Vordergrund. Zwischen Wiesen und ausgedehnten Föhrenwäldern gedeihen dunkelfarbige Rotweine um den Kurort Bad Vöslau.

2. Weinbaugebiet Wien:

Wien und der Wein gehören zusammen. Der erste urkundliche Nachweis für den Weinbau in Wien stammt aus dem Jahre 1132. Hand in Hand mit der Ausdehnung Wiens weichen die Weingärten. Die Anbaufläche, deren Zentren im 18., 19. und 21. Gemeindebezirk liegen, beträgt kaum noch über 800 ha. Allerdings sind die dort gewonnenen Weine weiterhin unter den alten Ortsbezeichnungen bekannt wie Sievering, Nußdorf, Neustift, Stammersdorf oder Grinzing, dem populärsten Weinort Wiens, wenn nicht Österreichs überhaupt. Die Wiener Heurigen gelten als Sehenswürdigkeit. Wie nirgends sonst dominiert in Wien der Absatz der eigenen Fechsung im eigenen Haus. Dieses Schankrecht kennzeichnet seit dem Mittelalter grünes Föhrenreisig, der „Buschen"-Lokale, die Wein ausschenken. Aus dieser Tradition entwickelte sich der Wiener Heurige in der heutigen Form. Ende des vorigen Jahrhunderts schufen die Brüder Josef und Johann Schrammel eine eigene Heurigenmusik, die als „Schrammelmusik" nicht nur lokale Berühmtheit erlangte.

3. das burgenländische Weinbaugebiet:

Die Hauptanbaugebiete liegen rund um den Neusiedler See, der durch hohe Wasserverdunstung als ausgezeichneter Klimaregler fungiert, besonders an den sandigen Osthängen des Leithagebirges. Durch die neue Weingebietsverordnung wurde das Burgenland in zwei Bereiche aufgeteilt:

a) Rust-Neusiedler See im Norden mit ganz bekannten Ausbruch-Weinen
b) Eisenberg, mit Anbaugebieten um Oberwart, Güssing und Jennersdorf im Süden.

Insbesondere Rust erhielt schon in früher Zeit das Recht, seine Weine mit „Markenbrand" auf den Fässern zu kennzeichnen. Seit Jahrhunderten ist burgenländischer Wein hervorragendes Tafelgetränk und der berühmte „Ruster Ausbruch" eine Spezialität der europäischen Spitzenklasse, die sich erfolgreich mit Tokajer und Sauternes-Weinen messen kann. Seit Leopold I. war Rust 1681 zur königlichen Freistadt erhoben und mußte für dieses Privileg jährlich 500 Eimer Wein an den Hof liefern.

4. das steirische Weinbaugebiet:

Der Ausblick über das steirische Weinland ist besonders reizvoll. Auf den steilen Südhängen liegen die Weingärten, während die Nordhänge der Laubwald schmückt. Über diesem abwechslungsreichen Bild, das sich im Herbst so farbenprächtig darbietet, erklingt das Geräusch des „Klapotez", jenes Windrades, das die Vögel aus den Weingärten fernhalten soll. Die vielen kleinen Parzellen des steirischen Gebietes werden in drei Anbaugebiete zusammengefaßt

a) das südsteirische Weinbaugebiet gliedert sich in das Grenzgebiet mit seiner Weinstraße und den Sausaler Bereich mit spritzig-blumigen Weißweinen;
b) das oststeirische Weinbaugebiet Klöch, auf dessen vulkanischen Böden hervorragende Traminerweine gedeihen;
c) im weststeirischen Weinbaugebiet werden zwei Spezialitäten bereitet. Um Stainz wird aus der blauen Wildbacherrebe ein hell-

roter und um Deutschlandsberg ein rubinfarbiger, feinsäuerlicher aromatischer Wein, welcher als Schilcher bezeichnet wird, gewonnen.

Das österreichische Weingesetz verbietet die Verwendung von Ortsnamen als Gattungsbezeichnung. Ein neues Qualitäts-Weingesetz ist in Arbeit.

In Österreichs Weinbaugebieten finden sich an zahlreichen Kirchen, Kapellen, Bildstöcken, Häusern und Bildern Zeichen dafür, wie tief der Wein mit dem täglichen Leben der Menschen verwurzelt ist. Volksbräuche und -sitten befassen sich mit Wein. Man rechnet, daß in Niederösterreich Wein schon vor den Römern in der Keltenzeit angebaut wurde. Durch die Völkerwanderung und den Einfall der Awaren wurden die Weingärten vielfach verwüstet. Erst unter Karl dem Großen wurde wieder Wein gepflanzt. Im Donautal hatten bayrische Klöster große Weingärten. Damals war die Weinbaufläche um ein Mehrfaches größer als heute. Weingartenordnungen und „Trinksteuerpatente" geben Einblick in die rückläufigen Weinbauverhältnisse von der Reformationszeit bis ins 17. Jahrhundert. Wie in allen Ländern erlitt Österreichs Weinbau einen schweren Rückschlag durch das Einschleppen der Reblaus aus den USA. Inzwischen haben moderne Anbau- und Verarbeitungsmethoden, Sortenreinheit und Technisierung der verschiedenen Arbeitsvorgänge die Erzeugnisse aus Österreichs Weingärten zu einem Qualitätsbegriff gemacht.

6. Jugoslawien

Der Wein schmeckt stets nach seinem Faß.
Den Kindern und den Muckern
und den unverstandenen Frauen
muß man die Weine zuckern,
damit sie sie verdauen.

Der recht bedeutende jugoslawische Weinbau mit einem jährlichen Ertrag von etwa 5,5 Mill. hl auf einer Rebfläche von 270 000 ha kann infolge außergewöhnlicher klimatischer und bodenbedingter Einflüsse im wesentlichen in drei verschiedene Gebiete eingeteilt werden:

1. den Norden mit Slowenien und Slawonien, (gutes Weißweingebiet)
2. den dalmatinischen Küstenstreifen mit den Adriainseln und der Halbinsel Istrien, (gutes Rotweingebiet)
3. den Südosten mit Bosnien, Herzegowina und Serbien mit dem Amselfeld.

Im Ausfuhrhandel spielten die Rotweine des dalmatinischen Küstenstreifens die Hauptrolle. Dort besitzt der Weinbau uralte Kultur.

Große neue und moderne Kellereien auf genossenschaftlicher Basis entstanden nach dem Zweiten Weltkrieg im Raum von Nova Goriza auf Mergelkalkböden. Die Kellerei von Vipava, 1959 nach den Plänen von Prof. Ing. Miran Veselic im rationell arbeitenden Rundbaustil errichtet, hat eine Kapazität von 462 Waggon (46 200 hl). Es gelangen saubere, leichte, weiße Tischweine zum Ausstoß, daneben angenehmer Rotwein aus der Rebsorte Merlot. Oberhalb des Isonzotals stehen im Raum von Brda (früher Dobrovo) neuerdings 8000 ha im Rebanbau. Ein Zehntel davon ist Staatsbesitz. Die moderne Kellerei in Brda mit Kommandobrett, Temperaturkontrolle der einzelnen teils tiefgekühlten Zisternen, die mit Elektrosonden ausgerüstet sind, bereitet neben mundigem roten Merlot auch Terlaner Rotwein. Dieser hat nur 9 bis 10,5 Vol.% Alkohol. Er zeichnet sich durch spitze Säure infolge seines hohen Milchsäuregehaltes (ca. 4 g/l) aus und ist in der dortigen Gegend (Dutvolze — Tomaj — Sezana) als Spezialität zu fetten Vorspeisen, dem Perchute (luftgetrockneter Schinken, Salami und Paprika), beliebt. Er wird aus Refosko-Trauben gekeltert. Sein regelmäßiger Genuß, sagt man, verlängert das Leben. Auch ein achtgradiger Schillerwein, Zwitscheck genannt, wird bereitet.

In diesem Gebiet, 11 km nordöstlich von Triest, liegt eine grüne Oase inmitten der typischen Karstlandschaft. Dort befindet sich das berühmte Gestüt Lipizza, von wo die Lipizzaner Pferde stammen. Der Lipizzaner ist ein allgemein verwendbares Pferd; ausgezeichnet unter dem Sattel, elegant im leichten Gespann, ausdauernd bei schwerer Feldarbeit und unübertroffen in der Reitdressur, temperamentvoll, aber trotzdem sanftmütig und gehorsam. In diesem Raum herrschen die Weißweine vor. Es sind Rebula als spritziger Konsumwein mit feinem Bukett und Tokaj als Qualitätswein, zart und mit feiner Säure.

Im dalmatinischen Küstenstreifen gedeiht dank des Mittelmeerklimas und des karstig-kalkhaltigen Bodens starker und guter Rotwein, der sowohl zu Trink- als auch zu Verschnittzwecken Verwendung findet und im Export eine beachtliche Rolle spielt. Es werden Cabernet — jene aus dem Bordeaux-Gebiet weltbekannte Rebe — sowie Merlot und Pinot gezogen. Die Weine werden gerbstoffreich und rubinrot. Besonders tanninhaltige Rotweinsorten, „Plavac“ genannt, kommen von dem felsigen und trockenen Gelände der Inseln Solta, Brac (Brazza) und Hvar (Lesina). Gegen Norden, nach Istrien zu, werden bei Fiume auch Weißweine aus Sémillon und Sauvignon bereitet, die sich durch lichtgrünen Schimmer (ähnlich wie bei manchen Moselweinen) auszeichnen. In Deutschland ist u. a. der Dingac von der Halbinsel Peljesac bekannt geworden als guter Trinkrotwein. „Korcula“ ist Rotwein von starker Farbe und besonderem Aroma, reich an Extrakten und Alkohol. Seine Säure verleiht ihm einen angenehmen Geschmack. Ferner gedeihen Muskateller (aufgespritet) und Mistellen (stumm gemachter Most) sowie kleinere Mengen des feinen Dessertweins Prosecco mit mindestens 18 Vol. % Alkohol. Letzterer ist aus den ausgetrockneten Beeren der Gegend von Spalato (Split) gewonnen und mit konzentriertem Most bereitet. Nach Deutschland werden auch Brennweine zur Weinbrandherstellung ausgeführt. In Bosnien, Herzegowina und Serbien erzeugt man meist kleinere Rot- und Roséweine. Aus der Herzegowina stammt der leichte, trockene Zilavka, ein bukettreicher Weißwein mit einem ins Grünliche gehenden Farbton.

Im Süden Serbiens erstreckt sich die 70 km lange und 15 km breite Ebene Kosovo — auf deutsch Amselfeld. Sie gleicht heute einem Garten Eden. Das war nicht immer so gewesen, denn das Amselfeld, die Wiege der serbischen Volksrepublik, ist zugleich ein Schicksalsfeld Europas. Den größten Schlag versetzte den Serben die Vernichtung des Zaren Lazar durch Sultan Murat I. im Jahre 1389. Es entstand um diese Schlacht ein Legenden- und Liederzyklus der zu den lebendigsten Jugoslawiens zählt. In jener Zeit war das Amselfeld eine karge Landschaft, die ihre Bewohner mehr schlecht als recht ernährte. Die jugoslawische Regierung erkannte weitblickend die Chancen für eine großzügige Rekultivierung dieses Landstrichs und investierte bedeutende Mittel. Dabei wurde ganz besonders der Weinbau gefördert. Heute erstreckt sich vor dem Besucher eine schier unübersehbare Fläche kochkultivierten Weinanbaus, ein sichtbares Zeichen für die Leistungsfähigkeit der teils privatwirtschaftlich teils genossenschaftlich neu organisierten jugoslawischen Weinwirtschaft.

Im Vordergrund steht die Förderung des Anbaues von Qualitätsreben. Die ausgezeichneten Bodenverhältnisse, in Verbindung mit der außergewöhnlich günstigen Witterung, die das ganze Jahr dort herrscht, bieten beste Voraussetzungen für die Ernte gleichbleibender, hochwertiger Weinqualitäten. Die Weinberge selbst sind nach modernsten Gesichtspunkten angelegt, so daß alle notwendigen Arbeiten maschinell und damit rationell durchgeführt werden können. Auch Flugzeuge werden für die Bearbeitung eingesetzt. Daneben wurden vier moderne Weinkellereien mitten in den Produktionsgebieten errichtet:

SUVA REKA mit einem Fassungsvermögen von 45 000 hl
LANDOVICA mit einem Fassungsvermögen von 18 000 hl
ORAHOVAC mit einem Fassungsvermögen von 22 000 hl
MALA KRUSA mit einem Fassungsvermögen von 125 000 hl.

Diese Anlagen entsprechen allen Anforderungen neuzeitlicher Kellertechnik. Zum Schluß sei noch auf zwei besondere Fruchtarten hingewiesen, die bei der Herstellung von Spirituosen eine Rolle spielen. Es sind die bosnisch-serbischen Pflaumen, woraus der unübertreffliche Pflaumenbranntwein „Sliwowitz“ hergestellt wird und die besonderen dalmatinischen Weichselkirschen (Maraskakirschen), die von der Herstellung der bekannten Zadarer Liköre „Cherry Brandy“ und „Maraschino“ bekannt sind.

7. Griechenland

... gleich da warf sie
In den Wein ein Kraut, von dem sie tranken:
Gramfort, Zornfort und Vergiß-die-Übel.
Wer das niederschluckt, wenn in den Mischkrug
Es gemengt ward, dieser läßt des Tages
Keine Träne von den Wangen fallen.
(Homer Odyssee, vierter Gesang)

Der Weinstock wanderte aus dem südwestlichen Asien in den europäischen Mittelmeerraum. Er wurde nach den Inseln Zypern, Kreta und Sizilien verpflanzt und gelangte später nach Griechenland. In homerischer Zeit hatten die Griechen ein inniges und maßvolles Verhältnis zum Wein, etwa so, wie man es in Frankreich heute noch findet. Oft erhält man in dortigen Restaurants den Wein im Preis des Menüs eingeschlossen. In alten Zeiten tranken die Griechen Wasser und Wein gemischt. „Oinos“, die altgriechische Bezeichnung für Wein, lautet im neugriechischen „krassi“.

Die im Lande selbst verbrauchten Weine werden teils, um sie infolge der Hitze widerstandsfähiger zu machen gegen Kahmpilz und Essigstich, „reziniert“, d. h. geharzt. Zu diesem Zweck werden etwa 70% des Harzes der Strandkiefern beigegeben, oder mit anderen Worten gesagt: bei der Gärung erfolgt ein Zusatz von 1 bis 2% Harz aus der Seekiefer. Nicht nur die Ausländer, die sich in Griechenland aufhalten, sondern auch viele griechische Familien trinken grundsätzlich keine rezinierten Weine. Außerhalb Griechenlands finden diese geharzten Landweine wenig Beachtung, da sie einen uns fremden und hervortretenden Terpentingeschmack haben. Griechenland war immer *ein holzarmes Land,* und die Beförderung von Weinen schon vor vielen Jahrhunderten *erfolgte in Ziegenfellen,* und diese Felle wurden mit *Kolophonium,* einem Produkt aus der *Seekiefer,* behandelt. Infolgedessen wurde der Wein, der auf Eseln und Maultieren befördert wurde, von dem Geschmack des Kolophoniums beeinflußt. Nachdem Griechenland angefangen hat, Holzfässer einzuführen, fehlte natürlich den griechischen Konsumenten der Geruch und Geschmack nach *Rezina,* und so setzte man Harz bei der Gärung zu. Es handelt sich also nach der Darstellung griechischer Fachleute um eine Gewohnheit und eigentümliche Geschmacksrichtung.

Für die Ausfuhr sind neben Verschnittrotweinen vor allem Muskat und die bekannten Likörweine Mavrodaphne und Samos von großer wirtschaftlicher Bedeutung. Die hochsüßen Samos-Likörweine mit 9 Bé enthalten keinen Eigengärungsalkohol, während jene mit geringerem Baumé-Gehalt während der Gärung Alkoholzusätze bekommen. Die Likörwein-Rarität „Samos Nectar“ ist durchgegorener Wein, der einen Eigengärungsalkohol von bis zu 14° entwickelt und entsprechend der EWG-Likörweindefinition auf 15° aufgespritet wird. Die sich unter der Bezeichnung „Samena“ im Handel befindlichen Weißweine der Insel sind durchgegoren und haben 11,5° Alkohol. Das gemeinsame Merkmal aller Qualitäten ist das Muskataroma. Von den Ionischen Inseln an der Westküste Griechenlands (Korfu, Leukas, Ithaka, Cephalonia, Zakynthos) stammt der sogenannte Cephalonia Muskat, ferner Limnos Muskate. In dem subtropischen Klima gedeihen und reifen der Muskatweine sehr gut. Sehr süß sind auch die Likörweine aus Patras. Bekannt ist ferner der von dort stammende und nach der Traubensorte benannte Mavrodaphne. Er ist von roter Farbe. Samos ist goldgelb.

Daneben finden wir tiefdunkle und für Verschnittzwecke geeignete rote Tischweine in Leukas, Euböa, Kreta, Korfu und Nemea, und gute weiße, rote oder roséfarbige Tischweine in Mazedonien, Messinien, Olympia, Patras, Attika, Euböa, Kreta, Santorin, Cephalonia, Zante und Ithaka. Für die Ausfuhr in die Bundesrepublik spielen diese Tischweinsorten im Vergleich zu den griechischen Dessertweinen nur eine untergeordnete Rolle.

Die durchschnittliche Weinerzeugung Griechenlands auf einer Gesamtrebfläche von etwa 210 000 ha liegt mit fast 5 Mill. hl etwa halb so hoch wie die der BRD. Seit zwanzig Jahren besteht dort ein Forschungsinstitut für Wein, dem zwei Sachverständige angeschlossen sind. Alle önologischen Fragen werden in ihm behandelt. Als Abnehmer der beschriebenen Dessertweine stand die Bundesrepublik im Export an der Spitze.

8. Ungarn

Wo der beste Wein wächst,
trinkt man den schlechtesten.

Ungarns Rebanbaufläche ist fast dreimal so groß wie diejenige Deutschlands. Das Ernteergebnis liegt bei 5 Mill. hl. Unter den Weingegenden der ganzen Welt nimmt Tokaj einen besonderen Platz ein, denn die dort gewonnenen edelsten Dessertweine erreichen ihre Süße auf natürlichem Weg durch Einschrumpfenlassen der Trockenbeeren am Stock. Die Tokajer werden in eine besondere, langhalsige 0,5 l fassende Flasche gefüllt. Durch ihren Gehalt an Phosphaten schreibt man ihnen seit alters her Heilwirkung zu. Tätsächlich ist der Tokajer weitgehend Krankenwein.

Der bekannteste ungarische Rotwein Egri Bikavér (Erlauer Stierblut) ist angenehm und mild, glatt und weich wie Samt. Die deutsche Bezeichnung setzt man im allgemeinen eingeklammert und in kleinerer Schrift auf das Flaschenschild, da alle Hinweise auf Blut bzw. Stärkung nach deutscher Auffassung unstatthaft sind.

Dieser feurige Wein gedeiht im Umkreis der alten Barockstadt Eger (Erlau) an den malerisch sonnigen Hängen des Bükk-Gebirges. Der Vulkanboden, die windgeschützten Rebgärten und der warme Sommer verleihen ihm seine besondere und geschätzte Qualität. Sie sollten ihn mal kosten!

Der Burghügel von Eger erinnert an die Tapferkeit der heute noch für ihre Anmut und Entschlossenheit berühmten Frauen von Eger und nicht zuletzt an das Feuer des Erlauer Weines. Die unverzagten Frauen und Mädchen von Eger waren es, die in den entscheidenden Augenblicken des schier aussichtslosen Kampfes gegen die erdrückende Übermacht der türkischen Heerscharen Ali Paschas im Jahre 1552 „die Recken von Eger mit Speise und Trank stärkten und ihren Kampfgeist mit mächtigen Humpen Weines neu belebten". Sobald wir uns durch das „Fistertor" in die unterirdischen Kasematten begeben, die sich unter der Festung hinziehen, können wir kleine und große Fässer aus jener Zeit bewundern; in ihnen wurde damals das anfeuernde Erlauer Stierblut aufbewahrt. Die unterirdischen Kasematten ziehen sich bis zu fünf Stockwerken tief und in einer Länge von mehr als 12 Kilometern im Innern des Festungsberges, ja auch noch unter der Stadt hin, und münden meist in versteckten Tälern des nahen Bükk-Gebirges.

Die in Trachyt und Tuffstein eingelassenen Gewölbe bieten die zur Weinlagerung und Schulung im Faß geeignetste Temperatur. Wer sich von der Güte des echten Erlauer Stierblutes an Ort und Stelle überzeugen will, richtet am besten seine Schritte nach der Arnyékszala-Gasse, auf deren an den Berghang gelehnte Seite sich Keller an Keller reiht.

Bekannt sind auch die körperreichen Bratenweine, die an manche Rheinweine erinnern, von den sonnigen Südhängen des „ungarischen Meeres", dem Plattensee (ungarisch: Balaton). Es ist die Weingegend von Badacsony mit ihrem erloschenen Vulkan. Man findet insbesondere den Badacsonyi

An einem sonnigen Tag auf dem See. Die terrassierten Steilhänge von Cully im Weinbaugebiet Lavaux. Unmittelbar am Wasser rasen die Expresszüge Rom–Paris vorbei

Italien

Alte Stöcke im traditionellen Perglbau der dortigen Gegend

Schweiz

Die Reben behaupten sich im Vorfeld der Tessiner Alpen nördlich des Lago Maggiore. Mühsam ist die Handarbeit der Schweizer Winzer auf den terrassierten Steilhängen des Tessin

Schweiz

Der Dézaley gedeiht an den Hängen zum Genfer See. Deutlich sind die Einfassungen der Berieselungskanäle erkennbar. Rebgelände und Autostraße liegen im Kampf um wertvollen Boden

Szürkebarát, den grauen Mönch, und den Badacsonyi Kéknyelü aus Blaustenglertrauben. Für leichtere Weine, Weißburgunder und Schillerweine (hellrot), ist das Komitat von Ödenburg bekannt. Im Raum von Fünfkirchen (ung. Villany-Pécz) herrschen die Traubensorten Furmint und Kadarka vor, die den dortigen Weinen den Namen verleihen.

Eine der ältesten Weingegenden ist Mór, ihre beliebteste Traubenart heißt Ezerjó. Ein süßlich herber Wein von hellgrüner Farbe voller Aroma und Frische gelangt als Mórer Tausendgut (Móri Ezerjó) in den Verkehr. Weniger bekannt in der Bundesrepublik ist der Debröer Lindenblättrige (Debröi Hárslevelü), ein schwerer, süßer Spitzenwein mit Sortenbukett. Die gesamte ungarische Weinausfuhr wird durch die Export Monimpex in Budapest betrieben, die eine Außenstelle in Bremen hat.

Zum Schluß sei auch noch auf die vorzügliche ungarische Brandy-Spezialität „Kecskeméti Barack", den Aprikosengeist aus Kecskemét, hingewiesen. Die Destillation des Barack erfolgt auch heute noch nach traditionellen Methoden in Kleinkesseln bei langsamem Feuer. Der gewonnene Branntwein wird mehrere Jahre in Eichenholzfässern gelagert. Man kann Barack vor dem Essen als Aperitif genießen, zum Kaffee nehmen oder auch an Stelle von Rum dem Tee beigeben. Man trinkt ihn aus Kolbengläsern.

9. Rumänien

Beim Wein geht die Zunge auf Stelzen.

Die Zeiten, da die rumänischen Weine außerhalb des Landes kaum beachtet wurden, sind vorüber. Früher war die Zahl der einheimischen Rebsorten größer als heute. Nach dem Einbruch der Reblaus um 1890 fand nämlich unter Verwendung von Pfropfreben eine Sortenbereinigung statt. Neben den bekannten westeuropäischen Qualitätssorten kennt man heute nur noch 41 einheimische Sorten. Zur Zeit werden über 6 Mill. hl geerntet.

Die Kultur der Weinrebe läßt sich anhand von Ausgrabungen bis 2000 Jahre vor unserer Zeitrechnung zurückverfolgen. Selbst der Geschichtsschreiber Herodot (gest. 425 v. Chr.) erwähnt) daß östlich des Donaudeltas berühmte Weinberge bestanden haben. Bis 1980 soll die gesamte Weinbaufläche um die Hälfte auf 450.000 ha ausgedehnt werden. Der größte Teil wird auf die Dobrudscha entfallen, wo die Rebzeilen besonders weit voneinander entfernt stehen. Gesamtanbaufläche fast 350 000 ha.

Das rumänische Klima ist dem Weinbau förderlich. An den Hängen der

Karpaten sind die Niederschläge gering; in den Reifemonaten ist das Wetter im allgemeinen sehr sonnig und trocken. In Rumänien wird Weinbau auf Sand-Kies-Lehm und Tonböden betrieben, aber auch Kreide, Muschelkalk-, Löss- und Schieferböden kommen vor. Wir unterscheiden 5 verschiedene Gebiete.

1. Das Gebiet zwischen Karpaten und Pruth (Moldova)

An der nördlichen Moldau liegen die bekannten Weinbaulagen von Cotnari, Uricani und Husi. In Cotnari wird ein natürlicher Süßwein aus der Rebsorte Grasa, die dem Furmint ähnlich ist, gewonnen, der ein charakteristisches Honigaroma besitzt. Es sind Weine, die ungarischen Tokayer Ausbruchweinen nahestehen.

Diese Spitzenweine, vielfach im Ausland als „Perle de Moldavie" vertrieben, besitzen neben ausdrucksvoller kräftiger Blume, volle Süße und schönen harmonischen Säuregehalt. Die Weißweine von Husi, meist aus Mädchentraube, Riesling oder Aligoté gekeltert, sind herbe ausgeglichene Tafelweine. An der oberen Moldau sind die Weinbauorte Panciu, Odobesti, Tifesti, Nicoresti bekannt geworden. Die goldgelben Weine von Odobesti haben eine köstliche Blume und angenehm frischen Geschmack. In diesem Gebiet werden neben süffigen Roséweinen auch aromatische erstklassige Rotweine besonders aus Mädchentraube und Merlot hergestellt.

2. Dobrudscha

Dieses fruchtbare Gebiet zwischen dem Schwarzen Meer und dem Donaudelta ist als Weinbaugebiet noch jung; es ist auf Murfatlar konzentriert. Die bernsteinfarbigen süßen Murfatlarweine aus Muskattrauben stehen den Weißweinen von Cotnari nicht nach. Hier stoßen wir auch auf die Rebsorten Pinot gris (Ruländer), Welschriesling, Muskat-Ottonel, Pinot noir, Sauvignon, Cabernet und Schwarze Mädchentraube (Feteasca neagra).

3. Große Walachei (Muntenia), Altrumänien und Banat

An den Hängen der Südkarpaten (Dealul Mare) gedeihen auf 70 km Länge die besten Weine dieses Gebietes. Die Weinbauzentren sind Urlati, Ceptura, Valea Calugareasca (Mönchtal), Tohani u. a. Hier werden Weine von beachtlicher Qualität erzeugt aus Mädchentraube, Riesling, Muskat-Ottonel. Die noch in kleineren Mengen angebauten Rotweinsorten, meist französischer Herkunft (Pinot noir, Cabernet) sowie südosteuropäische Rebsorten wie Negru Vârtos bringen Rotwein von feiner Qualität.

4. Kleine Walachei (Oltenia)

An den Hängen der rechten Seite des Oltflusses erstreckt sich ein terrassierter Weinbau in einer Länge von 60 km. Hier werden große Mengen hochwertiger Konsumweine bereitet. Nach 1945 wurden bedeutende Staatliche Weingüter eingerichtet. Die Orte Samburesti und Segarcea sind mit Qualitätsweinen hervorgetreten aus den Sorten Cabernet und Pinot noir. In guten Jahren können sie Ähnlichkeit mit roten Bordeauxweinen aufweisen. Von den Weißweinen sind die wohlschmeckenden meist lieblichen Weine von Dragasani im Ausland bekannt geworden.

5. Transsilvanien (Siebenbürgen)

Wir befinden uns hier in einem von den Karpaten eingeschlossenen Hochland. Durch die in Siebenbürgen und Banat angesiedelten deutschen Volksgruppen hat der Wein ein uns besonders zusagendes Gepräge. An den Südhängen der Berge findet der Weinbau günstige Klima- und Bodenbedingungen. Die Weine bringen schöne Säure mit, sodaß sie unserer gewohnten Geschmacksrichtung weitgehend entsprechen. So sind die Sorten Kokeltaler Mädchentraube, Kokeltaler Riesling, Banater Riesling in die Bundesrepublik eingeführt worden. Neben den bereits genannten Rebsorten werden hier auch Traminer und Kadarka (rot) angebaut. Aus Blaj am Zusammenfluß der beiden Kokelflüsse kommen gute, frische, aromatische, blumige Tafelweine, die in Alkohol, Körper und Säure ausgeglichen und harmonisch sind. Das ganze Gebiet ist bekannt für Qualitätswein, in dem auch Spät- und Auslesen, sogar Beerenauslesen, vorkommen. Auch die milden Weine aus der Gegend von Tirnaveni, Alba-Julia und Medias haben guten Ruf.

Eine ganze Reihe dieser vielfältigen rumänischen Weine haben von Süddeutschland ausgehend hierzulande erfolgreich Eingang gefunden.

10. Bulgarien

Und sie tranken roten Wein so lange
Bis das Weiß der Augen rot geworden.

Bulgariens Weinernte wird auf 3 Mill. hl geschätzt. Kelterung und Ausbau der Weine erfolgen durch die staatlichen Weinkellereien Vinprom, deren größter Betrieb in der Nähe der Schwarzmeerküste nahe der alten Stadt Pomerie liegt und eine Kapazität von 100 000 hl hat.

Die nachstehend aufgeführten Sorten werden angebaut: Gamza, granatrot, von angenehmer Blume und gutem Geschmack; Melnik, dunkelrot, lagerfähig und schwer; Mawrud, dunkelrot, extraktreich; Pamid, rot, leicht, aromatisch und frisch; Thrakia, rot, Verschnitt von 60 Prozent Pamid und 40 Prozent Mawrud, bei Ausländern beliebt; Euxinograd, goldfarben, feines Bukett, bester bulgarischer Weißwein; Karlowo, Muskateller; Dimiat, gelbgrün bis hellgold, vorwiegend von der Schwarzmeerküste.

Für den Export bevorzugte Dessertweine sind: Slawjanka aus rotem Muskateller; Madara aus Gamza und Pomorije mit 18 bis 19 Vol. %; Assenowgrad, vorwiegend aus Mawrud hergestellt.

Die Traubenbearbeitung der Vinprom-Betriebe erfolgt in mehr als hundert modernen Weinkellereien.

Die landwirtschaftlichen Hochschulen „Georgi Dimitrov" in Sofia und „Vasil Kolarov" in Plovdiv fördern durch die Tätigkeit der Lehrstühle für Weinbau die Ausbildung. Diese Aufgabe erfüllt auch die Hochschule für Fachleute der Lebens- und Genußmittelindustrie in Plovdiv, in der die Verfahrenstechnik der Weinbereitung unterrichtet wird. Das Wissenschaftliche Forschungsinstitut für Weinbau und Weinerzeugung in Pleven sowie die Versuchsstationen in Varna, Pomorie und Sandanski sorgen für die Verbesserung der alten Rebensorten, der Anbautechnik, der Traubenverarbeitung und Weinerzeugung. Mit den gleichen Fragen befaßt sich das Wissenschaftliche Forschungsinstitut für Weinerzeugung und Brauereiwesen in Sofia, wobei in enger Verbindung mit der Produktion die Einrichtung von Weinkellern und die Verbesserung der Verfahrenstechnik gehören. Die Anbaufläche beträgt 200 000 ha.

11. Sowjetische Weinbaugebiete

Was der Mann kann,
zeigt der Wein an.

Unsere Kenntnisse über die sowjetische Weinwirtschaft sind recht dürftig. Im Plenum des XXII. Parteitages der KPdSU im Herbst 1961, noch unter Chruschtschow, wurde auf die Ausbreitung des Weinbaues und seiner Zulieferfirmen hingewiesen. Der gewohnheitsmäßige Konsum von alkoholischen Getränken, d. h. insbesondere des Wodka, sollte eingeschränkt, dagegen die Bevölkerung, nicht zuletzt aus gesundheitlichen Gründen, zum Weingenuß erzogen werden. Hierzu waren zwei Voraussetzungen zu erfüllen, nämlich die Ausdehnung der Anbauflächen und die Schaffung bzw. Erweiterung der Kapazität der Zubringerindustrien.

Schon seit Jahren sind in allen dafür klimatisch geeigneten Gebieten Anbauversuche durchgeführt worden, um für die verschiedenen Bodenarten, wie auch für die örtlich gegebenen Klimata, entsprechende Rebsorten zu selektionieren. Diese Versuche wurden vom Institut Magaratsch in Jalta (Krim) durchgeführt und waren 1959 abgeschlossen. Daß hierbei große Schwierigkeiten zu überwinden waren, liegt auf der Hand, wenn man berücksichtigt, daß in manchen Gebieten Wintertemperaturen von minus 40° C vorkommen. In Verbindung mit entsprechenden Anbaumethoden mußten vor allem kälteresistente Rebsorten gezüchtet werden. Neben dem ausgeprägt kontinentalen Klima hat die Sowjetunion auch Gebiete mit sehr häufigen Niederschlägen in den Sommermonaten. Diese großen Unterschiede erforderten eine sehr sorgfältige Planung.

Grundsätzlich wird in der Sowjetunion unterschieden zwischen Betrieben primärer und sekundärer Herstellung. Erstere befassen sich mit dem eigentlichen Anbau der Trauben und ihrer Verarbeitung bis zum zweiten Abstich. Sie sind Lieferant der Grundweine an die Betriebe der sekundären Herstellung, die über die Weiterverarbeitung entscheiden. Beide Betriebsarten sind mit modernen Kellereimaschinen ausgerüstet.

Die hauptsächlichsten Weinbaugebiete Rußlands sind: Ukraine, Moldau, Krim, Georgien, Armenien, Asserbeidschan, Dagestan und Turkestan. Die Weinbaufläche hat sich innerhalb von fünfzig Jahren etwa vervierfacht und liegt z. Z. bei 1,1 Mill. ha. Die Erzeugung liegt heute bei 27 Mill. hl. Vor dem Ersten Weltkrieg lag sie bei 15 Mill. hl.

Der Weinverbrauch liegt bei etwa 5 Liter pro Kopf der Bevölkerung. Es bestehen insgesamt 145 Weinfabriken der zweiten Herstellung. Die Kellerwirtschaft spezialisiert sich mehr und mehr auf die Herstellung von Typen- und Schaumwein.

Auch der Schaumweinverbrauch konnte seit der Zeit vor dem Ersten Weltkrieg, wo er bei 0,17 Millionen Flaschen lag, auf 56,2 Millionen Flaschen gesteigert werden und soll sogar die 120 Millionen überschritten haben.

Im europäischen Teil des Landes baut man westeuropäische Rebsorten, wie Riesling, Sylvaner, Muskateller, Sémillion, Aligoté und Cabernet an, daneben Bondechourie, Gerouli und Saperavi. Die Weine verkauft man unter Typenbezeichnungen z. B. Kachetinskoje, Moukouzani, Napareuli, Mzbane, Nuchljakowski, Rkaziteli, Sibirkowi und Zinandali.

In Georgien (Grusinische SSR) werden als weiße, trockene Tafelweine Zinandali, Gurdschani, Zolikauri, Napareuli, Rkaziteli, Tibaani mit 10,5 bis 12 Vol. % Alkohol bereitet und als trockene Rotweine Teliani, Mukusani mit 10,5 bis 12,5 Vol. %. Kardanachi und Saamo sind Dessertweine mit 18 bis 19 Vol. % Alkohol.

Aus der Armenischen SSR wurden weißer, trockener Etschimadsin mit 15 bis 17 Vol. % und trockener roter Areni mit 11 bis 12 Vol. % bekannt, neben weißem oder roten Muskateller (15 Vol.%) und 19-gradigem Aigeschat. In der Asserbeidschanischen SSR werden roter, trockener Matrasa (11 bis 13-gradig) sowie die Likörweine Astafa, Schemacha und Kara-Tschanach (16- bis 18-gradig) erzeugt.

In der Ukraine findet man trockene Weiß- und Rotweine, die vielfach nach den Traubensorten benannt werden. Daneben werden besonders harmonische und bukettreiche 18-gradige Likörweine bereitet (Aluschta, Alupka, Surosch, Krymisky, Juschnobjereschuyi, Travrida, Livadia).

„Champanskoje" wird im Champagnerverfahren besonders im Dongebiet, der Halbinsel Krim* und in Georgien bei Tiflis hergestellt. Andere Schaumweinmarken sind Kasachstan und Alma-Ata.**

Das „Wässerchen" Wodka ist zweimal gebrannter, über Kohle filtrierter Sprit aus vorzugsweise Weizenkorn. Klarer Wodka ist ganz neutral, ohne irgendwelche Zusätze auf Trinkstärke von 40 Vol. % herabgesetzt. Die Lagerung erfolgt in glasierten Tanks. Die bekanntesten Wodkamarken sind Moskowskaja und Stolitschnaja, die ebenso wie der Krimschaumwein in der Bundesrepublik bekannt und beliebt sind.

Odessa ist der Sitz des Weintrusts, der sowjetrussischen Dachorganisation der Weinwirtschaft. Dieser ist das oberste Organ für sämtliche Produktionsbetriebe auf dem Sektor Wein im Bezirk Odessa. Es werden 98 Betriebe der ersten und 15 der zweiten Herstellung betreut, darunter solche, die bis zu 100 000 t Wein verarbeiten. Der Trust ist für jeden Wein und dessen Technologie weisungsberechtigt. Dort werden die neuen Methoden ausgearbeitet und überprüft. Neben dem Betriebslabor jeder einzelnen Fabrik besteht ein Zentrallabor. Der Trust befaßt sich auch mit der Prämiierung der Erzeugnisse der einzelnen Betriebe. Diese besitzen volle Bewegungsfreiheit und tauschen ihre Erfahrungen untereinander aus, so daß sie gegenseitig daraus Nutzen ziehen.

Die Schaumweinfabrik Odessa wurde 1952 mit einer Produktion von jährlich 1,5 Mill. Flaschen in Betrieb genommen, sieben Jahre später wurden 2 Mill. Flaschen produziert. Die Endkapazität soll bei 3 Mill. Flaschen liegen. 1959 wurden in vier Sektkellereien 8 Mill. Flaschen im Flaschen-

* Die Produktion geht zu 85 % in die BRD.

** Tankgärschaumwein wird als „Sowjetskoje — Igristoje" bezeichnet.

gärverfahren hergestellt und in sechzehn Betrieben 24 Mill. Flaschen im Großgärverfahren. Daneben arbeiten Schaumweinkellereien in Moskau und Rostow nach dem kontinuierlichen Verfahren. Für die Herstellung der Grundweine kommen folgende Rebsorten in Betracht: Chardonnay, Pinot franc blanc, Traminer, Riesling, Aligoté, Silvaner Vidcaska (Mädchentraube), Cabernet (weiß und rot), Arkatsatelli, Bakardor (Karpathensorte), Sauvignon, Sémillon.

Die Überführung der Grundweine erfolgt zum großen Teil in Zisternen, andererseits bedient man sich für die Traubenzufuhr der mit Henkeln versehenen flachen Weidenkörbe auf Panjewagen.

Die Behandlung der Weine geschieht nach modernsten Erkenntnissen. So werden sie auf Eiweiß stabilisiert, mit Hausenblase gerundet sowie mit 4 mg Eisen und gelbem Blutlaugesalz geschönt; für die Eiweißstabilisierung wird Bentonit aus der Ukraine verwendet. Die Hefeaktivität der Weine wird durch Thermik reguliert. Technologen, Apparateführer und Mikrobiologen beobachten die Gärführung. Tiefkühlung und Warmabfüllung sind bekannt. Es werden im Schnitt 9000 Flaschen pro Tag gefüllt. Die gefüllten Flaschen werden halbautomatisch am Band mit Polyäthylen oder Naturkork verschlossen und mit vorgefertigten Drahtkörbchen agraffiert. Durch die Erwärmung auf 60° C wird ein großer Teil der Oxydasen und Hefen in dem Stadium, in dem sie den Sauerstoff im Grundwein für ihren Zellaufbau absorbiert haben, zerstört.

Aus der Literatur ist bekannt, daß bedeutende Staatsgüter „Chabow" und „Alexandrowsk" bei Odessa bestehen, eine umfangreiche Weinfabrik der sekundären Herstellung in Odessa und die Weinfabrik Massandra, die die größte im Bezirk Jalta (Krim) ist. Die einmalig schöne Landschaft der Krim kann dem Vergleich mit der französischen Riviera standhalten. Chabow ist eine ursprünglich von Österreichern, Deutschen, Schweizern und Franzosen gegründete Kolonie, die den Weinbau dorthin brachten. Es ist ein altbekannter Traubenkurort. Weiße Chabow-Weine wurden als Spezialität bereits vor dem Ersten Weltkrieg nach Europa exportiert. Rieslinganbau ist in diesem Gebiet bevorzugt. Es herrscht Sandboden vor. Das Staatsgut hat eine Kapazität von 25 000 hl.

Alexandrowsk besitzt eine Verarbeitungskapazität von 2500 t Trauben und stellt insbesondere Grundweine her; eine Brennerei ist dem Betrieb angegliedert. Es werden bis zu 7000 l Weinsprit täglich gebrannt, der auf 96 Vol. % gestellt wird. Der Weinbau in dieser Gegend wird ebenfalls auf Sandboden in der Ebene betrieben.

In der gesamten Sowjetunion, besonders aber im Norden, werden schwere, süße Weine den herben und leichteren vorgezogen. Das hängt mit dem Klima zusammen. Obstwein kommt nur in kleinem Umfang in Betracht.

Aus Rentabilitätsgründen gibt es nur noch in Spezialabteilungen kleine Faßtagen, so daß die Lagerung im wesentlichen in Stahltanks und Zementbehältern erfolgt. Bei der Herstellung madeiraähnlicher Likörweintypen wird eine automatische Dampf- und Sauerstoffzufuhr angewandt, ein Verfahren, das vom Institut Magaratsch in Jalta ausgearbeitet worden ist. Vielfach lagern Südweine noch in sehr kleinen Madeirakammern (Fäßchen von 75 Litern) zum Zwecke der besseren Maderisierung.

Die Weinfabrik Massandra liegt am Abhang des Jailagebirges nahe der Hauptstraße Simferopol-Gursuf-Jalta (Schwarzmeerküste). Hier wachsen die besten und hochwertigsten Weine der Krim. Die Weinberge mitunter in sehr großem Neigungswinkel auf steinigen bis felsigen Böden angelegt, erschweren maschinelle Arbeit bzw. machen sie unmöglich, so daß man ganz auf Handarbeit angewiesen ist.

Auf der Krim beträgt der Anteil trockener Weine klimabedingt nur 10 bis 15 Prozent. Der Anbau der Krimweine wird noch erheblich ausgedehnt werden. Vor dem Zweiten Weltkrieg betrug die dortige Rebfläche 13 000 ha, bis 1959 ist sie auf 200 000 ha gesteigert worden. Geplant ist, weitere Steppengebiete der Krim urbar zu machen und mit Reben zu bepflanzen.

Die Rebzeilenbreite liegt im Steppengebiet bei neueren Anlagen bei 2,50 m. Auf der Halbinsel Krim wird der Hubschrauber mit gutem biologischem Erfolg eingesetzt. Etwa vier Fünftel der Rebfläche wird dort vor Einbruch des Winters zugedeckt. Durch ein pneumatisch arbeitendes Gerät werden die Flächen im Frühjahr wieder freigestellt. Auch konnte eine neue Rebsorte gezüchtet werden, die in 89 Vegetationstagen heranreift. Anteile noch vorhandener Hybriden werden allmählich durch geeignete Europäersorten ersetzt.

Sowjetunion

Die Weinkellerei des Staatsgutes Massandra, Bezirk Jalta (Krim)

Rumänien

Luftaufnahme der neuen Rebanlagen im Gebiet des Schwarzen Meeres

Südafrika

Rumänien

oben: Blick in das südafrikanische Weinbaugebiet. Im Vordergrund eine neuzeitliche Weinkellerei mit Brennanlage in Stellenbosch

unten: Gasquet-Saal im Weinbaukombinat Jocsani, auch hier ist die frühere Kellerromantik durch riesige Tanks und Schalttafeln abgelöst

Sowjetunion

In breiten Zeilen sind Neuanpflanzungen selektionierter und witterungsbeständiger Rebsorten angelegt (Staatsweingut Massandra, Bez. Jalta, Krim)

Künftig trinke nicht bloß Wasser,
sondern genieße auch etwas Wein:
Es ist wegen des Magens und mit
Rücksicht auf Deine häufigen Erkrankungen.
(Apostel Paulus an seinen
Lieblingsschüler Thimotheus; 1 Tim 5, 23)

IX. Außereuropäische Weinbaugebiete

1. Marokko

Seit zweitausend Jahren ist der Weinstock in Marokko zu Hause. Boden und Klima sind für ihn dort günstig. Es ist bekannt, daß Rom im Altertum hier das Ausreißen der Weinstöcke befohlen hat, weil Gefahr bestand, daß sonst die heimische Weinerzeugung bedroht werden könnte.

Mit fast 60 000 Hektar bebauter Rebfläche stellt der marokkanische Weinanbau einen ansehnlichen Grund- und Bodenreichtum dar. Etwa 6 Prozent des marokkanischen Außenhandels entfallen auf Wein; das sind mehr als 10 Prozent der Gesamtausfuhr landwirtschaftlicher Erzeugnisse. Das Wirtschaftsministerium ist sich der Bedeutung dieses Wirtschaftszweiges bewußt und befaßt sich sehr eifrig mit dem Studium aller damit in Zusammenhang stehenden Probleme, mit deren Lösung das ebenfalls in Rabat ansässige Amt für Wein und Alkohol betraut ist.

Der inländische Weinkonsum ist durch die Auswanderung zahlreicher französischer Familien zurückgegangen. Dieser Ausfall kann durch zusätzlichen Verbrauch der einheimischen Bevölkerung nicht wettgemacht werden, da der Koran dem Muslim vom Weingenuß abrät. Aber auch der binnenländischen Werbung für alkoholfreie Traubensäfte war im Gegensatz zu anderen nordafrikanischen Ländern kein Erfolg beschieden, da die Marokkaner warme Getränke, vorzugsweise grünen Tee mit Minze gewohnt sind und bevorzugen. So ist das Land auf die Ausfuhr seiner Weinerzeugnisse angewiesen. Bei den Exportqualitäten handelt es sich um 85 v. H. Konsumrotwein, etwas Rosé und nur wenig Weißwein.

Die Überwachung des Weinverkehrs ist ähnlich geregelt, wie in den anderen großen weinbautreibenden Ländern, damit Fälschungen unterbunden werden. Zu diesem Zweck werden in den Großkellereien und aus dem freien Verkehr regelmäßig amtlich Proben entnommen, die im Lebensmitteluntersuchungsamt der Stadt Casablanca zur Analyse gelangen. Darüber hinaus werden alle Weine vor ihrer Ausfuhr untersucht, ob sie den besonderen Vorschriften der Einfuhrländer entsprechen. Hierbei spielt im Handel mit der Bundesrepublik das Hybridenvorkommen eine besondere Rolle. Der Ernteertrag liegt bei nur noch 1 Mill. hl.

Man unterscheidet in Marokko grundsätzlich zwei voneinander verschiedene Weingegenden und Anpflanzungsarten. Zunächst sind es die traditionellen Rebflächen, die von der einheimischen Bevölkerung betreut werden. Man trifft sie in den Gebirgsgegenden des Rif, im Atlas und im Zerhoungebirge nahe den römischen Ausgrabungen von Volubilis, nördlich von Meknes.

Der Traditionsanbau ist nur von lokaler Bedeutung. Er liegt in schwer zu bewirtschaftenden, unebenen Parzellen. Die gewonnenen Trauben gelangen zum frischen Verzehr auf die Suks (Märkte) oder werden zu Rosinen getrocknet. Oft sieht man 200 und 300 Jahre alte Weinstöcke, deren Tragfähigkeit infolge Überalterung und mangelnder Pflege gegen die Rebschädlinge (Reblaus) sehr begrenzt ist. Mit der Errichtung des Protektorats, um 1912, haben die Franzosen den modernen Weinanbau ins Leben gerufen. Seine Ausdehnung von etwa 60 000 ha umfaßt vier Fünftel des vorhandenen Rebgeländes. Angebaut werden an Rotweinsorten Cinsault, Carignan, Grenache, Alicante-Bouschet und Cabernet. Die Weinbereitung aus den vier ersten Sorten ergibt im Geschmack Typen, die guten französischen Midiweinen, dem Burgunder und dem Rhonewein nahestehen, während der Cabernet durch seine hervortretende Gerbsäure im Geschmack an Bordeaux-Wein erinnert.

Der Weißwein hat in Marokko nur geringe Bedeutung. Clairette, Maccabeo, Ximénes und Grenache dienen seiner Bereitung. Infolge des Klimas neigen die Weißweine dazu, ähnlich wie die anderer südlicher Länder, rasch trocken zu werden und an Jugend zu verlieren. Neuerdings gewinnt der hellrote Rosé an Bedeutung. Man entfernt zu seiner Herstellung den Saft frühzeitig von der Maische, damit er nicht zu farbkräftig wird.

Darüber hinaus gewinnt man aus der Muskatellertraube guten Dessertwein, der im allgemeinen auf 15 Vol. % Alkohol gestellt ist.

Die meist 12-gradigen Tafelweine Marokkos sind sauber, bekömmlich und rein. Die Reife der Trauben ist dank des Klimas so vorzüglich, daß ganz kleine Konsumweine kaum vorkommen. Andererseits ist durch die Vollreife des Traubengutes zwischen Juli und September für spätreifende Sorten — also während der heißen Jahreszeit — die Gärung der Moste so stürmisch, daß große Weine nicht erzeugt werden können.

Die Kellereien liegen in den verschiedensten Produktionsgebieten. Die durchschnittliche Kapazität der Betriebe dürfte ähnlich wie in Südfrankreich bei 30 000 bis 50 000 hl liegen. Die größte Kellerei hat ein Fassungsvermögen von 500 000 hl; sie wird nur von einer Großkellerei in Argentinien, der größten der Welt, überboten. Einrichtung und Leitung dieser Großkellereien liegen in französischen Händen. Die Betriebe sind modern und sauber, arbeiten ihrer Größe entsprechend rationell im Tankgärverfahren. Holzfässer sind unbekannt. Insbesondere die Gärtemperatur, die bis auf über 30° C ansteigt, muß sorgfältig beobachtet werden. Sie bedingt infolge des Klimas umfangreiche Kühlanlagen. Die Vergärung des Mostes zu Wein erfolgt in nur 48 Stunden. Hierbei werden bereits zwei Drittel des vorhandenen Traubenzuckers vergoren. Die sogenannte zweite Gärung benötigt sechs bis sieben Tage, so daß in ein bis zwei Wochen aus Trauben Wein entsteht, was ungewöhnlich rasch ist.

Das Hauptweinanbaugebiet Marokkos liegt im Umkreis der altertümlichen Städte Meknes und Fez. Die tiefdunklen Rotweine von Meknes haben guten Ruf. In Ostmarokko, im Raum von Berkane, gedeihen rosafarbige Weine, die mit denen Westalgeriens vergleichbar sind, ferner etwas Muskatwein, der in ganz Afrika berühmt ist. Auch in der Gegend von Taza wird Wein angebaut. Im Osten von Rabat (Daiet el Eoumi) werden Weine erzeugt, die vielfach dem Beaujolais ähneln. Bedeutend ist ferner der Anbau im Umkreis von Sidi Sliman im Norden von Rabat.

Bei Casablanca werden Roseeweine gewonnen, die sogenannten „zwiebelfarbigen“. Eine Eigenart Marokkos unter den Roseeweinen sind die „grauen“ Weine. Es sind Rosés von leichter Graufärbung, die im Umkreis von El Jadida (ex-Mazagan) und im Osten von Marrakesch erzeugt werden. Diese Sorten sind frisch, leicht herb, sehr sauber ausgebaut, lachsfarbig (vin gris).

Der Tourist in Marokko findet auf den Weinkarten der internationalen Hotels der Hauptstädte eine Reihe guter Flaschenweine zu mäßigem Preis. Es sind im wesentlichen die folgenden marokkanischen Markenweine: Doumi, Chambellan, Le sommelier, Chaudsoleil, Valpierre und gris de Boulaouane. Die Weine werden nicht nach dem Ort ihrer Herkunft benannt, sondern im Großverschnitt mundgerecht gestellt und mit den erwähnten Phantasienamen bzw. Schutzmarkenbezeichnungen ausgestattet. Bei diesen Weinen hat der Verbraucher den Vorteil, immer gleichmäßig schmeckenden Wein geboten zu bekommen.

Die Weinverschiffungen ins Ausland erfolgen von zwei Spezialhäfen: Kenitra und Fedala, beide nördlich von Casablanca gelegen. Sie haben die dafür notwendigen Einrichtungen. An beiden Plätzen bestehen große

Kellereien zur Aufnahme und Lagerung der Exportweine. Die Betriebe, die sogenannten chais portuaires, haben unterirdische, 100 bis 150 m lange Rohrleitungen zum Weinhafen. Die Weintanker werden durch diese modernen Zuleitungen in kurzer Zeit automatisch beladen.

2. Algerien — im Anhang: Tunesien, Libyen, Ägypten, asiatische Türkei

Alle Dinge, darinnen Blut ist, sind verboten zu trinken,
außer allein dem Blute der Reben.
(Aus den Tausendein Nächten)

Der algerische Weinbau wird auf einem Küstenstreifen von 1200 km Länge sowohl in der Ebene als auf den Hügeln in einer Tiefe bis 100 km bewirtschaftet. Algerien hat seit alters her die Rebe gekannt. Die Römer förderten den Anbau, doch erst seit der französischen Kolonisation wurde der Rebanbau systematisch betrieben. Die Voraussetzungen hierfür sind in Algerien sehr günstig, und zwar in Bezug auf Menge und Güte. Es wurden durchschnittlich 12 bis 18 Mill. hl gewonnen. Durch die Abwanderung der Franzosen sind die Erträge der letzten Jahre rückläufig. Die hauptsächlichsten Traubensorten sind Carignan, Cinsault, Alicante-Bouschet. 10 v. H. der Ernte werden zu Weißwein verarbeitet, insbesondere aus Clairettetrauben. Die Ernte wird mit nur 6 Mill. hl beziffert bei 300 000 ha.

Die Qualität der Küstenweine von Zaccar, der Hügelweine von Medea, der Haut Dahra und Mascara, die als V.D.Q.S. (vins délimités de qualité supérieure) gehen, ist in der Bundesrepublik noch zu wenig bekannt. Der Weinhandel hat seinen Sitz an den algerischen Hafenplätzen und verfügt über ansehnliche Lagerhäuser und modern eingerichtete Kellereien, die bis zu 70 000 hl aufnehmen können. Die ausgebauten Weine schlaucht man zum Export in Tankschiffe.

In den Weinbaugebieten haben Winzer und Genossenschaften großzügig eingerichtete Kellereien. Der algerische Weinbau wird aufgeteilt in das Gebiet der Departements von Oran und Algier. In ersterem wurden 8 bis 12 Mill. hl bei Tlemcen, Sidi bel Abbes, Mascara und Mostaganem produziert. Es handelt sich um 11- bis 14-gradige Weine. An der Küste und in der Ebene gedeihen die leichteren, auf den Hügeln und Bergen die schwereren Sorten. Im Algiergebiet wurden 4 bis 5 Mill. hl erzeugt. Die Weine haben 10 bis 11 Grad. Die Hauptzentren sind Milliana mit den Côtes de Zaccar, Medea, Ain Bessem, der fruchtbare Küstenstreifen der Mitidja bei Cherchel und Courbet im Sahel, ferner bei Philippeville und

Bone. Die Weine des Algiergebietes sind leichter als diejenigen der Oranzone. Darüber hinaus sind in Nordafrika noch Tunesien und die arabische Republik Libyen mit kräftigen Rotweinen anzuführen. In Tunesien wird auch guter Muskateller bereitet. Ernteertrag 0,8 Mill. hl auf 46 000 ha. Abschließend sind noch die ägyptischen Weine zu erwähnen.

Das anatolische Weinbaugebiet der Türkei bei Göreme inmitten großartiger Tuffsteinbildungen ist in seiner Weise einmalig in der Welt. Bei uns sind besonders die Weißweine aus der Gegend von Izmir (Smyrna-Riesling) bekannt geworden. Auf einer Rebfläche von 800 000 ha werden über 450 000 hl eingebracht.

3. Südafrika

Den Leibkalten hitzt er an,
auf die Wunden geträufelt,
ist er heilsam.

In Südafrika wird Weinbau im Raum von Kapstadt zwischen dem 33. und 34. südlichen Breitengrad getrieben, also so weit südlich vom Äquator wie Algeriens Weinbaugebiet nördlich liegt. Dort herrscht ein gemäßigtes Klima vor: mildes Frühlingswetter bei Beginn der Blüte des Weinstocks, trockenes, warmes Sommerwetter, milder Herbst und Winter. Das Ernteergebnis liegt bei 5 Mill. hl (Anbaufläche 100 000 ha).

Zwei voneinander verschiedene Landstriche werden unterschieden, nämlich der Küstengürtel und die kleine Karoo. Ersterer erstreckt sich von der Küste bis an die ersten Bergketten. Dort gedeihen die Reben an den Hängen in leicht säurehaltigen Bodenarten aus Sandstein, Granit und Schieferton. Sowohl trockene Weiß- und Rotweine, als auch Dessertweine werden bereitet. Die bekanntesten Weinbauorte sind Stellenbosch, Paarl, Malmesbury und Tulbagh. Weißwein neigt frühzeitig zum Trockenwerden. Die höher gelegene kleine Karoo beginnt hinter der Drakenstein-Gebirgskette und erstreckt sich bis an das Swartberggebirge. Das Klima ist etwas rauher, die Niederschlagsmenge geringer. Der alluviale Boden weist große Unterschiede auf; demzufolge sind die Weine dieses Gebietes sehr verschieden. Vorzugsweise Muskat und Brennweine — mitunter bis zu vierzig Prozent der Weinernte — werden bereitet. Die bekanntesten Weinbauorte sind Worcester, Robertson, Montagu, Ladismith und Oudtshoorn. Constantia ist die Wiege des südafrikanischen Weinbaus. Hier wurden Dessertweine gewonnen, die als erste dem Kap den Ruf eines guten Weinlandes einbrachten. Bismarck und Napoleon sollen „vin de Constance" in ihren Kellern gelagert haben. Stellenbosch, etwa 5 km landeinwärts von Kapstadt, ist heute ein bedeutender Umschlagplatz. Paarl, das vielen Dessertweinen seinen Namen gibt, ist das große Zentrum des Weinbaus in Südafrika. Die Weinlese in Südafrika findet meist unter idealen Wetterverhältnissen zwischen Februar und April statt. Die am häufigsten vorkommenden Rebsorten sind Cinsault (Hermitage), Cabernet Sauvignon, Stein, Groendruif (Spielart des Sémillon), Clairette Blanche, Riesling, Port-Varietäten, Hanepoot (Muscat d'Alexandrie) und roter Muskatel (an Muscat de Frontignan erinnernd). Der Riesling wird am Spalier gezogen. Zuckerung ist nicht erforderlich, dagegen Zugabe von Wein- bzw. Zitronensäure zur Säureanreicherung zwecks besserer Haltbarkeit.

Kein Wein darf die Südafrikanische Union verlassen, ohne daß die Probe vom Ausfuhr-Kontrollausschuß für gut befunden wurde. Die 1918 gegründete Winzergenossenschaft Kooperatieve Wijnbourwers Vereniging van Zuid Afrika (KVW) in Paarl arbeitet mit einer Kapazität von ca. 2 Mill. hl und hat beachtlichen Export. Alle Winzer müssen ihr angehören. Die in Südafrika ansässigen Hugenotten haben den Weinbau hierher gebracht.

4. Chile

Vor Nachts wirkt er besonders gut
auch in der Nacht nicht schaden tut.

Die Republik Chile mit einer Nord-Süderstreckung von 4200 km vereinigt innerhalb seines Staatsgebietes ungeheure Gegensätze: im Süden eine polare und im Norden eine tropische Welt. Der Weinbau, der als einer der fortschrittlichsten Südamerikas gilt, stammt aus der Frühzeit der spanischen Eroberung. Wahrscheinlich, gelangte der Rebstock über Peru nach Chile und von hier nach Argentinien. Neben Getreide nimmt Wein den zweiten Platz in der landwirtschaftlichen Erzeugung des Landes ein. Auf einer Rebfläche von 113 500 ha werden nahezu 5 Mill. hl geerntet. Vielleicht könnte man die chilenischen Weine als die besten Südamerikas ansprechen. Demzufolge betätigt sich seit Ende der zwanziger Jahre Chile im Weinexport, und zwar insbesondere nach USA, Argentinien, Skandinavien, Holland, Belgien, und der Bundesrepublik. Der einheimische Weinverbrauch wird mit 50 Liter pro Kopf der Bevölkerung beziffert.

Die Grundlage des Anbaus stellen spanische und französische Rebsorten, nämlich Cabernet, Merlot und Pinot für Rotwein sowie Sémillon, Sauvignon, Muskateller, Trebbiano, Riesling und Traminer für Weißwein. Sechzig Prozent der Ernte entfallen auf Rotwein, der Rest auf Weißwein. Die Rotweine sind kräftig und harmonisch und mit Bordeaux oder Burgunder vergleichbar, die Weißweine dagegen trocken. Sie erinnern an weißen Burgunder. Daneben werden gute Dessertweine bereitet.

Die Tafelweine gelangen verhältnismäßig jung auf die Flasche. Die besten Weine treffen wir im Zentralgebiet an, und zwar von der Provinz Aroncagua im Norden bis in die Gegend von Talca, allerdings ist meist künstliche Bewässerung erforderlich. Die Weine östlich von Valparaiso gelangen unter dem Namen Panquehue und Errazuriz-urmeneta in den Verkehr. Nördlich von Santiago werden die besten Weine des Landes gezogen, aber irreführenderweise als Vinos Burdeos (Bordeaux) bezeichnet.

Das regenreichere Weingebiet bedarf keiner künstlichen Bewässerung. Die Qualität der Weine ist geringer. Südlich von Concepción hören die Weinberge auf und werden von Ländereien abgelöst, die mit Apfelbäumen bestanden sind.

Das nördliche Erzeugergebiet zwischen der peruanischen Grenze und dem 31. Grad südlicher Breite, das ausgesprochenen Wüsten- und Steppencharakter trägt, besitzt nur beschränkten Weinanbau, und dies auch nur dank seiner künstlichen Bewässerung. Es handelt sich um kleinere Weine, die im Lande selbst verbraucht werden und um etwas Dessertwein aus Trockenbeeren. Dort ist der Traubenbranntwein Pisco weitverbreitet.

Die in Chile beheimateten Deutschen dürfen für sich das Verdienst in Anspruch nehmen, die chilenische Getränkeindustrie in der Mitte des vergangenen Jahrhunderts gefördert, aufgebaut und modernisiert zu haben.

5. Brasilien

Der nicht wie Honig süß, doch frisch und herb
der Männer Blut erhält mit tüchtger Kraft.
(Gottfried Keller)

Brasiliens Weine, die im südlichsten Bundesstaat, Rio Grande do Sul, gedeihen, sind bislang in Europa nicht bekannt geworden. Immerhin werden auf einer Rebfläche von mehr als 70 000 ha nahezu 2 Mill. hl Tafelweine geerntet. Sie wachsen entfernt vom Äquator in gemäßigtem Klima ohne sich allerdings durch besondere Erlesenheit auszuzeichnen.

6. Argentinien

Mit dem Trinken, ihr Leute, bin auch ich ganz einverstanden, denn der Wein frischt in Wahrheit die Seelen an und schläfert die Sorgen ein, wie der Alraun die Menschen, und weckt dagegen die Fröhlichkeit, wie das Öl die Flamme. Indes scheint es mir den Männern mit dem Trinken ebenso zu ergehen, wie den Pflanzen mit der Erde. Denn auch diese können sich unmöglich aufrecht erhalten, wenn sie der Himmel auf einmal zu reichlich tränkt; bekommen sie hingegen gerade so viel zu trinken, als ihnen wohl tut, so wachsen sie nicht nur vollkommen aufrecht, sondern gedeihen auch und werden fruchtbar. Und also wird es auch bei uns sein.

(Sokrates im „Gastmahl" des Xenophon)

Auf einer Gesamtausdehnung von 300 000 ha werden 20 Mill. hl Tafelwein (rot, weiß und rosé) erzeugt. Der Pro-Kopf-Verbrauch liegt bei 55 l. Die Anbaugebiete befinden sich in den Bundesstaaten Mendoza und San Juan am Rande der Anden nahe der chilenischen Grenze. Rotspon tauchte 1969 erstmals in größerem Umfang bei Filialisten in der Bundesrepublik Deutschland auf.

7. Australien

Essen ist ein Bedürfnis des Magens,
Trinken ein Bedürfnis des Geistes.
(Claude Tillier)

Die Traubenernte fällt zwischen Februar und April und beläuft sich bei einer Rebfläche von 56 000 ha auf 2,8 Mill. hl. Die hauptsächlichsten Sorten sind Muskat, Grenache, Doradillo, Jaen, Sulbana, Shiraz, Pedro Jiminez, Sémillon und Palomino. Rheinriesling und Tokay werden nur begrenzt angebaut. Importierte Rheinweine werden als Hock bezeichnet.

Es werden neben Typendessertweinen, vorwiegend an Sherry erinnernd, weiße und rote Tischweine, sowie aromatisierte Weine und Schaumweine erzeugt. Neuerdings sind auch Perlweine sehr populär geworden. Die meisten australischen Kellereien erzeugen eine ganze Reihe unterschiedlicher Weintypen, die vorzugsweise nach Großbritannien ausgeführt werden.

8. Kalifornien

Der Wein macht die Alten beritten.

Die Traubenernte fällt in die Zeit vom Juni bis November. Im Coachilla-Tal wird klimabedingt frühzeitig gelesen, im kühleren Küstengebiet entsprechend später.

Zur Weinerzeugung stehen für Weißweine Sémillon, Sauvignon blanc, Co-

USA / Kalifornien

Große Winery (Weinkellerei) in Guasti im Herzen des Weinbaugebietes im San Bernardino Tal. Die Entwicklung und Behandlung der Weine wird genau verfolgt und festgehalten

Türkei

In der Urlandschaft Anatoliens (Kleinasien) erstreckt sich im Tuffsteingebiet des Göremetals zwischen riesigen Monolyten, die einst von Troglodyten bewohnt wurden, das einzigartigste Weinbaugebiet der Welt

Israel

Traubenlese

Spanien

In steilen, kurzen Tälern mündet das spanische Hochland nach dem Mittelmeer hin. In den üppigen Berieselungsanlagen (Huertas) gedeihen die hervorragenden Weine. – Besonders erwähnenswert ist das andalusische Tiefland, wo der weltberühmte Xereswein seine Heimat hat. Gefeiert wird in diesen Gegenden das Erntedankfest; zu den Gottesdiensten und der Traubenweihe findet sich jung und alt ein

Vollautomatische Füllstraße für stille Flüssigkeiten (Wein und Spirituosen). Bis zu 11 000 Flaschen können pro Stunde gefüllt werden lombard, Chardonnay, Palomino, Sylvaner und Riesling zur Verfügung, für Rotwein Cabernet, Sauvignon, Pinot noir, Alicante Bouschet, Reforso und andere. An der University of California, Davis, besteht ein Lehrstuhl der Önologie, der von Professor Amerine geführt wird.

Etwa sechzig Prozent der kalifornischen Weine bilden Typendessertweine, an der Spitze sherryähnliche, die eine Wärmebehandlung erfahren. Tafelweine mit Jahrgangsangabe dürfen nicht verschnitten werden. In den Vereinigten Staaten werden auf 200 000 ha etwa 12,5 Mill. hl Wein erzeugt, man spricht von 6,65 l pro-Kopf-Verbrauch. In der Schweiz sind erstmals kalifornische Weine und zwar 1969 Emerald dry Riesling, Rosé und Pinot noir auf dem europäischen Kontinent aufgetaucht.

9. Iran

Ich bin so schwach von Hitz und Fieber
Welch Mittel kennst du, Doktor sprich!
„Trink einen Humpen Wein, mein Lieber,
Und bring ein Krüglein auch für mich!"
(Aus dem Sanskrit)

Unter den traubenerzeugenden Ländern steht der Iran heute an 17. Stelle in der Welt. Allerdings wurden bisher nur jährlich drei Millionen Liter Wein erzeugt, das heißt 0,2 Prozent der Traubenproduktion wurden zu Wein verarbeitet.

Man möchte sich nun dem Export zuwenden. Als potentielle Käufer werden neben Europa, die Sowjetunion und Japan anvisiert.

Die bedeutendsten Weinbaugebiete des Iran sind seit historischen Zeiten die Nordwestprovinz Azerbaidjan und die Gegend um Schiraz, wo etwa 100 000 Familien ihren Lebensunterhalt mit dem Weinanbau bestreiten. Im Herzen der Weinberge von Azerbaidjan, in Rezaiheh, entstand 1972 mit Hilfe französischer Fachleute eine moderne Kellerei im Wert von 14 Millionen Dollar. Die kleinen Winzer sehen das mit Sorge. Sie können mit der rationellen Herstellung einer modernen Kellerei nicht Schritt halten, und befürchten ausgebootet zu werden.

10. Israel

Setzt sich der Wein hin,
stehen die Worte auf.

Die Bibel ist reich an Gleichnissen vom Wein und Weinstock, und so kann man folgern, daß Palästina die Wiege der Weinwirtschaft gewesen sein mag. Der Wein gehörte einstmals zu den sieben Besonderheiten des Heiligen Landes. Er wurde in die Länder der Alten Welt ausgeführt und spielte eine Rolle bei rituellen Anlässen. Nach Vertreibung der israelitischen Bevölkerung kamen die Weinberge rasch in Verfall. Die Kreuzritter, die dem Wein zugetan waren und solchen aus Zypern einführen ließen, regten die Wiederaufstockung der Weinberge vergeblich an. Unter den im Lande ansässigen Muslim, denen der Koran den Weingenuß versagt, wurde der Rebanbau und die Weinbereitung sogar verboten.

Dies änderte sich 1882 mit dem Beginn der Kolonisation. Die neuen Siedler entdeckten, daß Boden und Klima für den Weinstock wie geschaffen waren und legten im ganzen Land neue Weinberge an. Baron Edmond de Rothschild förderte diese Bestrebungen sehr aktiv, indem er französische Sachverständige zur Schulung der Siedler und Winzer nach Israel sandte. So wurden weite Gebiete in der Ebene von Judäa und an den Hängen von Samaria wieder zu blühenden Weingärten. Kellereibetriebe wurden in Richon-le-Zion und Zicron-Jacob errichtet. Aus Frankreich wurden 1886 gute Rebsorten wie Alicante, Cabernet, Muskat, Sauvignon und Clarette eingeführt. 1906 gründeten die Winzer eine eigene Genossenschaftskellerei, und Vertriebsstellen unter dem Namen „Carmel Oriental“ wurden im In- und Ausland ins Leben gerufen.

Die Weinwirtschaft Israels hat in den mehr als achtzig Jahren seit ihrem Wiedererstehen, insbesondere durch die beiden Weltkriege, manche Störungen erlitten. Nach dem Ersten Weltkrieg ging der russische und nach dem Zweiten Weltkrieg der Markt im Nahen Osten verloren.

Bis 1961 trugen die Weine Israels gewisse aus Frankreich, Spanien, Portugal und Ungarn bekannte Orts- und Typenbezeichnungen. Da dies nach dem Madrider Abkommen* nicht zulässig ist, mußten diese Bezeichnungen geändert werden. Um jedoch die eingeführten Namen in etwa beizubehalten, wurden sie ins Hebräische übertragen. So wird heute ein an Malaga erinnerndes Erzeugnis aus Israel als Almog gekennzeichnet. Partom für portweinähnliche Dessertweine verwendet, Yakenet als Entsprechung für Alicante, Sharir für Sherry. Daneben gab es in Israel auch eigenständige Bezeichnungen wie Adom Atic für halbtrockenen Rotwein, Carmelit für halbtrockenen Weißwein, Rose of Carmel für den Rosé-Typ. In Israel werden neben Tafelweinen, Dessertweinen und Schaumweinen, Traubensüßmost sowie Wein zur Essigbereitung, Weinbrände, Wodka und

---

* Das Madrider Abkommen zur Unterdrückung falscher Herkunftsnamen auf Waren vom 4. 4. 1891 zwischen Spanien und Frankreich wurde am 2. 6. 1911 revidiert unter Beitritt des Deutschen Reiches und bekanntgegeben am 4. 6. 1925 bzw. veröffentlicht im Reichsgesetzblatt 2. Teil Nr. 23 vom 11. 6. 1925.

Likör hergestellt. Sämtliche Erzeugnisse stehen auf hoher Qualitätsstufe, so daß Preise bei internationalen Prämiierungen erlangt werden konnten. Inzwischen sind siebzehn weinerzeugende und -vertreibende Gesellschaften entstanden. Die älteste unter ihnen, Carmel Oriental, ist nach wie vor auch die bedeutendste und verarbeitet etwa drei Viertel des anfallenden Traubengutes. Das Fassungsvermögen dieser Winzergenossenschaftskellerei beläuft sich auf 180 000 hl.

Seit der Gründung des Staates Israel hat sich die Weinbaufläche verdreifacht. Auf 9 400 ha werden über 400 000 hl Wein gewonnen, davon 60 Prozent Rotwein und 40 Prozent Weißwein. Die Hauptanbaugebiete sind die Ebene von Sharon, die Hügel von Samaria, die Berghänge von Galiläa und Judäa sowie die bewässerten Teile der Negev. Der Weinverbrauch im Land ist mit nur 4,2 Liter je Kopf der Bevölkerung gering im Vergleich zu den großen weinbautreibenden Ländern (Frankreich, Italien und Spanien), deren Verbrauch mit 60 bis 120 Litern je Kopf der Bevölkerung beziffert wird. Der deutsche Jahresverbrauch je Kopf dürfte augenblicklich bei etwa 20 Litern liegen. Aus diesen Zahlenverhältnissen ergibt sich, daß Israel große Anstrengungen unternimmt, um seine Weine im Ausland abzusetzen. Der Export wendet sich in erster Linie nach den USA und England. Neuerdings werden israelische Weine auch auf Messen und Fachausstellungen in der Bundesrepublik angeboten. Sämtliche zum Verkauf gelangenden Weine werden in Israel koscher auf Flaschen gefüllt. Unter „Koscherwein" versteht man solche Weine, die von Beginn der Traubenkelterung bis zur Abgabe an den Verbraucher nur durch die Hände von Israeliten gegangen, also von einer christlichen Hand nicht berührt worden sind, auch nicht bei der Kellerbehandlung. Koscherwein kann nach den geltenden Rabinatsvorschriften auch gezuckert sein; in diesem Fall darf bei der Zuckerung nur indischer Rohrzucker verwendet werden.

11. Japans Reiswein Sake

So trinkt ihn denn und laßt uns alle Wege
uns freuen und fröhlich sein.

In Japan gibt es mehr als 3500 Herstellerfirmen von Reiswein, die sogenannten Sake-Brauereien, die eine halbe Mill. hl bereiten. Bei der Erzeugung von Reiswein unterscheidet man 5 Arbeitsgänge:

1. Dämpfen des Reises
2. Erzeugung von Reishefe
3. Gären des Reises

4. Gewinnung von Moroni (Rohsake)
5. Reiner Sake

Die Herstellungsdauer erstreckt sich auf vier Monate und zwar vom Zeitpunkt der Reisernte (November) bis März des darauffolgenden Jahres, wenn die Kälte ihren Höhepunkt erreicht. Anbaufläche 23 000 ha.

Das hohe, kühlgehaltene Herstellungsgebäude, die sogenannte Sakagura, hat dicke Mauern und schmale Fenster. Es dient nach der Vergärung als Speicher des reinen Sake. Seine Bestandteile sind Reis und Wasser — beides muß an Ort und Stelle vorhanden sein. Das Wasser von Nada bei Osaka ist berühmt; es ist reich an Phosphor und Kalium, was die Vermehrung der Hefe im Wasser günstig beinflußt. Das Wasser von Nada wird von den an anderen Orten ansässigen Herstellerfirmen gekauft. Der langkörnige weiche Settsumai Reis aus dem Gebiet um Settsu (Reg. Bez. Osaka und Hyago) ist die geeignetste Qualität zur Reisweinbereitung.

Der Alkoholgehalt für Handelsware liegt bei 15 und 16 Vol.%, der des unverdünnten Reisweins zwischen 18 bis 22 Vol.%. Man unterscheidet herben und süßen Sake, der im allgemeinen heurig getrunken wird. Sake kann mit Eiswürfeln gereicht werden — im Heimatland wird er im Tongefäß (Tokkuri) durch Heißwasserbad erwärmt und lau getrunken.

12. Traditioneller Weinanbau auf Lanzarote (Kanarische Inseln)

Erst proben, dann loben,
Trink einen Humpen Wein, mein Lieber.
(Aus dem Sanskrit)

Auch auf den Kanarischen Inseln an der Nordwestküste Afrikas wird Weinbau getrieben und zwar auf La Palma und in recht bedeutendem Umfang auf Lanzarote (29. Breitengrad), der viertgrößten Insel des Archipels.

Im Südteil dieser vulkanischen Insel im Gebiet von La Geria werden alljährlich 5 Mio. Liter in Steinkufen noch mit den Füßen ausgetreten. Angebaut wird Rotwein, Roseewein und weitbekannter, brottrockener Weißwein aus Malvasier (von ähnlichem Geschmack wie die Moriles-Weine von Cordoba) mit 14° Alkohol sowie 15-gradiger, nicht aufgespriteter ausgezeichneter, aromareicher Muskateller. Man trifft über 100jährige Stöcke, die bis zu 40 kg. Trauben tragen. Der Weinstock gedeiht ohne Erziehung auf dem Boden kriechend (wegen der heftigen Nordostpassate) in mühsam ausgehobenen, tiefen Trichtern auf 20 cm hoch ausgestreuter Vulkanasche (Picon), die die Feuchtigkeit speichert. Der schwarze Grus wird in Kamellasten herbeigeholt. Die größten der trichterartigen Gruben haben einen Durchmesser von 20 m. Am oberen Rand der Erdtröge, die in 3 m Tiefe meist mit Stöcken bepflanzt sind, schützt ein Mäuerchen aus aufgeschichtetem Vulkangestein — ein nach Südwesten geöffneter Halbring — die Rebe vor Sturmeinbrüchen und führt ihr die Feuchtigkeit des nächtlichen Taus oder der nur sehr gelegentlichen Niederschläge zu. Der Rebschnitt erfolgt im Januar, die Traubenlese ab Mitte Juli. Nach Süden ist das La Geria-Gebiet durch eine Bergkette vom Atlantischen Ozean und seinen Stürmen geschützt, während es im Norden abrupt durch das Schlackenmeer des Lavastromes begrenzt wird, aus dem in 10 km Entfernung der 600 m hohe Feuerberg mit seiner roten Tufferde herausragt. Die Hauptorte des Weinbaugebietes sind Tias und Yaiza.

In einem kleineren Anbaugebiet im Norden der Insel Lanzarote, bei den Orten Haría, San Bartolomé und Tinajo werden gern Opuntie und Rebe gemeinsam in den Trichter gesetzt. Die tieferen Wurzeln des Weinstockes entziehen dem Kaktus nicht nur Feuchtigkeit, sondern auch Geschmacksbestandteile, die den dortigen Weinen ein besonderes Feuer verleihen. In manchen Fällen stehen anstelle der Rebe gedrungene Feigenbäume oder Zitronen- und Guajavasträucher, deren zitronengroße Früchte (Guajaven) während des ganzen Winters reifen, und manchmal Papaybäume. Man kann nur staunen, daß in diesem wüstenartigen Granitgelände mit seinen verhärteten Lavaströmen ohne künstliche Bewässerung der Weinstock so prächtig gedeiht und so reichhaltig trägt.

Der Wein soll dem physisch geschwächten Menschen als Arznei dienen, nicht des angenehmen Genusses halber, sondern wegen Entkräftung, nicht übermäßig zum Vergnügen, sondern sparsam als Heilmittel.
(Ambrosius op. 62)

X. Likörwein

1. Herstellungsverfahren

Unter Likörwein versteht man grundsätzlich einen Wein südländischer Herkunft. Zur Erzielung eines durch die Gärung des Saftes frischer Trauben allein nicht erreichbaren hohen Gehaltes an Alkohol bzw. an Alkohol und Zucker ist der Most besonderen Verfahren (Eindicken) unterworfen. In der Regel werden gewisse Zusätze (Alkohol, Trockenbeeren) verwendet. Likörwein muß sich durch den solchen Getränken eigentümlichen Geschmack auszeichnen. Wie die Bezeichnung „Likörwein" zum Ausdruck bringt, sollen diese Süß- oder Südweine vorzugsweise zum Dessert, der Süßspeise, gereicht werden. Man bedient sich ihrer auch zum sogenannten „süßen Durchgang" vor dem Essen. In diesem Sinne ist der Ausdruck „Likörwein" anzusehen. Als „Südwein" kann daher nicht ohne weiteres jeder Wein feilgeboten werden, der aus südlichen Ländern stammt, es müssen vielmehr bei solchem Wein die angegebenen Merkmale zutreffen, wenn er unter die Likörweine fallen soll. Bisher wurden sie Dessertweine genannt.

Während bei den bisher behandelten Tafel- und Qualitätsweinen die Kenntnis von Herkunft, Bereich und Lage die Voraussetzung zur Beurteilung ihrer Art und Güte bildet, ähnlich wie man sich beim Kennenlernen eines Unbekannten zuerst nach dessen Namen erkundigt, so bedingt die Organoleptik (Sinnenprüfung) der Likör-(Süd-, Süß)weine — im folgenden nur noch kurz Likörwein genannt — eine möglichst genaue Kenntnis der verschiedenen Herstellungsverfahren. Im nachstehenden sind vier je nach Landesbrauch, Erfahrung und Geschmack voneinander abweichende Herstellungsmethoden genannt, die man unterscheidet:

1. Natürlicher Likörwein (Vin doux naturel). Er wird durch Vergären von Traubensaft mit besonders hohem natürlichem Gehalt, also mit besonders hohen Öchslegraden gewonnen (Trockenbeerenauslesen). In Frankreich z. B. die Süßweine des Haut-Rousillon-Gebietes.

2. Konzentrierter Likörwein. Er wird hergestellt:

   a) durch Vergären von Most, der durch Ausziehen von getrockneten Beeren (Trockenbeeren, Zibeben) mittels Most gewonnen wird (in Ungarn die edlen Tokajer),

   b) durch Vergären von Most, der durch Ausziehen von getrockneten Beeren (Trockenbeeren) mittels Weines gewonnen wird (Samos),

   c) durch Vergären von eingedicktem (eingekochtem) Most (Marsala).

3. Gespritzter Likörwein. Bei ihm erfolgt ein Zusatz von Alkohol (Weingeist). Er wird hergestellt:

   a) durch Zusatz von Alkohol vor Beendigung der Gärung zu Most aus Trockenbeeren (Douro-Port),

   b) durch Zusatz von Alkohol vor Beendigung der Gärung zu gewöhnlichem Traubenmost — auch unter Zusatz von gespritztem Most (Tarragona),

   c) durch Zusatz von Alkohol, daneben auch von gespritztem oder eingekochtem Most zu gewöhnlichem Wein (Wermutgrundwein),

   d) durch Verschneiden der vorgenannten Erzeugnisse mit oder ohne Zusatz von eingekochtem Most.

4. Mistella. Sie wird durch „Stummachen" noch nicht angegorenen Traubenmostes von hohem Gehalt hergestellt. „Stummachen" ist der Fachausdruck für Zusatz von Alkohol zu Most, so daß seine Gärung unterbunden wird.

Über die Herstellungsmethode schweigt sich das Flaschenschild in der Mehrzahl der Fälle aus, da sich diese aus der geographischen Bezeichnung mehr oder weniger präzise ergibt. Nur die unter 1 und 4 erwähnten Herstellungsarten, „Vins doux naturels" und „Mistella", sieht man auf Flaschenschildern als unmittelbaren Hinweis auf die Herstellungsmethode.

Daneben unterscheiden wir:

1. Kennzeichnung der Likörweine nach den Traubensorten unter Mitangabe des Ursprungslandes, z. B. Malvasier/Frankreich, Muskateller/Italien, Mavrodaphne/Griechenland, Kadarka/Ungarn.
2. Kennzeichnung der Likörweine nach geographischer Herkunft: Tarragona, Malaga, Sherry (Spanien), Frontignan, Banyuls, Pineau des Charentes (Frankreich), Marsala (Italien), Douro-Port und Insel Madeira (Portugal), Samos (Griechenland).

3. Konsum-Likörweine; Handelsware, die als italienische, jugoslawische, ungarische, spanische, portugiesische oder griechische Likörweine auf den Markt gelangen.

Im übrigen bestehen über die Kennzeichnung der Likörweine nach ihrer Herkunft sehr genaue Vorschriften von seiten der Herstellungsländer. Bezüglich der Begriffe „Port“, „Madeira“, „Sherry“, „Tokajer“ und „Marsala“ wird hierauf in den nachfolgenden Ausführungen eingegangen.

Bei diesen Weinen handelt es sich nicht um sogenannte Typenweine wie etwa Malaga oder Tarragona, sondern um ausgesprochen wertvolle Likörweine, deren arteigene Charaktereigenschaften durch Klima, Bodenart, Traubensorte und nicht zuletzt durch spezielle und individuelle Kellerbehandlung entstehen. Die Mehrzahl der wertbestimmenden Eigenschaften, die sich in Geruch und Geschmack deutlich kundtun, entwickeln sich mit Ausnahme des Sherry nicht bei, sondern nach der alkoholischen Gärung durch langjährige Lagerung und besondere Kellerbehandlung. Ähnlich wie ein Weindestillat erst nach längerer Zeit der Lagerung und Reifung zum gesetzmäßigen Weinbrand wird, so wird der junge Wein erst dann zum gesetzmäßigen Likörwein, wenn eine lange Reifeperiode des Sich-Ausbauens die Bildung der Stoffe ermöglicht hat, die dem Dessertwein die feine Art verleihen und seinen Wert bestimmen.

Auch die Bezeichnung „Malaga“ und „Tarragona“ sind aufgrund des Madrider Abkommens als Herkunftsbezeichnungen anzusehen. Hierunter können nur ganz bestimmte spanische Likörweine in den Verkehr gebracht werden, die die hierfür gewohnheitsmäßigen Charakteristika und sonstigen Voraussetzungen tragen. Die Rechtssprechung ist in diesem Zusammenhang so weit gegangen, Bezeichnungen wie „Typ Malaga“ oder „französischer Malaga“ als unzulässig zu betrachten. Zusatzbezeichnungen wie „Superior“ sollen darauf hinweisen, daß eine gehobenere Qualität angeboten wird. Ein weiterer Wert wohnt dieser Bezeichnung nicht inne.

2. Qualitäts-Likörweine

Lisbonne s'amuse,
Coimbre étudie,
Braga prie,
Porto travaille.

a) Port (Douro-Port)

Portwein ist der schwere, gealterte Süßwein des Dourogebietes, der nur über den Hafen von Porto mit Ursprungszeugnis exportiert werden darf. Das Anbaugebiet des Douro liegt im Nordosten Portugals, am Oberlauf

Lanzarote (Kanarische Inseln)

Hinter passatwindschützenden sowie tau- und feuchtigkeitsspeichernden lose geschichteten Steinmäuerchen gedeiht die Rebe auf aufgeschütteter Vulkanasche (picon).

Spanien (Jerez de la Frontera)

oben: Nachreife der zu Haufen aufgeschichteten Trauben unter den Strahlen südlicher Herbstsonne in der Provinz Cadiz. Dort werden die feinen Sherry-Weine hergestellt

unten: Die Sherry-Pipen sind nach dem Solera-System gesattelt. In der untersten Faßreihe befindet sich der füllfertige, gealterte Wein

Madeira (Portugal)

oben: Der frische Traubenmost wird durch einen Trichter in das Ziegenfell gefüllt, das in dem steilen, unwegigen Gelände von Madeira auf der Schulter an die Zufahrtswege herangebracht wird

unten: Die mit Most gefüllten Ziegenfelle, die dem Madeira seinen eigentümlichen Geschmack verleihen, werden in die abholbereiten Fässer entleert

Lanzarote (Kanarische Inseln)

In karger Vulkanlandschaft hinter mühsam errichteten Steinwällen wird seit langem traditioneller Land- und Likörweinanbau in Gueria betrieben des Douro und seiner Nebenflüsse. Es erstreckt sich von der spanisch-portugiesischen Grenze bis 90 km oberhalb der Hafenstadt Porto. Der Boden dieser gebirgigen Gegend besteht aus Schiefer, der sich an den Ufern steil, manchmal über 1000 m, erhebt. Das Anbaugebiet des Portweins stellt daher der landwirtschaftlichen Nutzung größte Schwierigkeiten. Es ist durch geringen Niederschlag gekennzeichnet. Ein weiteres klimatisches Merkmal sind die hohen Temperaturen, die während des meist schwülen Sommers bis auf 60° C in Bodennähe ansteigen können.

Das felsige, steil abfallende Gelände erschwert die Arbeit des Winzers ungemein; die harten Schieferbrocken müssen zerkleinert werden, damit der Weinstock seine Wurzeln im Mutterboden ausbreiten kann. Um zu verhindern, daß der zerkleinerte Schiefer und mit ihm die Weinstöcke vom Regenwasser fortgeschwemmt werden, muß der Winzer Terrassen anlegen und Stützmauern entlang der Hänge ziehen. Alle diese Arbeiten müssen mit der Hand verrichtet werden, die Verwendung von Maschinen ist nicht möglich. Der Weinberg wird in Monokultur bebaut; die felsige Beschaffenheit des Bodens verhindert den wirtschaftlichen Anbau anderer Produkte. Der Traubenertrag je Hektar ist im Dourogebiet viel niedriger als in anderen Weinbaugegenden mit leichteren Bodenbedingungen. Aus diesen Gründen ist Portwein teurer als Weine anderer Anbaugebiete. Allerdings wird der geringe Traubenertrag durch hohe Qualität ausgeglichen. Die „schwere Süße“ des Portweins unterscheidet ihn von sonstigen Likörweinen, portugiesischen wie ausländischen. Obwohl Portugal ein ausgesprochenes Weinland ist, kann Portwein nur in der Dourogegend erzeugt werden. Vor über 200 Jahren schuf Marquis de Pombal jene Gesetze. Wenn die Trauben ausgereift sind, beginnt die Lese Ende September/Anfang Oktober. Die Weingüter stellen in dieser Zeit ganze Gruppen (ranchos) von Arbeitern und Arbeiterinnen aus benachbarten Gebieten ein, die sich mit fröhlichen Gesängen und Tänzen den mühsamen Weg von ihrem Heimatort bis zum Weinberg erleichtern. In den Kelterhäusern werden die eingebrachten Trauben zerstampft und ergeben je nach Farbe weißen oder roten Most bzw. Wein. Der Neue wird in Gebinde mit Fassungsvermögen von 5 bis 50 Weinpipen (zu je 534 l) gefüllt und der Winterkälte zur Klärung ausgesetzt. In den großen Bodegas (Keller, zu ebener Erde in Felsen getrieben) der Exporthäuser, die sich in Vila Nova de Gaia befinden müssen, am linken Ufer des Douroflusses, gegenüber von Porto gelegen, altert der Jungwein unter ständiger Kontrolle von erfahrenen Fachleuten. Vom Erzeugergebiet bis zu den Speichern in Gaia legt der Jungwein einen etwa 100 km langen Weg zurück, teils auf dem Land-, teils auf dem Wasserwege. Die Fässer (Pipen) wurden von Ochsenkarren auf die malerischen „barcos rabelos“ verladen (typische portugiesische kiellose Kähne, für den Weintransport), die durch ihren besonderen Bau und mit Hilfe gewandter Lotsen, die gefährlichen Stromschnellen und Riffe überwinden. Die besten Fässer sind aus baltischer Eiche („Memel-Holz“).

Die in die Felsen gebrochenen Bodegas in Gaia schaffen dem alternden Wein die erforderlichen Bedingungen, daß er keinen Erschütterungen ausgesetzt ist, daß die Temperaturen das ganze Jahr über kaum schwanken und nur wenig Tageslicht eindringt, wie es der Ausreifung zuträglich ist. Keinesfalls darf Portwein, der nicht mindestens zwei Jahre in Gaia gelagert hat, verkauft werden. Das Mindestalter des Portweins beträgt also zwei Jahre; Wein bis zu zehn Jahren wird als „neuer“ und solcher über zehn Jahre als „alter“ Wein bezeichnet.

Bei der Klassifizierung der Portweine sind Farbe, Alhohol- und Zuckergehalt sowie Geschmack ausschlaggebend. Der weiße Port wird aus hellen, der rote aus dunklen Beeren gewonnen. In der Praxis läßt sich häufig weißer von rotem Portwein nicht ohne weiteres unterscheiden, denn — und das ist typisch — mit zunehmendem Alter wird der weiße dunkler und der rote immer heller. Weißer Port wird „branco“ genannt.

Der rote wie der weiße Portwein können also je nach Alter — eine ganze Farbskala aufweisen, die nicht ausschließlich von der Farbe der Beeren abhängt. Der aus hellen Trauben gewonnene Wein kann folgende Farbtönung haben: blaßweiß, strohweiß, goldweiß; der rote Portwein: dunkelbraun, rubinrot, goldrot, lohfarben, hell-lohfarben, hellrot.

Der Mindestalkohol beträgt 16,5 Vol. %; ein höherer Prozentsatz läßt sich durch weiteres Beifügen von Weingeist erzielen. Die Exportqualitäten bewegen sich zwischen 19 und 20 Vol. %. Hinsichtlich des Zuckergehaltes ergibt sich folgende Klassifizierung: extra-trocken (höchstens 0,5 ° Baumé); trocken (0-6 bis 1,5 ° Baumé); halbtrocken 1,6 bis 2,5 °); halbsüß (2,6 bis 3,5 bis 5 °); „Lágrima“ (5,1 bis 7 °).

Bestimmend für den Geschmack sind Farbe des Weins, Lage des Weinbergs, Rebsorte, Alkohol- und Zuckergehalt sowie der Verschnitt mit anderen Weinen. Beim Verschnitt (Vermischen) zeigt sich die Kunst der Weinkoster und Fachleute. Obwohl der gängige Portwein ein Verschnitterzeugnis ist, wird er — jedoch seltener — auch unverschnitten angeboten; vor allem die Engländer lieben ihn so und kaufen ihn unter der Bezeichnung „vintage“. Es handelt sich dabei um ausgesuchten Wein eines besonders guten Jahrgangs. Zu seiner fachgerechten Bereitung braucht der Jungwein nur zwei, drei Jahre auf Faß zu lagern, ehe er in Flaschen abgezogen wird und darin altert. Diese, statt auf dem Holz im Glas gealterten vintage-Portweine, haben einen anderen, noch schwereren Charakter, der in das feuchtkalte Klima Großbritanniens besonders gut paßt.

Da der Portwein seit Ende des 17. Jahrhunderts zu den Hauptausfuhrprodukten des Landes zählt, schützt die portugiesische Regierung seit je Echtheit und Qualität ihres Weins durch ein wirksames Kontrollsystem, das die gesamte Herstellung vom Einbringen des Lesegutes auf die Kelter bis zur Verschiffung umfaßt. Die schwere Süße des Portweins ist eine Folge der klimatischen und geologischen Gegebenheiten des Dourotals. So war es selbstverständlich, daß man das Anbaugebiet des Portweins streng abgrenzte. Diese Begrenzung datiert aus der Mitte des 18. Jahrhunderts und dürfte somit die erste ihrer Art gewesen sein. Diese Maßnahme war unumgänglich, um die Mitverwendung von Trauben weniger begünstigter Nachbargebiete zu unterbinden. Die Führung von Weinbüchern ist ein weiteres Kontrollmittel, um zu verhüten, daß Produzenten oder Exporteure andere Weine ankaufen und mischen. Die Zusammenfassung der Bodegas der Exporteure in Gaia erleichtert die Kontrolle auf engem Raum.

Die Ursprungszeugnisse garantieren die Echtheit des exportierten Weines. In der Laboranalyse, der die organoleptische Fachprobe durch geschulte Sachverständige vorangeht, werden auf chemischem Weg die wichtigsten Bestandteile des Weines festgestellt. Die vorgeschriebene Nachuntersuchung bei Eintreffen in der Bundesrepublik muß die Nämlichkeit bestätigen. Andernfalls wird der Wein von der Einfuhr zurückgewiesen. Der Befund der Geschmacksprobe und die analytischen Daten müssen übereinstimmen. Das Garantiesiegel bei Flaschenwein besteht aus einer Banderole; dieser Streifen wird von Flaschenhals zu Flaschenhals über den Korken angebracht und garantiert die Echtheit des Inhalts.

Um Qualität, Reinheit und Echtheit des Portweins zu sichern, wurde die Organização Corporativa di Vinho do Porto (Portweinsyndikat) geschaffen, die sich aus folgenden drei Organen zusammensetzt: „Casa do Douro (Douro-Haus), „Grémio dos Exportadores de Vinho do Porto“ (Verband der Portweinexporteure) und „Instituto do Vinho do Porto“ (Portwein-Institut).

Die „Casa do Douro“, der alle Winzer des Dourogebietes angehören müssen, verteidigt deren Interessen und kontrolliert die Produktion sowie den Transport des Portweines innerhalb des Anbaugebietes. Die „Casa do Douro“ erteilt die Erlaubnis zum Verschnitt, sie reguliert den Ankauf,

Transport und die Verwendung des zum Verschnitt bestimmten Weingeistes, sie legt die jährliche Produktion von Most, Wein und Weinbrand fest, prüft die Deklarationen der Produzenten auf ihre Richtigkeit oder stellt Ermittlungen an; sie führt die Weinbücher für alle Most-, Wein- und Branntweinlagerhalter und führt Buch über alle Transaktionen; sie erteilt Ursprungszeugnisse und verbürgt die Echtheit der Moste, Weine und Branntweine. Sitz des Douro-Hauses ist Régua (Douro).

Alle Firmen, die mit Portwein handeln, müssen Mitglied des „Verbandes der Portweinexporteure“ sein. Dieses Organ bestimmt die Mindestpreise für die Ausfuhr; es fördert und reguliert die Portweinausfuhr im Austausch gegen andere Produkte.

Das „Portwein-Institut“ ist in seiner Arbeit und Verwaltung autonom und hat die Aufgabe, die Arbeit der beiden erstgenannten Organe aufeinander abzustimmen, Produktion und Handel der Portweine zu überprüfen, auszurichten und zu lenken. Das Institut kontrolliert den Eingang, Ausgang und Verbleib der Weine im Alterungslager in Gaia. Zu diesem Zweck schickt es seine sachverständigen Kontrolleure in die Lager und Büros, wo sie jederzeit Auskünfte, Erklärungen und Einsicht in die Bücher der Exportfirmen verlangen können. Das Portwein-Institut hat seinen Sitz in Porto. Außerdem führt aufgrund von Tagesmeldungen das Portwein-Institut Gegenkontokorrente mit den Exportfirmen über deren Wein- und Branntweinbewegungen. Erst wenn die Fachleute des Portwein-Instituts den zum Export vorgesehenen Wein als exportfähig bezeichnen, stellt die Behörde das Ursprungszeugnis aus.

Alle diese Maßnahmen garantieren, daß es sich bei den Erzeugnissen, die unter der Bezeichnung „Portwein“ exportiert werden oder in Portugal in den Verkehr gelangen, um Wein aus dem Dourogebiet handelt, der in Vila Nova de Gaia jahrelang gelagert hat. Portwein wird in alle Erdteile ausgeführt. Europa ist mit über 93 % der Hauptabnehmer. Innerhalb Europas nimmt die Bundesrepublik (8 %) nach England (39 %), Frankreich (20 %) und Belgien (10 %) die vierte Stelle ein.

Der klassische Portwein wird aus roten Trauben gekeltert. Er ist gehaltvoll, körperreich und bestechend in Duft und Geschmack. Ist er aus weißen Trauben bereitet, so zeigt er sich leichter, eleganter mit lieblichem, charakteristischem Aroma. Eine Flasche Portwein reicht für zwölf Gläser. Fälschungen von Portwein sind seit Bestehen der Kontrollen nicht mehr vorgekommen.

b) Madeira

Nichts richtet die Kräfte
so auf wie Wein.
(Plinius)

Nach der strengen portugiesischen Gesetzgebung dürfen als „Madeira" nur die ausschließlich auf der portugiesischen Insel Madeira nach althergebrachter Weise erzeugten edlen Likörweine über den Hafen Funchal zur Ausfuhr gelangen. Das Artmerkmal des Madeira ist bei hohem Alkoholgehalt und rassigem Körper ein meist vornehm-harmonischer Säuregehalt. Die hauptsächlichste Rebsorte, die zur Herstellung des Madeira Verwendung findet, ist der Malvasier, der auf vulkanischem Verwitterungsboden in steilen Lagen und warmem, aber durch die Seeluft gemäßigtem Klima vorzüglich gedeiht.

Die besondere Art der Madeiraherstellung besteht im wesentlichen darin, daß man die Maische frischer Weintrauben, meist noch mit den Kämmen, einer weitgehend offenen Gärung unterwirft. Anschließend wird dieser Prozeß unterbrochen durch Verbringung des Gärgutes in Wärmekammern, die auf 50 bis 60 ° C erhitzt werden.

Die abgelassenen, meist ziemlich ausgezehrten (d. h. durchgegorenen), zum Teil jedoch noch erheblich zuckerhaltigen Jungweine erhalten dann einen Zusatz von Weindestillat. Sofern eine Aufsüßung erforderlich ist, erfolgt diese durch einen Zusatz von gespritztem Most frischer Trauben und häufig auch von eingekochtem, karamelisiertem Most, bzw. durch eine gleichzeitige Verwendung beider Aufsüßungsmittel, wobei durch das letztere auch die gewünschte dunkelbraune Färbung erreicht wird.

Die so vorbereiteten, edlen Madeiraweine werden nun auf kleinere Fässer oder auch auf Flaschen abgefüllt und zwecks Reifung und Erzielung der besonderen Eigenart einer mehr oder weniger langen Wärmebehandlung unterworfen in besonders geheizten, hochtemperierten Lagerräumen oder durch Sonnenbestrahlung in Hallen, die mit Glasdächern versehen sind. Für Spitzenqualitäten wird die natürliche, langsamere Reife durch mehrjähriges Lagern im Keller vorgezogen. Guter Madeira braucht etwa sechs Jahre, um seine Reife zu erreichen.

Die von Madeirakennern bevorzugte Sorte ist „Fine old dry Madeira". Bernsteinfarben, mit typischem Madeirabukett, trocken, gezehrt, voller Rasse, Feuer und Charme zeigt er sich im Glas und bildet bei entsprechender Gelegenheit einen besonderen Genuß. Der Alkoholgehalt liegt bei etwa 19 Vol. %.

c) Sherry (Xeres-Wein)

Wenn man Wein getrunken hat,
weiß man das Rechte.
(Goethe)

Im Jahre 711 unterlag das Westgotenreich den vordringenden Arabern in der Schlacht bei Jerez de la Frontera. Die Stadt, die heute etwa 110 000 Einwohner zählt, liegt in der Provinz Cadiz, im südwestlichen Winkel Spaniens. Von dort kommen die Weine, die unter dem Namen Jerez, Xeres oder Sherry weltbekannt geworden sind.

Die klassische Produktionszone befindet sich innerhalb des Dreiecks, das die Städte Jerez de la Frontera, Sanlucar de Barrameda und Puerto de Santa Maria bilden. In diesem Gebiet der „weißen Erde", des Kalkbodens, werden nur weiße Weine gezogen. Die Feuchtigkeit des Winters wird aufgesaugt. Unter der südlichen Sonnenglut des Sommers erhärtet dann der Boden, doch die Wurzeln der Weinstöcke gelangen noch an die vorhandenen Wasserreserven. Dieser besondere Boden hat den Weltruf der Sherryweine geschaffen. Neben dem Kalkboden — „Albarizas" sagen die Einheimischen — gibt es noch Lehm- und Sandböden, die als „Barros" und „Arenas" bezeichnet werden. Das Jerezgebiet umfaßt auf 100 qkm etwa 45 Millionen Weinstöcke, wovon der größte Teil auf Kalkböden wächst.

Eine andere Voraussetzung für das Gedeihen des Weinstockes in diesem Gebiet ist die durch die Nähe des Atlantischen Ozeans bedingte hohe Luftfeuchtigkeit. 80. v. H. des Bodens bedeckt die Rebsorte Palomino, 15. v. H. etwa Pedro Ximenez. Die Weinlese fällt in die erste Septemberhälfte und wird durch eine Messe in der Colegiata, der größten Kirche von Jerez, und einen Festakt davor eingeleitet. Das Lesegut kommt in 11 kg fassenden Körben aus Olivenruten auf Maultieren zum Stapelplatz. Die Körbe werden auf Matten aus Halfagras entleert. Die Trauben, zu Pyramiden gehäuft, läßt man tagsüber in der Herbstsonne „kochen". Sie kommen dann in vollreifem Zustand in große Bottiche und werden von „Pisadores" (Austretern) zerstampft. Der scharfe Rand ihrer Nagelschuhe zerschneidet die Beeren. Dann gelangt die Traubenmaische in die Presse. Wie in den meisten südlichen Ländern verläuft die Gärung stürmisch. Das Ergebnis der neuen Lese wird in Mostkellern eingelagert.

Der eigentliche Aufbewahrungsraum des Weines ist die Bodega, die zu ebener Erde liegt. Der Fußboden besteht aus festgestampftem Lehm, mächtige Bögen verbinden die hohen Tragepfeiler miteinander. Die Räume selbst werden so angelegt, daß die vom Meer heranwehende frische

Seeluft frei hindurchstreichen kann. Die Temperatur in den Bodegas ist zwischen 15 und 20 Grad Celsius, also höher als in unseren Kellern.

Der Alkoholgehalt der Weine von Jerez liegt zwischen 14 und 15 Vol. %. Die Exportqualitäten werden mit Weingeist aufgespritet. Die Sherryweine werden zunächst grundsätzlich drei Jahre im Faß gelagert. Danach erfolgt die Einstufung durch die Fachleute. Man unterscheidet zwei Gruppen:

1. Finos (Feine) — Sie sind sehr trocken, haben herben Geschmack und helle, blasse Farbtönung, topasfarben sagt der Fachmann. Man bezeichnet sie als
   a) Finos, wenn sie gezehrt, ganz hell und strohfarbig sind,
   b) Amontillados, wenn sie bernsteinfarbig und etwas vollmundiger sind,
   c) Manzanillas, wenn die Weine aus Meeresnähe von Sanlucar de Barrameda stammen. Sie sind etwas alkoholärmer als die beiden erstgenannten.
2. Olorosos (Wohlriechende) — Sie sind dicker, dunkler und weniger trocken. Im Alkohol liegen sie höher. Man bezeichnet sie als
   a) Oloroso, wenn sie geruchskräftig sind,
   b) Palos cortados, wenn sie einen zwischen Oloroso und Amontillado liegenden Typ darstellen,
   c) Rayas, wenn sie sehr dunkel und süß sind.

Darüber hinaus gibt es die reinen Südweine mit Sherryton, die Dulces und die dickflüssigen Cremas.

Zwei Hauptvertreter werden unterschieden:

1. Pedro Ximenez, dickflüssig, sehr dunkel;
2. Moscatel mit deutlichem Muskat- und Rosinengeschmack.

In vielen Bodegas stoßen wir auf sehr große Bestände von Brandy, einem spanischen Weinbrand, der mild, aromareich und voll ist.

Bei der Bereitung des Sherry kennen wir zwei grundverschiedene Alterungssysteme. Bei dem einen, Añada genannt, wird der Faßwein sich selbst überlassen, altert also ohne jeden Eingriff. Es ist die einfachste Methode und zugleich die natürlichste. Nur ein Teil der Weine eignet sich allerdings dafür. Die andere Methode, Solera genannt, ist schwieriger. In den Fässern, die gesattelt in der Bodega lagern, befindet sich in der untersten Lage der älteste, füllfertige Jahrgang, während die oberste Reihe des Stapels, der im allgemeinen dreifach gesattelt ist, den jüngeren Wein enthält. Bei diesem Verfahren dürfen die 500 Liter fassenden Lagerfässer während der Dauer eines Jahres nur bis höchstens zur Hälfte geleert werden, und diese

Menge darf nur in getrennten Zeiträumen entnommen werden. Der abgezogene Wein wird wieder zugegeben aus Wein der nächsthöheren Reihe, also nächstjüngeren Weines. In der obersten Reihe wird mit dreijährigem Wein nachgefüllt. Die Fässer liegen stets hohl, nie spundvoll.

Alle Finos werden ausschließlich nach dem Soleraverfahren gewonnen. Die Gruppe der Olorosos kann aus dem einen wie aus dem anderen Alterungssystem stammen. Die Soleras bieten den Vorteil immer gleichbleibender Typen, wie sie besonders im Export verlangt werden.

Wenn wir den Wein in der Bodega am Faß verkosten, so bedient uns der Kellermeister mit der „Venencia". Das ist ein Heber, an dessen einem Ende ein Schöpfbecher aus Metall, Holz oder Rohr befestigt ist. Das Gerät wird durch das Spundloch rasch in das Faß eingeführt, füllt sich und wird herausgezogen. In hohem Schwung füllt der Einschenker die engen Sherrygläser, die sogenannten „catavinos", zur Hälfte. Es sind gestielte Gläser; der Becher hat Tulpenform. Diese Formgebung verfolgt den Zweck, das Weinaroma möglichst intensiv festzuhalten.

Es fällt bei einem Bodega-Rundgang auf, daß der Verschluß der Fässer, der Spund, nur leicht aufsitzt und nicht mit dem Hammer eingeschlagen wird wie bei uns. Man hält bewußt den hohlliegenden Wein unter Luftzutritt. Das ist eine Besonderheit der Behandlung der Sherryweine. Man will die Entwicklung des Hefepilzes fördern. Blicken wir in die Fässer, so erkennen wir eine dicke, weißliche Schicht auf der Oberfläche des Weines. Diese durch Oxydation entstandene Deckenvegetation, die man bei allen übrigen Weinen in- und ausländischer Herkunft vermeidet, ist hier notwendig und gehört zu den Elementen des Sherryweines.

Durch die Überwachungsbehörde „Consejo Regulador de la Denominación de Origen Jerez-Xeres-Sherry" werden die Erzeugnisse laufend geprüft. Beim Export aus Spanien wird ein Begleitzeugnis dieser Behörde ausgefertigt, die einen strengen Maßstab anlegt. Fälschungen von Sherry sind seit Bestehen der Kontrolle nicht mehr vorgekommen.

Sherry wird in der ganzen Welt getrunken. Besonders in England und in den nordischen Ländern ist er sehr verbreitet. Der feine Geschmack des Sherry neutralisiert den Gaumen. In Deutschland und dem Weinland Frankreich sind die trockenen Sorten als Aperitif vor dem Essen sehr beliebt. Der blaßfarbige (palido) Wein von Jerez paßt gut zu Oliven und ist mit Recht der Stolz Spaniens.

Arabische Republik Libyen

Darstellung von Weinblatt und Traube um die Zeitenwende während der römischen Besatzungszeit in Leptis Magna, Nordafrika, am Marmor-Pilaster der Septimus-Severus-Basilika

Portugal

oben: Die Weinstadt Porto am Dourofluß

unten: In kiellosen Booten segelten die Weine bis 1964 100 km douroabwärts in die Lager von Vila Nova de Gaia

Frankreich

In den Ostpyrenäen zwischen Banyuls und Perpignan wachsen im Roussillon in Meeresnähe Bukettrauben. Aus ihnen werden die bekannten Likör- und Apéritifweine gekeltert

Jugoslawien

Weingärten bei Maribor. Im Verlauf der letzten Jahre ging der Wiederaufbau der slowenischen Weingärten rasch voran. Es entstehen große Komplexe von je 50 ha, die mit Reben bepflanzt werden. Als Trauben wurden besonders gegen Philoxera widerstandsfähige Sorten ausgewählt. Die Rebflächen werden nicht mehr vertikal angelegt, obwohl sie an den Bergen liegen, sondern horizontal auf Terrassen, wodurch eine weitestgehende Anwendung von Maschinen ermöglicht wird

d) Tokajer

Trinke täglich Wein,
dann wirst Du gesund sein.
(Hippokrates)

Im nordöstlichen Ungarn, am Rande der Ungarischen Tiefebene, bilden die Hänge der Tokajer Berge im südlichen Teil der Hegyalja (= Bergabhang) den Mittelpunkt des Tokajer Weinbaugebietes. Von alters her ist dieser Bezirk durch strenge Weingesetze geschützt, welche verbieten, anderwärts gewachsene Weine in dieses Qualitätsgebiet einzuführen (und etwa als Tokajer zu verkaufen). Auch hier sind geologische Zusammensetzung des Bodens, klimatische Verhältnisse und die besondere Art der Traubengattungen (der Furmint, die Mehlweißer oder lindenblättrige Traube und die gelben Muskateller) für die einzigartige Beschaffenheit der Weine dieses kleinen Fleckchens Erde entscheidend. Die vom Bodrogfluß begrenzte Bucht zwischen Tokaj und Sáros-Patak liefert den weltberühmten Tokajer Wein.

Die Lese (Herbstung) zieht sich in sonnenbegünstigten Jahren bis in den Dezember hinein. Die zuckerreichen Trockenbeeren werden mit der Hand „ausgebrochen", in Holzbottichen bzw. Butten gesammelt und in gemaischtem Zustand feinen Mosten zugegeben. Die Tokajer lagern in kleinen, nur etwa 136 Liter fassenden Gebinden (Gönczer-Faß oder Kufe genannt). Sehr edle Sorten werden bei Mád, Tálya, Tarczal, Tolcsva, Olaszliszka und Erddöbénye gewonnen.

Man unterscheidet:

1. Tischwein (ohne Süße) aus den ihrer Trockenbeeren beraubten Trauben,
2. Szamorodner aus Trauben ohne Auslese der Trockenbeeren, ein gezehrter, wenig süßer, aromatischer, kräftiger, feuriger Wein, der in sehr günstigen Jahren an einen zweibuttigen Ausbruch heranreichen kann (die Butte von Tokajhegyalija faßt 28 l),
3. Mászláser, gezehrter Wein, 1-, 2- oder 3 buttig, aus Trauben mit Zusatz von Trockenbeeren, von süßer, milder und feiner Art,
4. Ausbruch (ungarisch aszu) oder Muskateller mit Zusatz von 5 oder mehr Butten sogenannten Ausbruchteigs der aufgerissenen Trockenbeeren auf ein Faß von 10 Butten Wein etwa. Einzigartiges Bukett und hohe Fruchtsäure vereinigt dieser edle Likörwein in vollkommener Harmonie.

Was aus diesem edlen Gemisch ohne zusätzlichen Druck von selbst abfließt, bildet die sogenannte „Essenz“, d. h. den kostbarsten Extrakt. Diese Edelweine benötigen viele Jahre zum Ausbau und gelangen nur selten in den Handel. Essenz wird ausschließlich aus einzeln ausgewählten, eingetrockneten und edelfaulen Beeren gewonnen, die bis zum Ende der Weinlese in Bottichen gehalten werden. Am Boden des Bottichs sammelt sich der aus den Trockenbeeren unter dem Druck des Eigengewichtes abgetropfte sirupartige Saft.

Wenn die Witterungsverhältnisse im Laufe des Jahres und ganz besonders zur Lesezeit ungünstig liegen, kann nicht „ausgebrochen“ werden. In solchen Jahren erfolgen keine gesonderte Lese und Kelterung.

Die Keller in der Hegyalja sind niedrig und gehen tief in die Hügel hinein. Ihre gleichmäßige Temperatur im Verein mit der Lagerung in kleinen Gebinden ist den Tokajer Ausbruchweinen besonders zuträglich. Der Alkoholgehalt beträgt etwa 13 Vol. %. In Deutschland hat die Firma Racke, Bingen, die Exklusivität für Tokajer-Weine.

e) Marsala und Marsala speciale

Der Alkoholismus wird durch Weingenuß in Schach gehalten.

(Bertillon)

In eigentümlicher Weise wird der „Marsala“ aus den westsizilianischen Weinen der Orte Marsala, Trapani und Mazzara del Vallo der Provinz Trapani sowie der beiden angrenzenden Provinzen Palermo und Agrigento hergestellt. Der Boden dieses Gebietes ist vorwiegend kalk- und tonhaltig. Außerhalb dieser durch Gesetz 1069 vom 4. Nov. 1950 festgelegten Zone, die nach geographischen und önologischen Gesichtspunkten begrenzt wurde, darf kein Marsala erzeugt werden. Das Gesetz und die dazugehörigen Verordnungen bestimmen in unzweideutiger Weise, welche Trauben für die Bereitung des Weins verwendet werden dürfen sowie die Mindestdauer der Alterung, die bis zu fünf Jahren währen kann. Die Dienststellen des Finanzministeriums und des Landwirtschaftsministeriums kontrollieren die Einhaltung der vorgenannten gesetzlichen Bestimmungen strengstens.

Es ist dem Unternehmungsgeist des Engländers John Woodhouse zu verdanken, daß die Zubereitung des Weines der um Marsala gedeihenden Trauben seit 1773 weitgehend verbessert werden konnte. Seitdem wird „Marsala“ exportiert. Woodhouse kam auf den Gedanken, dem Marsalawein 1,5 bis 2 Vol. % Alkohol zuzufügen. Dies machte den Wein haltbarer und schützte ihn auf langen Seereisen vor dem Umschlagen.

Der Grundwein zur Marsala-Herstellung besteht aus einer Mischung zahlreicher weißer Traubenweine. Man erhält einen hellgelben, sehr trockenen, gezehrten, starken Wein mit 13 bis 17 Vol. % Alkohol ohne besonders feines Bukett. Die auf der Insel angebauten Rebsorten sind Kreuzungen (Hybriden) mit europäischen Pfropfungen wie Berlandieri × Riparia 420 A oder Berlandieri × Rupestris (17/37). Diese können dem hohen Kalkgehalt (bis zu 60 %) und dem festen Boden widerstehen.

Zur Süßung werden dem Ausgangsprodukt Traubenkonzentrat aus „mosto muto" und zur Geschmacksvollendung „mosto cotto", d. h. auf indirektem Feuer in Kupferkesseln eingedickter Most, sowie Alkohol (Weinalkohol, Früchtealkohol oder anderer Sprit wie z. B. aus Johannisbrot) beigegeben. Trinkfertiger „Marsala" muß mindestens 17 Vol. % Alkohol haben, vielfach 18 Vol. %, ist von bräunlicher Farbe und hat häufig einen dem Karamel verwandten Ton.

Nach der italienischen Gesetzgebung wird unterschieden zwischen dem Konsum-Marsala „I. P.", was soviel wie italienische Spezialität bedeutet, und der Klasse der gehobenen Marsala „Superiore". Bekannte Qualitätsbezeichnungen dieser Gruppe sind S. O. M. (Superior old Marsala) und G. D. (Garibaldi dolce) in Erinnerung an den Befreier der Insel. Letztere sind süßer gestellt. Die feinsten Marsala haben einen edlen Sherryton und sind ganz trocken. Darüber hinaus gibt es die wirklich edlen Jahrgangssoleras; (vintage Marsala) bis 1840 sind sie erhältlich, wenn man Glück hat.

Eine dritte Kategorie stellen die „Marsala speciale" dar. Man bezeichnet sie als „aromatisierte Weine" oder als „weinhaltiger Aperitif"; sie sind als solche deklarationspflichtig. Es handelt sich um Marsala, der mit Ei (all uovo), Mandelschalen (mandorla), Erdbeeren (fragola), Schokolade, Bananenauszügen oder Kaffee versetzt ist. Neuerdings wird auch „Zabajone", eine Mischung von Marsala mit geschlagener kondensierter Milch und Ei, fabrikatorisch hergestellt, eine weinhaltige Spirituose, dickflüssig an Eierlikör erinnernd. Die Gruppe der „Marsala speciale" darf in Italien mit Zucker versetzt werden. Es sind typische Landesprodukte mit sehr starkem Export besonders in die angelsächsischen Gebiete. Infolge des großen Reiseverkehrs trifft man sie jetzt auch in der Bundesrepublik in vielen einschlägigen Geschäften.

Der Hafen von Marsala ist der Umschlagort für den aus der Insel Pantelleria stammenden ausgezeichneten „moscato passito de Pantelleria". Dieser Dessertwein besteht aus einem 14- bis 15-gradigen Wein aus Zibibbo-Trauben (alexandrinischer Muskat) und konzentriertem Traubenmost. Das qualitätsbestimmende Merkmal besteht darin, daß die Zibibbo-Trauben am Stock angeschnitten werden und somit an der Luft eine rosinenartige Austrocknung erfahren. Eine zweite Art wird ohne Mitverwendung von Trockenbeeren hergestellt und als „moscatello" im Gegensatz zu „moscato" bezeichnet. Auf den Inseln Salina und Stromboli wird der Malvasia von Lipari, ein feiner Dessertwein, erzeugt.

3. Konsum-Likörweine

Frauen mit kalten Augen und bissigen Bemerkungen,
die mit fest verschlossenen Lippen nie ein Lächeln zeigen,
sind wahrscheinlich Wassertrinkerinnen.

Spanien erzeugt den meist lohfarbigen, in seltenen Fällen goldgelben Tarragona, der handelsüblich 16 Vol. % Alkohol besitzt, und Malaga, der tiefdunkel (schwarz oder goldgelb mit 16 oder 18. Vol. % Alkohol ausgeführt wird. Bei beiden Süßweinen handelt es sich um kontrollierte Herkunftsbezeichnungen, die neuerdings aus steuerlichen Gründen mit nur 14 Vol.% Alkohol bereitet werden. Bei Malaga „Lacrima" wird spanischerseits neben 6 bis 10 Grad Baumé ein Alkohol zwischen 14 bis 23 Vol. % verlangt. In Griechenland finden wir auf Patras den nach der Traubensorte bezeichneten roten Mavrodaphne sowie die schweren, süßen, goldgelben Samos-Weine mit 18 Vol.% Alkohol, die von der gleichnamigen Insel stammen. In den Mittelmeerländern gedeihen die goldfarbigen Muskateller mit stark ausgeprägtem Bukett, die je nach Qualität auf 16 bis 18 Vol. % Alkoholgehalt gestellt sind. In Italien haben wir die roten Süßweine Aleatico und Recioto.

Zur Bereitung der Likörweine sind Trauben von hohem Reifegrad erforderlich, wie sie nur unter südlicher Sonne gedeihen. Daher ist der natürliche, aus den Trauben stammende Zuckergehalt verhältnismäßig hoch und bewegt sich um 200 Gramm im Liter mit Abweichungen nach oben und unten. Der Zuckergehalt von Likörweinen, der den Preis weitgehend beeinflußt, wird in der Praxis durch Baumégarde zum Ausdruck gebracht. Tarragona hat 3 bis 4°, Muskateller 6 bis 8° und Samos bis zu 9° Baumé. Der Säuregehalt der Südweine ist im allgemeinen gering und liegt zwischen 3 und 5‰. Die Likörweine gelangen zur Untersuchung auf Einfuhrfähigkeit, bevor sie im Bundesgebiet in Verkehr kommen. Das Zuckern von Likörweinen ist verboten.

Daß der Wein erfreut des Menschen Herz.
(Psalm 104, Vers 15)

XI. Werbung und Weinprämiierung

1. Qualitäts- und Absatzförderung deutscher Weine durch die Deutsche Landwirtschafts-Gesellschaft (DLG)

Im Zusammenhang mit der Schaffung von Qualitätswettbewerben für die wichtigsten land- und ernährungswirtschaftlichen Erzeugnisse durch die Deutsche Landwirtschafts-Gesellschaft wurde im Jahre 1950 die DLG-Bundes-Weinprämiierung eingeführt. Als Ergänzung zu diesem Wettbewerb der deutschen Spitzenweine hatte bereits im Jahre 1949 die Verleihung des Gütezeichens „Deutsches Weinsiegel" begonnen.

Ziel dieses Gütezeichens ist es, den Verbraucher beim Einkauf auf gute, einwandfrei gepflegte und gebietstypische deutsche Weine hinzuweisen. Dadurch soll einerseits dem Weinfreund die Auswahl beim Einkauf erleichtert und andererseits der Absatz unserer einheimischen Weine gefördert werden. Dabei ist nicht so sehr an die Kennzeichnung von Spitzengewächsen wie Trockenbeerenauslesen und Auslesen gedacht, die nur einen verschwindend kleinen Prozentsatz unserer Weinernte ausmachen, sondern vor allem an die Absatzförderung der Qualitätsweine b. A., wobei auch die sachgemäß angereicherten Weine in die Gütekennzeichnung einbezogen werden. Das Deutsche Weinsiegel wird im Auftrag der Deutschen Landwirtschafts-Gesellschaft, durch die Deutsche Weinsiegel-Gesellschaft mbH, in der die wichtigsten Spitzenorganisationen des deutschen Weinbaus vertreten sind, verliehen. Diabetikerwein erhält neuerdings ein gelbes Weinsiegel. Es sind die trockenen Weine mit einem Zuckergehalt von weniger als 4 g/l. Jede Flaschenpartie, die das Deutsche Weinsiegel trägt, wird durch eine für das jeweilige Weinbaugebiet zuständige Verleihungskommission auf ihre Qualität überprüft. Insgesamt sind neunzehn solcher Verleihungskommissionen in den einzelnen Weinbaugebieten gebildet worden. Diesen Kommissionen gehören ehrenamtlich tätige Vertreter des Weinbaues und der Winzergenossenschaften, des Weinhandels, des Gaststättengewerbes und neutrale Fachleute aus Verwaltung und Wissenschaft an. Die Mitglieder der Kommission für das gelbe Siegel setzen sich zusammen aus Landw. Dir. Horst-Ulrich Großer, Kellermeister Benno Kippes, Studiendirektor Dr. Paul

Knapp, Weinkaufmann Hermann Lorch, Betriebsleiter Robert Noll, Dipl. Landw. Richard Sebastian und dem Autor als Weinsachverständiger.

Die Grundregel für die Verleihung des „Deutschen Weinsiegels" fordert, daß nur solche Flaschenweine das Deutsche Weinsiegel erhalten, die die Eigenart ihres Ursprungs besitzen, im Geschmack harmonisch sowie in Farbe und Klarheit einwandfrei sind. Sie müssen ferner eine pflegliche Behandlung erkennen lassen und dem deutschen Weingesetz entsprechen. Die Überprüfung dieser Eigenschaften erfolgt anhand eines Bewertungsschemas. Um das Deutsche Weinsiegel können sich Winzer, Winzergenossenschaften, Weinhändler, Hotels und Gaststätten sowie Lebensmittel-Groß- und Einzelhändler bewerben, sofern sie die erforderlichen betrieblichen Einrichtungen und personellen Voraussetzungen besitzen.

Die Verwendung des Weinsiegels wird in Zusammenarbeit mit den einzelnen Verleihungskommissionen durch die „Weinberatungs- und Überwachungsstelle der DLG" überprüft. Sie hat darüberhinaus noch die Aufgabe, die weit über 3000 Betriebe, die das Deutsche Weinsiegel führen, in kellertechnischen und weingesetzlichen Fragen zu beraten. Die Überwachung der ordnungsgemäßen Verwendung des Weinsiegels wird dadurch erleichtert, daß es die Kennziffer des Betriebes, dem es verliehen wurde, trägt.

Im Verlauf der letzten Jahre gelang es dem Deutschen Weinsiegel in immer stärkerem Maße, das Vertrauen des Verbrauchers — aber auch der deutschen Weinwirtschaft — zu erringen.

Wie stark gerade in der letzten Zeit das Deutsche Weinsiegel an Bedeutung gewonnen hat, läßt sich daraus ersehen, daß bereits 1968 50 Millionen Flaschen Wein das Deutsche Weinsiegel trugen.

Aufgabe und Ziel der DLG-Bundesweinprämiierung ist es, ein eindrucksvolles Bild von den unter den jeweils gegebenen natürlichen Verhältnissen erzielten und erzielbaren Spitzenleistungen des deutschen Weinbaues zu geben. Sie soll dem Winzer als Leitschnur und Maßstab für die Erzeugung von Qualitätsweinen dienen und den Beteiligten Gelegenheit geben, ihr Können zu messen und zu beweisen.

Zur übergebietlichen DLG-Bundesweinprämiierung sind nur Weine zugelassen, die bereits auf einer Landes- oder Gebietsweinprämiierung einen Preis errungen oder mit mindestens 16 Punkten das Deutsche Weinsiegel erhalten haben.

Während also das Deutsche Weinsiegel als Gütezeichen das breite Angebot der gehobenen deutschen Q. b. A.-Weine dem Verbraucher kenntlich machen soll, ist die Bundesprämiierung ein Wettstreit der deutschen Spitzenweine. Ähnlich wie bei den übrigen Qualitätswettbewerben der DLG werden die besten Erzeugnisse mit DLG-Preismünzen ausgezeichnet, die als sichtbares Zeichen einer erfolgreichen Beteiligung den Betrieben die Möglichkeit zur Werbung geben. Die alljährlich veranstaltete DLG-Bundesweinprämiierung demonstriert die Spitzenleistungen des deutschen Weinbaues anläßlich einer Preisverteilung; dieselbe fand sowohl im Kurfürstlichen Schloß in Mainz, als auch im Heidelberger Schloß, auf der Festung Marienberg oder im Kloster Eberbach statt.

Außer den DLG-Preisen werden vom Bundesminister für Ernährung, Landwirtschaft und Forsten Ehrenpreise für hervorragende Gesamtleistungen eines Betriebes verliehen.

2. Absatzförderung im Ausland

Man soll nicht schenken Wein auf Wein,
es kann nicht nutz noch lustig sein.

Internationale Weinmessen finden in Ljubljana, Budapest, Sofia und Tiflis statt, um den Absatz zu fördern. Dort werden die eingereichten Proben aus zahlreichen Ländern* nach einem internationalen Punktschema bewerten und prämiiert. 1976 tagte in Ljubljana die Kommission der Degustatoren zum zweiundzwanzigsten Mal — dort ist die älteste der vorgenannten Weinmessen. Die deutsche Beteiligung ist besonders stark. Nach dem neuen Deutschen Weingesetz ist es verboten, die auf ausländischen Weinmessen erzielten Preise auf den Flaschenschildern bekannt zu geben.

Es wurden in zehn Tagen 1000 Weine, davon allein über zweihundert aus der Bundesrepublik vorgestellt. Jede der beiden Testerkommissionen besteht aus sechs international bekannten Weinverkostern der verschiedenen Anbauländer. Während der Sitzung, bei der nicht gesprochen werden darf, nehmen die Prüfer an getrennten Probiertischen Platz; jeder Meinungsaustausch ist untersagt. Die Weine werden blind verkostet, d. h. ohne Bekanntgabe des Herkunftslandes. Es wird lediglich vom Vorsitzenden angesagt, ob Tafel-, Qualitäts- oder Spezialwein (Dessertwein, aromatisierter Wein, Perlwein, Schaumwein) zur Verkostung gelangt. Fehlerhafte Weine werden von der Prämiierung ausgeschlossen. Die erlangte Punktzahl ist der Durchschnittswert, den die sechs Degustatoren durch die Sinnenprobe ermittelt haben. Es kommen bronzene, silberne und goldene Medaillen zur Verteilung.

---

* Australien, Bulgarien, Bundesrepublik Deutschland, Chile DDR, Frankreich, Griechenland, Israel, Italien, Jugoslawien, Malta, Mexiko, Neu-Seeland, Österreich, Peru, Rumänien, Spanien, Südafrika, Tschechoslowakei, UdSSR, USA.

3. Die Bedeutung der französischen Weinbruderschaften

Le vin est le professeur du goût
et, en nous formant à la pratique
de l'attention intérieure,
il est le libérateur de l'esprit
et l'illuminateur de l'intelligence.
(Paul Claudel)

Der Herzog von Aumale, einer der berühmtesten Heerführer Frankreichs des letzten Jahrhunderts, ließ seine Truppen einst beim Vorbeimarsch den Weinreben in der Nähe des Schlosses Clos de Vougeot militärische Ehren erweisen. Wie die Überlieferung es wissen will, sei ein militärischer Befehl selten mit größerer Bereitwilligkeit ausgeführt worden wie jener.

Die Bruderschaften des Mittelalters werden wieder ins Leben gerufen, die zugleich ein überaus wirksames Werbemittel für die französischen Weine im allgemeinen und für den Burgunder im besonderen werden sollten. Der Wahlspruch dieses erst 1934 gegründeten und auf mittelalterliche Gebräuche zurückgehenden Weinordens der Chevaliers du Tastevin lautet: Jamais en vain, toujours en vin (Im Zweifelsfalle immer der Wein).

Überall entstanden in den Jahren danach derartige Confréries, so die Jurade von Saint-Emilion und selbst an der Loire die Confrérie de la Chantepleure in Vouvray. Doch das Château de Clos de Vougeot und seine Confrérie des Chevaliers du Tastevin stehen in der Skala der französischen Weinorden an der Spitze. Über dreihundert Sitzungen ihres Kapitels fanden in den ehrwürdigen Räumen des Schlosses statt.

Zu den Mitgliedern des Ordens gehörten die französischen Staatspräsidenten de Gaulle und René Coty, Schauspieler wie Maurice Chevalier, Fernandel oder Alfred Hitchkok, Diplomaten wie Duff Cooper, Francois-Poncet und Charles Bohlen, oder Generäle wie Norstad und Gruenther. In den 42 Jahren seit Bestehen des Weinordens haben über hunderttausend Gäste an seinen Kapitelsitzungen teilgenommen, deren Höhepunkte jeweils ein Essen mit über fünfhundert Personen, sieben Gängen und sechs verschiedenen hochwertigen Rotweinen in den im Jahre 1110 erbauten Kellern des Renaissance-Schlosses gehört. Dabei ist der Andrang so groß, daß jedes Mal an die hundert Anmeldungen zurückgestellt werden müssen. Die acht Conseils des Ordens, die sich durch Wahlen selbst ergänzen, unterhalten die Tischrunde während des mehr als vierstündigen Diners mit Reden. Französische Wortspiele perlen wie Kaskaden über die Zuhörer dahin. Prominente Gäste werden aufgerufen und vorgestellt während die unermüdlichen „Garçons de Bourgogne“ einige Arien zum Besten geben.

Frankfurt a. M.

Jeden Monat am ersten Freitag tagt in der DLG die Kommission für das gelbe Weinsiegel (trocken und für Diabetiker geeignet). Die sachverständige Beurteilung erfolgt (von links nach rechts) durch die Mitglieder: techn. Betriebsleiter Noll, Landwirtschaftsdir. Großer, Winzermeister Steiner und den Autor als Weinsachverständigen. Viereinhalb Millionen Flaschen wurden 1975 gelbgesiegelt und jede zweite Flasche trug das Diabetiker Rückenetikett

Portugal

Roter Dao in Dames-jeannes (Übersee Korbflaschen), abgefüllt und banderoliert zum Export nach Schwarzafrika

Frankreich

Wie eine gewaltige Festung liegt die berühmte Ritterburg Clos de Vougeot inmitten des sanft ansteigenden Rebengeländes vor den Höhen der Côte d'Or. Das 1551 durch die Zisterzienser erbaute Schloß ist heute Sitz des bekannten Weinordens der „Chevaliers du Tastevin"

Frankreich

Im großen Kellerraum des Château Clos Vougeot ist anläßlich einer Kapitel-Veranstaltung des Weinordens Confrérie de Chevaliers du Tastevin die Tafel für 500 Teilnehmer gerichtet

4. Kulturelle Impulse durch das Collegium vini, Gesellschaft zur Pflege deutscher Weinkultur e. V. Frankfurt a. M.*

Nimmer würde ein Mensch,
der Durst nach Wein hat, so
sehnlich seiner begehren; dafern
nicht etwas von Gott in ihm ware.
(Meister Eckhardt, um 1300)

Laut § 3 seiner Satzung bezweckt dieser Verein die Pflege des Verständnisses für den rechten Umgang mit dem Wein als einem Element unseres kulturellen Lebens. Er will die notwendigen Kenntnisse zur Beurteilung des Weines vermitteln, über die sozialen und wirtschaftlichen Verhältnisse im Weinbau unterrichten, zur Beschäftigung mit der Literatur über den Wein und mit der Kulturgeschichte des Weines anregen sowie dazu beitragen, den deutschen Wein in seiner Vielfalt zu bewahren und ihm den gebührenden Platz unter den anderen europäischen und außereuropäischen Weinen zu erhalten.

Neben festlichen Weinproben finden Schulungsproben für die Junioren sowie Arbeits- und Jahrgangsproben für die interessierten Mitglieder und Kenner statt. Diese Proben werden zuvor von einem Gremium Weinsachverständiger in sogenannten Dreiergruppen oder Tonleitern gestellt. Der Vorsitzende des collegium vini, Herr Ulrich v. Pufendorf hat in jungen Jahren erste Impulse zur Förderung des Genusses guter und edler Weine in engerem und weiterem Kreise von Herrn Geheimrat Prentzel erhalten.
Der kulturelle Einfluß des Vereins ist erheblich. So wurden die deutschen Weine anläßlich der Beschickung der deutschen Weltausstellung in Brüssel von Weinsachverständigen des Collegiums bei einer Vorprobe ausgesucht. Im Verein wurde eine Unterteilung der einzelnen Weinsorten in nachstehende Gruppen erarbeitet:

1. Kneip- und Tafelweine, 2. Weine zum gehobenen Genuß mit differenziertem Geschmacksinhalt, 3. Alte Weine für die Besinnlichkeit, 4. Repräsentationsweine für Empfänge und festliche Veranstaltungen, 5. Edelweine, 6. Große alte Weine.

Doch auch der edelste und größte Wein bleibt unerkannt und unbewertet, wenn ihn nicht Menschen dankbar zu genießen verstehen, die über die entsprechende Bildung der Sinne und die Offenheit des Gemüts verfügen.

---

* Es gibt in der BRD eine Reihe ähnlicher Zusammenschlüsse und Bruderschaften. Die erste vollständige Zusammenstellung dieser Weinorden und ihrer Bestrebungen bringt Hansjörg Koch in seinem 1973 bei Orion-Heimreiter-Verlag erschienenen Buch „Im Zeichen des Dionysos".

5. Weinmuseen in Europa

Bundesrepublik Deutschland

1. Rheinisches Landesmuseum Trier
2. Mainfränkisches Museum auf der Festung Marienberg, Würzburg
3. Weinmuseum in Speyer
4. Weinbaumuseum in Meersburg (Bodensee)
5. Museum für die Geschichte des Weines, Rüdesheim

Frankreich

6. Das Burgundische Weinmuseum in Beaune
7. Das Museum des Conseil Interprofessionnel du vin de Bordeaux in Bordeaux
8. Weinmuseum in St.-Emilion
9. Weinsammlung im Château Mouton Rothschild, Pauillac (Gironde)
10. Weinsammlung Schloß „La Mission-Haut-Brion" Talence (Gironde)
11. Das Champagne Weinmuseum in Epernay
12. Espelosin Museum, Museum der Touraine für Rebe und Wein in Tours
13. Elsässischer Keller im Unterlinden Museum in Colmar
14. Das Benoit-Rachet Museum in Romanèche-Thorins
15. Louis Pasteur (1822—1895) — Haus in Arbois
16. Cognac Museum in Cognac
17. Armagnac Museum in Condom
18. Musé du vin, Angers
19. Maison du vin, Bordeaux
20. Musé du vin, Cérons (Gironde)
21. Château Lascombes, Margaux (Gironde)
22. Musé d'Espelosin, Rochecordon (I. et L.)

Italien

23. Museo Martini di Storia dell'Enologia in Pessione bei Turin
24. Das Weinbaumuseum Südtirols am Ringberg (Kalterer See)

Österreich

25. Das Weinbaumuseum in Krems

Schweiz

26. Schloß Boudry in Neuchâtel, musé de l'Areuse

Spanien

27. Das Weinmuseum in Vilafranca (Panadés)

Ungarn

28. Weinmuseum „Burg-Vinothek" Budapest

Der Wein ist der Meister
Der Menschen und der Geister.
(Aus dem Arabischen des Hariri um 1100)

XII. Hinweis auf verschiedenartige Literatur* zum Thema Wein

ABC der Weinbehandlung im Privatkeller, Mainz 1883
ADANS, LEON D., The Commonsense Book of wine, New York 1958
ADELMANN, RABAN GRAF, Das Lied vom Wein, Feiburg 1968
ALLINGER, ALBERT, Nach Florenz und in die Toskana, Junkersdorf
AMBROSI, HANS, Wo große Weine wachsen, München 1973 Deutscher Wein-Atlas mit Wein-Lexikon, Brackwede 1973
AMERINE, M. A., A check list on grapes and wines, 1959, The technology of wine making, Westport (Conn.) 1960, Sensory evaluation of wines, San Francisco (Cal.) 1964, Grape varieties for wine production, 1963
AMRINE, N. A., Der Weinbau in Japan, Die Wein-Wissenschaft 1964
ANDERS, M., Weine unseres Landes, Stuttgart
ANDREAE, ILLA, Alle Schnäpse dieser Welt, Stuttgart 1973
ANDRES, STEFAN, Wein-Pilger-Buch, Neuwied 1967, Die großen Weine Deutschlands, Berlin 1967, Die großen Weine Frankreichs, Die Mosel, Das Große Rheinhessen Buch, Gäste im Paradies, München 1956
ANDRIEU, PIERRE, Notre ami le vin, Paris 1967, Guide pratique des vins et alcools de France, Paris, Petite histoire de l'etiquette, Paris 1945, L'art de la table, Les fines gueules de France, Les vins de France ... et d'ailleurs, Le monde à table, Chronologie anecdotique du vignoble français, Alcool, flamme de l'esprit, Le livre d'or du Bourgogne, Petite histoire de la Bourgogne et de son vignoble, Petite histoire de Bordeaux et de son vignoble, Histoire des sociétés bachiques et gastronomiques françaises d'autrefois et d'aujourd'hui, Petite histoire de la Champagne et de son vignoble, Stratégie de la table et de l'amour
ARBELLOT, SIMON, Tel plat ... tel vin, Paris 1963
D'ARMAILHACQ, A., De la Culture des vignes dans le Médoc, 1850 / Arnaboldi, Jean Doucet, Louis / Bret, Michèle / Diarté, Pierre, Encyclopédie des boissons
ARNTZ, H., Zur Kulturgeschichte unserer Getränke in Altdeutscher Zeit, Wiesbaden 1966, Das kleine Weinlexikon, Mainz 1959, Das kleine Sektlexikon, Stuttgart
ARTHOLD, M., Handbuch der Kellerwirtschaft, Wien 1950
AUBERTIN, CH., s. Danguy

BABO, VON, Der Weinstock und seine Varietäten, Frankfurt 1857
BABO, VON / MACH, Kellerwirtschaft und Weinbau, Berlin 1896
BABO, VON / RÜMPLER, Kultur und Beschreibung der amerikanischen Weintrauben, Berlin 1885
BANDER, L., Rationelle Behandlung des Weines, Reutlingen
BANDER, O., Der Wein- und Obstbau Südtirols mit der besonderen Berücksichtigung des Unterlandes, Diss. Wien
BARENNES, J., Viticulture et vinification en Bordelais au Moyen Agc, 1912
BARRON, Die Weinrebe und ihre Kultur unter Glas, Stuttgart 1895
BARTH, M., Der Rebbau des Elsaß und die Absatzgebiete seiner Weine, Straßburg 1958

---

* Eine vollständige Zusammenstellung des deutschsprachigen Schrifttums enthält die Biographie zur Geschichte des Weines von Renate Schoene, herausgegeben von Karl Fill, Mannheim 1976

de Bary, Herbert, Von der Rebe bis zum Gaumen, Trautheim 1949, Eigenarten der europäischen Weine (1. — 11. Aufl.), Trautheim 1951 — 1968, Eigenarten der europäischen Weine (12.—15. Aufl.), Heusenstamm 1970—1974, Der Wein erfreut des Menschen Herz, München 1974, Europas Weine, D. Lufthansa 1976
Bassermann-Jordan, von, Geschichte des Weinbaues, Frankfurt 1923, Der Weinbau der Pfalz im Altertum, Speyer 1947, Das Weinbaumuseum im Historischen Museum der Pfalz zu Speyer, 1947, Schiller und der Wein, Neustadt 1936
Bauer, M., Der Deutsche Durst, Leipzig 1903
Baumann, Handbuch des Süßmosters, Neustadt, s. Michel
Baumhauser, Hermann, Württemberg, Weinbrevier, Stuttgart
Beck, Wine book, New York 1964
Becker, Helmut, Pflanzgut und Sorten im Weinbau, Neustadt
Becker, Theo, In der Rebe das Leben, Neustadt 1970, Pflanzgut und Sorten im Weinbau, Neustadt
Becker, Werner, Moderner Weinverkauf, Neuwied 1967
in der Beek, C. C., Die scharfen und die süßen Sachen von Allasch bis Zwetschgenwasser, Stuttgart 1958
Beier, Friedrich-Karl, Der Schutz geographischer Herkunftsangaben in Deutschland, Neustadt
Belloc, H., Ratschläge für Wein, Speisen und anderes, Mainz 1969
Bender, E., Weinhandel und Wirtsgewerbe im mittelalterlichen Straßburg
Benker, Gertrud, Der Gasthof, München 1974
Berengier, Lettres de noblesse de cassis, Marseille
Bermich, W., Die Mosel, Köln 1973
Bernt, Walther, Sprüche auf alten Gläsern, Freiburg 1928
Berry, Charles, In search of wine, London 1935, First steps in wine making, Andover, Hants
Bertall, (Charles Albert d'Arnoux), La Vigne, le voyage autour des vins de France, Paris 1878
Besser, Klaus, Kenner, Snobs und große Köche
Beyse, J., Kellerbüchlein des wohlerfahrenen Weinwirts, für Weinproduzenten und Weinwirte, Stuttgart
Biarnez, M. O., Les grands vins de Bordeaux (l'influence du vin sur la civilisation), Paris 1849
Bibulus, Das 1 x 1 des guten Weines, Gütersloh 1972
Bieber, s. Vogt
Biehn, Heinz, Der Rheingau, Lustgarten der Natur, Amorbach, Romantiker malen am Rhein, Amorbach
Bieser, K. L., Untersuchung über die Mindestbetriebsgröße weinbaulich-wirtschaftlicher Gemischtbetriebe in Rheinhessen, Diss. Gießen 1962
Bildkalender Weinland Baden, Mannheim
Billard, La vigne dans l'antiquité, Lyon 1913
Bilm, Peter, s. Castor, Paul
Bilm / Keschov, Das Weinbuch, München 1969
Binding, Rudolf G., Moselfahrt aus Liebeskummer
Birk, s. Muth
Blankenhorn, Bibliotheca oenologica, Heidelberg 1875
Blaul, Manfred, Die Qualitätsweine der Europäischen Wirtschaftsgemeinschaft, Diss. Würzburg 1974
Bocker, H. u. a., Das Weinbuch, Leipzig 1963
Bocker, H., s. Gollmick
Bode, Kurze Geschichte der Trinksitten und Mäßigkeitsbestrebungen in Deutschland, München 1896

Bode, Charles, G., Wines of Italy, New York 1956, Italiens Weine, Mainz 1966
Boehle, Bernd, Bei einem Wirt zu Gast, 1957
Böhme, G., Liebeserklärungen an den Wein
Böhming, Karl, Weinhandel und Wirtsgewerbe in Baden
Böttiger, Theodor, Die Weine Italiens, Die Weine Deutschlands, Die Weine Spaniens mit Portwein, Sherry und Madeira, München 1972, Das große Lexikon vom Wein, München
Borie, Paul de la, Le Docteur Rabelais et le vin, Paris 1948
Bourquin, Constant, Connaissance du vin
Boutruche, R., La crise d'une société: Seigneurs et paysans du Bordelais pendant la guerre de Cent Ans, 1947
Brejoux, Pierre, Les vins de Bourgogne, Les vins de Loire, Paris 1956
Bret, Michele, s. Arnaboldi
Brillat-Savarin, J. A., Physiologie des Geschmacks, München 1962
Brinitzer, Carl, Bacchus, Gambrinus und Co, Berlin 1972
Brogsitter, Walter, Der Rechtsschutz geographischer Herkunftsbezeichnungen von Weinen im deutschen und französischen Recht
Broicher / Nicke, Grundlagen weinbaulicher Betriebswirtschaft, Frankfurt 1953
Bronner, Die wilden Trauben des Rheintals, Heidelberg 1857, Klassifikation der Traubenvarietäten, Heidelberg 1878
Brückbauer, H. / Rüdel, M., Die Viruskrankheiten der Rebe, Neustadt 1971
Brunet, R., Le commerce des vins et spiritueux, 1933, Dictionnaire d'Oenologie et de Viticulture, Les maladies du vin et le matériel de préservation des vins, 1930, Le vignoble et les vins d'Alsace, 1932
Brunet, R. / Chaminade, Les vins de liqueur
Brunet, s. Maigne
Buat, C., Production et marché des vins de la Loire, Paris 1954
Burchers, Th., Kellerlexikon, Luzern
Burnand, Guy, La fête des vignerons 1955, Lausanne 1956
Butler, Wine and the wine-lands of the world, London 1926
Buxbaum, W., Weinbewertung nach Punkten, Dt. Weinbau 1951, 203

Callenius, H., Der Weinbau im kleinbäuerlichen Betrieb, Diss. Hohenheim 1960
de Camiran, J., Le vignoble du pays Nantais, Nantes 1937
Campbell, Jan Maxwell, Reminiscences of a vintner, London 1950
Carling, T. E., The complete Book of drink, London 1951
Carter, Youngmann, Bordeaux und Burgunder, Mainz 1969
de Cassagnac, Paul, French wines, 1930
Castor, P. / Bilm, P., Das große Party-Buch, München 1967
Catalogue des collections ampélographiques entretenus dans le monde, Paris
Causse, E., Der Mensch und die Kultur der Rebe, Neustadt 1958
Chabanon, s. Puisais
Chaminade, s. Brunet
Chaminade, La production et le commerce des eaux-de-vie de vin, 1933
Chancrin / Long, La viticulture moderne, Paris 1948
Chancrin / Siloret, Le vin, Paris 1963
Chappaz, G., Le vignoble et le vin de Champagne
Chauvet, Maurice, La route du vin, Paris 1950
Christen, Hanns U., Wein muß hinein, Zürich 1969
Christoffel, Karl, Durch die Zeiten strömt der Wein, Berlin 1957, Trost und Weisheit des Weines, Heidelberg, Wein-Lese-Buch, München 1970, Moselfahrten weinvergoldet, Mannheim 1968, Wein-Weisheiten, Mannheim 1972, Trösterin der Rebe, München 1960, Wein-Wallfahrt durchs Moselland, Ein Krug voll Wein

Church, R. E., The American guide to wines, Chicago 1963
Churchill, Creighton, A note book for the wines of France, New York 1961, The world of wines
Cinsolo, Felice, Dizionario del gourmet, Milano 1961
Claus, Paul, Der Riesling und seine Weine, Traben-Trarbach 1967
Cockburn, Ernest, Port wine and Oporto, London 1948
Cocks, Ch. / Feret, Ed., Bordeaux et ses vins, Bordeaux 1949
Conrath, Karl, So lacht man beim Wein an Mosel und Saar, Saarbrücken
Coombe, B. G., Phylloxera and its relation to South Australian viticulture, Adelaide 1931
Cornelssen / vom Endt, Der Weg zum Wein, Mainz 1963
Cornelssen, Friedr. A., Deutsche Weinfibel, Mainz 1967, Die deutschen Weine, Stuttgart 1970, Das Buch vom deutschen Wein, Mainz 1954, Dıc fröhliche Weinprobe, Stuttgart 1976
Cornelssen, Hertha, Koche mit Wein, Neustadt 1966
Costa Lima J. J., Was ist Portwein, Porto 1955
Couillard, s. Lafon
Croft-Cooke, Rupert, Sherry, New York 1956
Cruess, W. V., The principles and practise of wine making, New York 1947

Daehne, Paul, Der Holzbauch, Berlin/Leipzig
Daepp, H. U., Häusliche Fruchtsaftbereitung, 1966
Dafsa, Destilleries et spiritueux, Paris
Dahlem, H. W., Der Weinstock, Wachstum bis zur Reife, Mostgärung, Weinrückstände, Kellerbehandlung, weinartige Getränke
Danflou, Alfred, Les Grands Crûs, Bordelais, 1967
Danguy, R. / Aubertin, Ch., Les grands vins de Bourgogne, Dijon 1892
Daub, s. Linsemaier
Debuigne, Gerard, Dictionnaire des vins, Paris 1960
Decker, K. / Weiss, K. W., Fein, fein schmeckt uns der Wein, Zürich
Deichmann / Wolf, Weinchronik — Tausend Jahre Wein an Mosel, Rhein und Main, Stollhamm 1950
Delamain, P., Histoire du Cognac, Paris
Deramond, J. / Ville, R., Weine aus Frankreich, Paris
Deslandes, P., Le Livre de la Vigne et du Vin, Vignés et Vins de Neuchâtel, Le vin et nos vignes, Lausanne 1930
Dettori, Renato G., Italian wines and liquerus, Rom 1953
Deutscher Wein, Mainz 1973
Deutscher Weinatlas, Mainz 1973
Deutsche Weinfibel, 1962
Diarte, Pierre, s. Arnaboldi
Dijon, Roger, Historie de la Vigne et du Vin en France des origines du 19e siècle
Dinaux, Arthur, Les sociétés Badines, Bachiques, Paris 1867
Diriest, H., Reben- und Wein-Vademekum eines guten Schweizer Weinkellers, Basel
Doderer, O., Kleines Buch vom Wein, Köln 1941
Domerq, S., Etude et classification du vin de la Gironde, Diss. Paris 1956
Dorfner, Konrad, Ionenaustauscher, Neustadt 1975
Dornfeld, J., Geschichte des Weinbaues in Schwaben, Stuttgart 1868
Dorsch, Die Echtheit des Weines in den mittelalterlichen Stadtrechten und im alten deutschen Weinrecht, Diss. Erlangen 1946
Doucet, Louis, s. Arnaboldi; Le vin en 10 leçons, Paris
Doutrelant, Pierre-Marie, Les bons vins et les autres

DRACHENDORFF, E. / KRAUSE, L., Rostocker Weinbuch von 1382 bis 1391
DUBOIS, JACQUES, Le vigneron vaudois et ses vins, Lausanne 1944
DUMAY, RAYMOND, Guide du vin, Paris 1967, Französische Weine, München
Guide des vins de pays, Paris
DUPUIS, s. Preuschen
DURKAN, ANDREW, Vendange, London 1971
DURNWALDER, E., Der Wein des Bündner Rheinthales, Zofuige 1940

EISSEN, The raisin industry (Kalifornische Weinkultur), San Francisco 1892
EMER, P., Geschichte der Weinflasche, Gerresheim 1964
VOM ENDT, s. Cornelssen
VOM ENDT, R., Deutscher Weinatlas, Mainz 1963
ENGEL, Dessertweine, Wermutweine und Kräuterweine
ENGEL, FERDINAND, Vom verständnisvollen Trinken, Wien 1953
ENGELHARDT-VOGT, Reben am Oberrhein, Neustadt 1952
ENGELMANN, PETER, Die gepflegte Hausbar, München
ERICH, WALTER, Die moderne Fruchtsaftindustrie, Neustadt
EYLAU, Vin et santé, Soissons

FADIMAN, CLIFTON, Dionysus (tales about wine), New York 1962
FAES, Lexique vitivinicole international, Lausanne 1940
FEILCHENFELD, Die Stellung der Weine und Spirituosen im Friedensvertrag 1920
FELDHOFF, H.-H., Ein Vierteljahrhundert Viertelesschlotzer beim Fellbacher Herbst, Fellbach 1972
FERET, E., St.-Emilion et ses vins, 1893, s. Malvezin
FERRE, L., Traité d'oenologie bourguignonne, Paris 1958
FERRE / MICHEL, Cours pratique d'oenologie, Beaune 1933
FERRET, s. Cocks
FISCHER, M., Kellerwirtschaftlicher Leitfaden, Stuttgart 1954
FISHER, M. K. F., The story of wine in California, Berkeley (Cal.) 1962
FORGEOT, s. Poupon
FORGEOT, Guide de l'Amateur de Bourgogne, Paris 1967, Les Contes de mon tastevin, 1968, Meilleure connaissance du vignoble bourguignon, 1969, Pélerinage aux sources de Bourgogne, Colmar 1971
FORSTER, ROBERT, The Noble Wine producers of the Bordelais in the eighteenth century, Economic History Revier, 1961
FRANCIS, A. D., The wine trade, London 1972
FRANCK, H., Ein Beitrag zur Frage des Weinbaues in der Schweiz, Diss. Hohenheim 1955
FRANCK, RUDI / JUNGE, Weinanalytik, 1970
FRANCOT, s. Nègre
FRASS, HERMANN, Wein und Weinbau in Trentino (Südtirol) Bozen 1964
FRASS / RIEDL, Einkehr in Südtirol, München 1973
FREIHOLD / WEISENSEE, Leitfaden für den fränkischen Winzer durch das neue Weinrecht, Würzburg
GALLET, P., Cépages et vignobles de France, Montpellier
GALLOIS, Handelsbräuche und allgemeine Verkehrssitte im deutschen Weinfach
GALTIER, G., Le vignoble de Languedoc méditerranéen et du Roussillon, Montpellier
GANDILHON, R., Naissance du Champagne-Dom Pérignon, Paris
GANDON, Y., Champagne, Neuchâtel
GAROGLIO, P. G., Die neue Önologie, Firenze 1959, Der neue Weinbau, Firenze 1963, Enceclopedia vitivinicola mondiale, Atlante enografico dell' Italia, Milano 1973

Garonne, Vini pregiati del vecchio Piemonte, Rom 1963
du Gasset / Maujouan, Le Muscadet, Nantes 1952
Gaubert, L., Armagnac, Terre Gascogne, Toulouse
Gaudon, Y., Champagne
Gault, H. / Milliau, Ch., Le guide du Champagne, New York
Gay, Charles, Vouvray, ses vignes et ses vignerons, Tours 1944
Gayer, s. Hoffmann
Geay, Louis, Guide des vins et de leurs-à-côtés, Ed. de la courtille
Geiss, Lisbet, Die lustige Weinansprache (mit Zeichnungen von Wilhelm Busch), Neustadt 1971
Geiss, E., Drehscheibe zur Ermittlung des Zucker- bzw. Zuckerwasser-Zusatzes bei der Anreicherung von Most und Wein, Friedelsheim 1973
Geiss, W., Gezügelte Gärung, Frankfurt 1952, Lehrbuch für Weinbereitung und Kellerwirtschaft, Bad Kreuznach 1960, Kaltsterile Abfüllung von Wein, Mainz 1957, Biologische Kontrolle kaltsteril abgefüllter Weine
Geisser, T., Deutscher Weinatlas, Mainz, Die Bezeichnungen der schweiz., österr., ital., franz. u. dtsch. Weine, Bern 1968. Die Getränkeindustrie der Schweiz, Zürich
Girard, J., Le vigne et le vin en Franche-Comté, Besançon
Gögler, A., Tabelle zur Ermittlung des Inhalts teilweise gefüllter Fässer, Neustadt 1957
Goethe, H., Ampelographisches Wörterbuch, Wien 1876, Handbuch der Ampelographie Berlin 1887
Goethe, R., Handbuch der Tafeltraubenkultur, Berlin 1895
Goetz, Bruno / Madel, Waldemar, Deutsches Weinjahrbuch, Waldkirch 1970
Goldschmidt, Eduard, Deutschlands Weinbauorte und Weinbergslagen, Mainz 1951
Goldschmidt, Fritz, Das Weingesetz vom 25. 7. 1930, Mainz 1930
Gollmick, Friedrich / Bocker, Harald / Grünzel, Hermann, Das Weinbuch, Werden des Weins und der Rebe bis zum Glase, Leipzig 1970
Gordon-Bagnali, Wines of South-Africa, Paarl 1961
Got, Norbert, Le vivre de l'amateur de vins, Perpignan
Graeter, Carl Heinz, Mainfranken-Fibel, Konstanz 1973
El gran libro del vino, Madrid 1971
Le grand livre du vin, Lausanne 1969
Grand, Le vin d'Arbois, Arbois
Gräter, F., Über 700 Jahre Weinbau am Kocher und Schw. Hall, Neustadt, Unterwegs am Steigerwald
Graudenz, Karlheinz, Der Wein, München, Der Wein erfreut des Menschen Herz, München 1960
Greiner, L., Der Weinhandel in der Schweiz grell beleuchtet, Zürich
Grossman's Guide to wines, London 1964
Grünzel, s. Gollmick
Guiller, s. Puisais
Guillon, E., Les Châteaux historiques et vignobles de la Geronde, 1866
Gutkind / Wolfskehl, Das Buch vom Wein, München 1927
Guyot, Etudes des vignobles de la France, Paris 1876

Haas, R., Rheingauer Geschichts-Weinchronik, Wiesbaden 1854, Neudruck 1971
Hahn, Helmut, Die deutschen Weinbaugebiete, Mainz 1951
Halasz, Zoltan, Das Buch vom Ungarnwein, Budapest 1958
Hallgarten, S. F., Alsace and its wine gardens, London 1957, A guide to the vine yards, Estates and wines of Germany

Rüdesheim, Rh.

Die weltweit besuchte und belebte Drosselgasse mit den bekannten Weinlokalen

Jugoslawien

Mehrgeschossiger Turm im Kellertrakt Vipava, 1959 erbaut. Vorne der „Bahnhof" mit zwei überdachten Rampen zur Anlieferung des Erntegutes

Jugoslawien

Blick in die oberirdische Kellerei Vipava in deren Zentrum sich die Lagerbehälter befinden; Kurze innerbetriebliche Transportwege, zentrale Steuerung und Konzentration der Betriebsleitung sind die Merkmale

Jugoslawien

Die Mitglieder der internationalen Bewertungskommission für Weine anläßlich der 10. Internationalen Wein-, Branntwein-, Fruchtsaft- und Ausrüstungsmesse in Ljubljana 1964. Vorsitzender: Prof. Dipl. Ing. Miran Veselic; Mitglieder: Dr. Maynard A. Amerine, USA; Herbert de Bary, Frankfurt am Main; Jean Bougerol, Paris; Iwan Petrow Burdjiew, Sofia; Dipl. Ing. Slavko Drazic, Zagreb; Arsen Feodorowitsch Charitonoff, UdSSR; Dipl. Ing. Frantisek Kohout, Prag, CSSR; Josip Levanic, Ljubljana; Jerzy Pankowski, Polen; Dr. Vojistav Radovanovic, Belgrad; Wilhelm Scaria, Graz; Dipl. Ing. Stefan Teodorescu, Bucarest; Alexander Wassiliewitsch Trofimtschenko, UdSSR; Dipl. Ing. Kosta Georgijev Kronev, Bulgarien; Dipl. Ing. Vasile Negritu, Rumänien; Dipl. Ing. Gerhard Wenzl, Wien; Cav. Uff. Stefano Zaccone, Italien

HAMM, WILHELM, Das Weinbuch, Leipzig 1886, Europas Weinkarte, Stuttgart
HARTMANN, H., Cognac, Armagnac, Weinbrand, Neustadt
HASZONICS, J. J., Wine merchandising, New York 1963
HAUFF, W., Phantasien im Bremer Ratskeller, Bremen 1969
HEALY, MAURICE, Claret and the white wines of Bordeaux, 1934
HEDRIK, U. P., Grapes and wines from home vineyard, New York 1945
HEIM, ERWIN, Worte und Sprüche vom Wein
HELLENTHAL, Hilfsbuch für Weinbesitzer, Wien 1883
HENDERSON, A. L., The history of ancient and modern wines, 1824
HENKELS, WALTER, Bacchus muß nicht Trauer tragen, Wien 1973
HENNIG, K., Untersuchungsmethoden für Wein und ähnliche Getränke, Stuttgart 1973
HERDI, FRITZ, Kneipenpoesie, Zürich
HERWIG, EUGEN, Weiland Baden, Mannheim 1969, Weinfahrten in Schwaben, München 1972, Fahrten durch das badische Weinland, München 1970, Über den Einfluß von schwefliger Säure und 1-Askorbinsäure bei der Weinbereitung, Diss. Zürich
HEUSS, THEODOR, Weinbau und Weingärtnerstand am Neckar, Neustadt 1950
HEYSE, PAUL, Neuer Wein, lyrische und epische Dichtungen, Stuttgart 1911
HIERONIMI, HERMANN, Weingesetz, München 1967
HILL, KARL HEINZ, Rüdesheimer Auslese, Wiesbaden
HILLEBRAND, WALTER, Taschenbuch der Rebsorten, 1973, Weinbau Taschenbuch, Neustadt 1975, Rebschutz Taschenbuch, Neustadt 1975
HILPERT, MARIANNE, Von Häckern und Winzern am Maindreieck, 1973
HOCHSTRASSE, R., Über einige Bedingungen bei Lindwerden der Weine, Diss. Zürich 1955
HÖRTER, J., Der rheinländische Weinbau, Coblenz 1822, Über die Aufbewahrung und Behandlung der Weine, Coblenz 1844
HOFFMANN, KURT M., Weinkunde-Stichwörter
HOFFMANN, P., Der Burgunderanbau an der Ahr, Ahrweiler
HOFFMANN / GAYER, Das Schwäbische Weinbuch, Stuttgart 1965
HOFFMEISTER, H., Der Anekdotenschatz von der Antike bis auf unsere Tage, Berlin 1957
HOLLANDE, M., Connaissance du Champagne, Paris
HOLTHÖFER-NÜSSE, Das Weingesetz, Berlin 1958
HÖRETH, A., Die deutsche Gärungsindustrie, ihre geschichtliche Entwicklung und ihre Bedeutung innerhalb der deutschen Volkswirtschaft, Weinsberg 1935
HORNICKEL, ERNST, Der Weinkenner, Stuttgart 1972, Die Spitzenweine Europas, 1971, Der private Weinkeller, Wein-Gotha, Wein-Sorten, Wein-Keller, Wein-Reisen, 1971, Die Weinbewertung und Weinansprache, Untersuchungsmethoden für Wein und ähnliche Getränke, Neustadt
HUDE, s. Lafon
HÜGEL, JEAN, Der Wein aus dem Elsaß
HUYN, GRAF H., Das Tiroler Weinbuch, Stuttgart 1969
HYAMS, EDWARD, The wine country of France, Philadelphia 1960, Dionysus: a social history of the vine, 1965

INDERBITSIN, J., Weinkarte der Schweiz, Luzern

JACOBSEN, ED., Kellerei- und Getränkekunde, Berlin
JAKOB, L., s. Henning
JAKOB, L., Die Berechnung von Verschnitten unter besonderer Berücksichtigung der Dosage von Wein mittels Süßreserve, Neustadt, Weinbewertung und Wein-

ansprache, Neustadt 1973, Verbesserungstabellen zur Ermittlung der Anreicherung von Most und Wein, Neustadt, Kellerwirtschaftliches Lexikon, Neustadt 1975

JAMES, W., Wine in Australia, London 1962

JAPANISCHE GETRÄNKE, Spirituosen und Weine, Hamburg 1969

JAQUELIN, L. / POULAIN, L., The wines and vineyards of France, New York 1962

JEFFS, JULIAN, The wines of Europe, London 1971

JELLINEK, GISELAR, Wissenschaftliche Grundlagen der sensorischen Geruchs- und Geschmacksanalyse, 1968

JELUSICH, M., Weinschmecker und Weinbeschenkte, Lobspruch des Wiener Heurigen, Wien 1962

JEROMIN, ROLF, Die kleine Fibel vom Wein, Gütersloh, Weinbrevier, Gütersloh 1972

JESIONEK-BRUSTBAUER Das österreichische Weingesetz und seine praktische Anwendung, Wien

JOHNSON, HUGH / KRÜGER, ARNE, Das große Buch vom Wein, München 1969, Der große Weinatlas, Bern 1972

JÜLLIEN, F., Der erfahrene Weinkellermeister, Braunschweig

JULLIEN, A., Topographie de tous les vignobles connus, Paris 1871, Manuel du sommelier, 1826

JUNG, HERMANN, Der lachende Wein, Duisburg 1951, Wein in der Kunst, München 1961, Visitenkarten des Weins, Duisburg 1966, Närrische Volkskunst, Duisburg 1970, Traubenmadonnen und Weinheilige in Kunst und Volksbrauch, Neustadt 1971, 3000 Jahre Bocksbeutel, Würzburg 1973, Wein-Exlibris, 1973

JUNG, MATHILDE, Eine Landschaft kocht, Neustadt

JUNGE, CHARLOTTE, s. Franck

JUNGE, Prof. Dr., Weinanalytik

JURSA, O., Das Wachauer Weinbuch, Salzburg 1961, Der Wachauer Weinbau, Stuttgart 1961, Burgenländisches Weinbuch, 1962, Steirisches Weinbuch, 1967, Südtiroler Weinbuch 1965, Wiener Weinbuch 1964.

JURSA / RUCKENBAUER, Wein aus Österreich, Wien 1972

KAHN-ACKERMANN, Trost der Reben

KALINKE, HELMUT, Der Rheingau, Wiesbaden 1969

KALTENBACH, MARIANNE, Gute Weine — frohe Gäste (Plaisir de recevoir), Vevey

KARLOWITZ, VON, Versuch einer Kulturgeschichte des Weinbaues, Leipzig 1846

KATARIAN, T. G., Rebsorte und Qualität des Ertrages, Simferopol, Album wissenschaftlicher Forschungs-Institute für Önologie, Jalta

KATONA, J., Weinbau und Weinbaugebiete Ungarns, 1963

KECHT, J. S., Verbesserter praktischer Weinbau in Gärten und auf Weinbergen, Berlin 1850

KELLER, JOSEF, Weinland Rheinpfalz, Bad Dürkheim 1960

KELLERMANN, DIETER, Cognac oder von der Seele einer Landschaft, Wien 1968, Trinksprüche, Richtsprüche, Gästebuchverse

DE KERDELAND, J., Histoire des vins de France, Paris

KESCHOV, s. Bilm

KIAULEHN, WALTHER, Rüdesheimer Fragmente, Rüdesheim 1949

KIELHÖFER, E., Moderne Kellertechnik, Stuttgart 1937

KIRCHER, Die sakrale Bedeutung des Weines im Altertum in seiner Bedeutung zur Gottheit, Diss. 1910

KITTEL-BREIDER, Das Buch vom Frankenwein, Würzburg 1958

KLASS, Weinlexikon, Berlin 1885

KLEISER, PETER, Bedeutung und Auswirkung der Mehrwertsteuer für die Weinwirtschaft

KLEBERG, T., In den Wirtshäusern und Weinstuben des antiken Rom, Berlin
KLENK, ERNST, Die Weinbeurteilung, Stuttgart 1972, Rotweinbereitung, Die Anwendung von Müllkompost im Weinbau, Zürich 1957
KLEVER, ULRICH, Freude am Trinken mit Kenner-Gläsern, Wadgassen, Das neue Buch der Mixgetränke
KLIEWE, H., Wein und Gesundheit, Neustadt 1965
KLINGER, HEINRICH, Das deutsche Weinbuch, Neustadt 1935
KNAUTHE, Die Weintraube in historischer, chemischer und physiologischer Beziehung Leipzig 1874
KOCH, s. Schanderl
KOCH, HANS-JÖRG, Eingefang'ner Sonnenschein, 1959, Wein für Ketzer und fromme Leut, Zürich 1962, Trunkene Stunden, Neustadt 1965, Weingesetz-Kommentar, Neustadt 1975, Weingeschichten, Mainz 1967, Bacchus vor Gericht, Mainz 1971, Spätlese im Weinrecht, Die Umbenennung von Wein, Weinwirtschaftsgesetz, Neustadt 1975, Weingeschichten, Mainz 1967, Bacchus vor Gericht, Mainz 1971, Worte vom Wein, Zürich 1967, Kneipen, Krätzer und Kreszenzen, Mannheim 1972, Weingesetz- Erläuterung 1972, Im Zeichen des Dionysos, Heusenstamm 1973, Wein geschichten — erlebt — erlauscht — erdichtet, Mainz 1970, Immerwährender Weinkalender
KÖNIG, ROLF, Bacchus lacht
Ko-operative Wijnbouwers Vereneging van Zuid-Afrika, A survey of wine growing in South Afrika
KRACK, H., Buch vom Rheinhessen-Wein, Mainz 1954
KRAEMER, ADO, Im Lande des Bocksbeutels, Würzburg, Glas für Glas Würzburg 1969, Das Bocksbeutelbuch, Würzburg 1964, Frag den Wein, Würzburg 1967, Greif zum Glas, Würzburg 1965, Escherndorf und seine Weine, 1964, Bocksbeutel Almanach, Würzburg
KRAEMER-BADONI, R., Das kleine Buch vom Wein, Gütersloh 1967
KRAMER, Moderne Kellerwirtschaft
KRAMER, OTTO / JAKOB, LUDWIG, Kellerwirtschaftliches Lexikon, Neustadt 1975
KRAUS, V., Grundsätze der Weinerzeugung, Prag 1958
KRAUSE, LUDWIG, s. Drachendorff
KRESSMANN EDOUARD, Der französische Weinführer, München 1971
KRÜGER, ARNE, s. Johnson
KÜHRENBERG, JOACHIM VON, Champagner, Hamburg 1948
KUSCHE, LUDWIG / Rieslings, Umgang mit Wein, Fürstenfeldbruck 1967
KUSENBERG, KURT, Der ehrbare Trinker, Hamburg 1965

LABONTE, CHRISTIAN / STAAB, JOSEF, Eine Dokumentation des Rheingauer Qualitätsweines 1816 — 1966, Mainz 1966
LACOSTE, P.-J., La route du vin en Gironde, 1948, Le vin de Bordeaux, L'art de choisir, L'art de le consommer, s. Puisais
LADURNER-PARTHANES, MATTHIAS, Vom Perglwerk zur Torggl, Bozen 1972
LAFFORGUE, GERMAIN, Le vignoble Girondin, 1947
LAFON / COUILLARD, Le Cognac, sa destilation, Paris
LAFON / HUDE, Maladies et parasites de la vigne, Paris 1969
LANGOSCH, KARL, Wein, Weib und Würfelspiel, Frankfurt 1969
LANKHARD, Die Moselaner oder Amicisten Orden, Halle 1799
LARMAT, L., Atlas de la France vinicole
LAYTON, T. A., Choose your wine, London 1949
LEEDOM, W. S., The vintage wine Book, New York 1963
LEFEVRE, CH., Le roman de la vigne, 1939
Ein Lehr- und Handbuch für Winzer und Weinbauschüler, 1967

Leuchs, J. C., Vollständige Weinkunde oder der europäische Kellermeister, Nürnberg 1829
Levadoux, La vigne et sa culture
Lexique de la vigne et du vin, Paris 1973
Liard, Hely, Le château d'Oron, Neuchatel 1963
Lichine, Alexis, Wines of France, New York 1960, Encyclopedia of wines and spirits, 1967
Linck, Der Weinberg als Lebensraum, Öhringen 1954, Das Weinland
Linsemaier / Daub, Weinberg, Kelter und Keller, Stuttgart 1935, Am Neckar, Konstanz
v. d. Lippe, Die Weinbereitung und die Kellerwirtschaft, Weimar 1894
Lippoczy, Norbert, Katalog zur Ausstellung „Rebe und Wein im Exlibris", Budapest 1970
Lobe, Joseph / u. a., Le Grand livre du vin, Lausanne 1969
Logothetov, B., Hellenische Ampelographie, Saloniki 1964
Long, s. Chancrin
Lonsky, H., Unterscheidung der Amerikaner-Unterlagsrebe im blattlosen Zustand, Diss. Wien
Lorbac, Charles, Les richesses Gastronomigues de la France: Les vins de Bordeaux, 1867
Lucius, Samuel, Keller des Zornes Gottes, Bugel 1723
Lühmann, Werner, St. Urban, Beiträge zur Vita und Legende, zum Brauchtum und zur Ikonographie, 1968
Lukas, Jan, Das Buch vom Wein, Prag 1964
Die lustige Weinsprache frei nach Wilhelm Busch
Lutz, W., Die Geschichte des Weinbaues in Würzburg im Mittelalter und in der Neuzeit bis 1800, Diss. Würzburg 1959

Mach, s. Babo, von
Madel, Waldemar, s. Goetz
Magerstedt, Ad. Friedrich, Der Weinbau der Römer, 1858
Maier, N., Die Ausbrüche, Sekte und Südweine, Wien 1895
Maigne / Brunet, Nouveau manuel complet du sommelier et du marchand de vin
Mainfränkische Weinfahrten, Mannheim 1972
Maisonneuve, P., L'Anjou ses vignes et ses vins, Angers 1925
Malvezin, Frantz, Bordeaux, historie de la vigne et du vin en Aquitaine, 1919
Malvezin, T. Histoire du commerce de Bordeaux, 1892
Malvezin, T. / Feret, Le Médoc et ses vins, 1876
Mangold, Richard, Schwäbische Weinstraße, Stuttgart 1967
Mannin, A. S., A Handbook of the wine and spirit trade, London
Marcellus, Flambieren und mit Wein gekocht, München 1972
Marchais, P., La culture de la vigne en Anjou, 1929
Marchau, Le vin de Bordeaux, Bordeaux 1958
Marck, Bernhard, der rationelle Weinbau
Martin, Günter, Wo Scharfes sich und Mildes paaren, Wien 1971
Masquelier, J., Le vin dans l'alimentation humaine, Paris 1961
Massee, William Edman, Massee's wine handbook, New York 1961
Maujouan, s. du Gasset
Maupin, M., L'art de faire le vin, l'art de la vigne, Neuchâtel 1785
Mayer-Oberplan, Das Schönen und Stabilisieren von Wein, Schaumwein und Süßmost, Frankfurt
Means, Alice, s. Reve

Meininger, Herbert, Die deutsche Weinstraße, Neustadt
Meissner, R., Katechismus der Kellerwirtschaft, Stuttgart
Meister, Sebastian, Koch und Kellermeisterey, Frankfurt 1581
Melville, John, Guide to California wines, San Carlos (Cal.) 1960
Meyer, Otto, Volle Becher — Frohe Zecher, Würzburg 1970
Michailowa, O. M., Wurzel- und Außenwurzelernährung zur Steigerung der Traubenernte und der Qualität, Kischinew 1961
Michard, P., Plantation et culture de la vigne, 1944
Michel, s. Ferré
Michel, A., Cours pratique de vinification et de conservation des vins, Paris, Cours pratique d'oenologie bourguignonne, Beaune 1952
Michel / Baumann, Studienreise USA, Mainz 1970
Michel, Werner, Der deutsche Weinmarkt im Jahre 1968, Mainz 1969
Milliau, Ch., s. Gault
Moeckli-Weniger, Reben in der Schweiz, Basel 1969
Mohr Der Weinstock und der Wein, Koblenz 1864
Moog, Heinrich, Einführung in die Rebsortenkunde, Würzburg 1957
Moser, Lenz, Weinbau einmal anders, Neustadt 1966
Mostar, Hermann, Das Wein- und Venusbuch vom Rhein, Wien 1960, Das kleine Buch vom großen Durst, München 1963
v. d. Mühll, Das griechische Symposium, Hamburg 1957
Müller, Friedrich, Glück im Glas
Müller, K., Zur Frage der Frostschadenverhütung im Weinbau durch Beregnung und Erhöhung der physiologischen Frostresistenz der Reben, Diss. Hohenheim
Müller, Karl, Weinbaulexikon, Berlin 1930, Geschichte des badischen Weinbaues, Lahr 1953
Muth / Birk, Lehrbuch des Weinbaues und der Kellerwirtschaft für Winzer und Küfer, Mainz

Naegeli, E., Ostschweizer Reben — ostschweizer Wein
Nebel, Flug über Wein und Reben, Wuppertal 1948
Negre / Francot, Manuel pratique de vinification et de conservation des vins
Nell, Johannes, Das große Barbuch, Bochum
Nessler, J., Bereitung, Pflege und Untersuchung des Weines für Weinhändler und Wirte, Stuttgart 1897, Der Wein und seine Bestandteile, Chemnitz 1866
Neuhaus, Ulrich, Die große Ernte, Berlin 1949
Neunzig, Adolf, Pegasus pichelt, Hamburg
Nicke, s. Broicher
Nicolas, Monseigneur le vin, Paris 1927

Odart, Ampélographie universelle, Paris 1862
Oheim, Gertrud, Scotch Whisky und das Haus John Walker
Ohl, Rudolf, Wein und Wehr, Bonn 1973
Oppermann, D. J., Spirit of the vine, Kapstadt 1968
Ordish, George, The great wine blight, 1972
Orizet, Louis, Les vins de France, Beaujolais, Le vin (Encyclopédie par l'image)
Ottendorf-Simrock, W., Rheinhessisches Weinland, Bonn
Otto, Walter F., Dionysos, Mythos und Kultur, Frankfurt

Pagnol, Marcel, Vom lieben Gott, der aus dem Weinberg kam, Zürich
Panwolf, Wilhelm, Kleines Weinlexikon, München

PARONETTO, LAMBERTO, Il magnifico Chianti, Verona 1967
PASTEUR, Etudes sur le vin, Paris 1872
PATAKY, B., Farbbestimmung der Rotweine und einige Zusammenhänge der Farbe, Diss. Budapest 1962
PAUL, E., Die technische Durchführung der organoleptischen Beurteilung von Weinen, Mitteilungsblatt Klosterneuburg 1964, 197
PENNING-ROWSELL, EDMUND, The wines of Bordeaux, London 1969, 1971
PEYER, E., Weinbuch, Zürich 1958
PEYNAUD, E., L'emploi de l'asside sorbique dans la conservation des vins, 1963, 15me Symposium internationale d'oenologie, Bordeaux 1960, Oenologie pratique: connaissance et travail du vin, Paris 1971
PFALZ am Rhein und Weinkalender, Neustadt
PFEIFFER, H., Kellerwirtschaft, Wien
DEL PIAZ, A., Universal-Lexikon für Kellerwirtschaft und Weinhandel mit Berücksichtigung der Wein-, Obst- und Beerenbranntweinbrennerei sowie der wichtigsten Weinproduktionsorten und Weinmarken
PIAZ, Die Champagnerfabrikation, Wien 1892, Die Verwertung der Weinrückstände, Wien 1895
PIAZ, ANTONIO, Die Weinbereitung und Kellerwirtschaft, Leipzig 1909
PIJASSOU, P., Un château du Médoc: Palmer, 1964
PILLMAYER, Loseblattsammlung Weinrecht
PLATZ, R., Qualitätsweinbau, Hannover
PORTELE, K., Studien über die Entwicklung der Traubenbereitung und den Einfluß des Lichtes auf die Reife der Trauben, Wien
POSTGATE, RAYMOND, The plainman's guide to wine, New York 1961, Was man vom Wein wissen sollte, Mainz 1967, Die Weine Portugals 1973
POULAIN, s. Jaquelin
POUPON, PIERRE / FORGEOT, Die Weine Burgunds, Paris 1971
POUPON, PIERRE, Pensées d'un dégustateur, Nuits-St.-Georges 1957, Vignes et Jours, Beaune 1963, Toute la Bourgogne, Paris 1970
PREUSCHEN, G. / DUPUIS, H., Arbeitsverfahren und Maschinen für den Weinbau, Bad Kreuznach 1959
PRIOTON, La culture de la vigne dans les Charentes et la production du Cognac 1929
PUFENDORF, U. VON, Der Wein als Kultur- und Wirtschaftsgut in der modernen Industriegesellschaft, 1961, Über die Zukunft des Weines oder die Kunst sich der Muße zu öffnen (Betrachtung aus Anlaß des 20jährigen Bestehens des Collegiums vini, Frankfurt)
PUIS, ERNST, Die Weinkostprobe, Neustadt
PUISAIS / CHABANON / GUILLER / LACOSTE, Précis d'initiation à la dégustation, Institut Technique du vin

QUITTANSON, CH., La protection des Appellations d'origine et le commerce des vins et Eaux-de-vie, Montpellier 1963, L'Elite des vins de France, L'etiquette carte d'identité du vin

RATHAY, Die Geschlechtsverhältnisse der Reben und ihre Bedeutung für den Weinbau, Wien 1888/89
RAU, K., Was trinkt man in Italien? Stuttgart, Was trinkt man in Österreich, Stuttgart
RAY, CYRIL, The wines of Italy, Les vins de France, The story of Château Lafite-Rothschild, 1968

REBE und Wein in Goethes Weltbild, Hamburg 1957
REDDING, CYRUS, A history and description of modern wines, 1833
REGNER, Die Bearbeitung der Schaumweine, Wien 1879
REICH, PHILIPP, Wein-Kompendium für den Arzt, Stuttgart
REICHELT, KARL, Beiträge zur Geschichte des ältesten Weinbaues in Deutschland und dessen Nachbarländern bis zum Jahre 1000 n. Chr., Reutlingen 1886
REICHERT, H., Heiterer Rheingau, Mainz 1970
REITLECHNER, E., Die Bestandteile des Weines, Goldenes Weinbüchlein für alle, die Wein im Keller haben, Würzburg
REITZ, LEOPOLD, der Weinpfarrer von Wachenheim
RENAUD, J., Biologie du vin
RENDU, Ampélographie française, Paris 1857
RENOUIL / DE TRAVERSAY, Dictionnaire du vin, Bordeaux 1962
RENZ, F. / NEUMANN, H., Das neue Weinrecht
REVACLIER, D., Le vin et nos coteaux, Genf 1943
REVE, LLOYD ERIC / MEANS, ALICE, Gift of the grape, San Francisco 1959
RHEINGAU — Weingau, München 1973
RHEINGAUER Winzerjahr in der Liturgie (Stereo Langspielplatte)
RIBADIEU, HENRY, L'histoire des châteaux de la Gironde, 1856
RIBEREAU-GAYON, Analyse et contrôle des vins, Paris 1958, Traité d'oenologie, Paris 1956, Les sciences de la vigne et du vin à l'université de Bordeaux, Bordeaux 1965, La longue histoire des grands vins de France, Le collage bleu, 1935
RICHTER, GEORG, Badische Weinstraße, Stuttgart
RIEDL, s. Frass
RIEGER, R., Genetik, Grundlagen, Ergebnisse und Probleme in Einzeldarstellungen, 1963
RIEPLE, MAX / FEYNAUD, E., Sonne über dem Neckarland
RIESLINGS, s. Kusche
RIOL, J. L., Le vignoble de Gaillac, 1913
RITTER, K., Weinproduktion und Weinhandel der Welt vor und nach dem Kriege, Berlin 1928
ROBERTS, W. H., Die Weinbereitung aus Weintrauben, Obst und Beeren, Weimar 1836
RODIER, C., Le vin de Bourgogne, Dijon
RÖSE, s. Schröter
ROESSLER, O., Getränkekundliches Lexikon von Absinth bis Zythos, Neustadt 1958
ROGER, JEDRI, Les vins de Bordeaux, Paris 1955
ROMBACH, OTTO, Atem des Neckars, Stuttgart
ROTH, Chemie der Rotweine, Heidelberg 1878, Weinbereitung und Weinchemie, 1877
ROTHAUVE, Rendez-vous mit Rebsäften, Zürich 1966
ROUPNEL, G., La Bourgogne
LE ROY, BARON, Châteauneuf-du-Pape, Paris
ROZET, G., La Bourgogne, taste vin en main, La Confrérie des Chevaliers du Tastevin, Paris 1955
RUBENS, FERDINAND, Das Winzerbuch, Leipzig 1858
RUCKENBAUER, s. Jursa
RÜDEL, s. Brückbauer
RÜMPLER, s. Babo, von
RUFF, LAJOS, Lob der Königsarznei oder Brevier vom guten Wein, Wien 1968
RUTHE, WILHELM, Der deutsche Wein, München

SACHSEN-GOTHA, Herzog-Ernst, Hoftrinkordnung, 1648
SAHUT, Die amerikanischen Reben, ihr Schnitt und ihre Veredlung, Hannover 1891
SAINTSBURY, GEORGE, Note on a Cellar-Book, London 1953
SALAVERT, JAN., Le commerce des vins de Bordeaux, 1912
SAMMLUNG internationaler Weinanalysenmethoden, Wien 1962
SAMUELSOHN, History of drink, London 1880
SCHÄDLINGSBEKÄMPFUNG im Weinbau, Neustadt
SCHAEFER, HERMANN, Rebengold und Weinrosen, Kaiserslautern 1907
SCHÄTZLEIN, Chemische Untersuchungsmethoden für Weinbereiter und Süßmosthersteller, Stuttgart 1956
SCHALL, SYBILLE, Kleines Weinkochbuch, Zürich 1965
SCHANDERL, HUGO, Die Mikrobiologie des Mostes und Weines, Stuttgart, Eine Weinbau- und Weinstudienreise durch Kalifornien, Deutsche Weinzeitung 34/35/1955
SCHANDERL / KOCH, Die Fruchtweinbereitung, Stuttgart 1961
SCHEIBENPFLUG, L., Mein kleines Weinbuch, Frankfurt
SCHELLENBERG, A., Das Buch vom Schweizer Wein, Basel 1943
SCHEU, G. / SCHEU., Mein Winzerbuch, Neustadt 1950
SCHEUTEN, ROLF, Bedeutung und Verhaltensweisen der Winzergenossenschaften auf dem deutschen Weinmarkt, Köln 1971
SCHILLER und der Wein, Neustadt
SCHLEGEL, WALTER, Der Weinbau in der Schweiz, 1973
SCHMIDT DI SIMONI, E., Die edlen Weine der Pfalz, Stuttgart 1968
SCHMITT, CONRAD, Die Weine des Herzoglich Nassauischen Cabinett Kellers, Berlin 1893
SCHMITT, JACQUES, Die Weine Frankreichs, Neustadt
SCHMITT, Tabellen für die Weinanalytik
SCHMITT-LIEB, WILLY, Wein und Stein, Wein „der werd der got do", 1970
SCHNACK, ANTON, Weinfahrten durch Franken, München 1967
SCHNACK, FRIEDRICH, Das Büchlein vom Wein, Freiburg
SCHNEIDER, J., Der Wein im Leben der Völker, Neustadt 1961
SCHNEIDER, K., Zur Bedeutung des Weines in der Kulturgeschichte, Neustadt 1958
SCHNITZIUS, Deutschlands Wein-Außenhandel seit dem Ersten Weltkrieg, Köln 1964
SCHOELLER, HANNES, Das Schnapsbrevier von hart bis lieblich, München 1971
SCHOONMAKER, FRANK, The wines of Germany, New York 1956, Encyclopedia of wine, New York 1965, Das Wein-Lexikon, München 1967
SCHRAEMLI, HARRY, Von Lucullus zu Escoffier
SCHREIBER, Der Wein und die Volkstumsforschung, Bonn 1958
SCHRÖDER, K. H., Weinbau und Siedlung in Württemberg, Remagen 1953
SCHRÖTER/RÖSE, Handbuch für den Faß- und Weinküfer und die Kellerwirtschaft
SCHÜTZE, Studienreise durch die ukrainischen Weinbaugebiete
SCHULTZE, R., Geschichte des Weines und der Trinkgelage, Berlin 1867
SCHWARZ, HANS, Mysterium des Weines, Frankfurt 1953
SCHWEMMER, L., Die Rebschädlingsbekämpfung im Wandel der Zeiten, Neustadt 1961
SEYBOLD, A., Vinum — Der Wein, Heidelberg 1962
SHAND, P. MORTON, A book of French wines, New York 1960
SHAW, THOMAS GEORGE, Wine, the vine and the cellar, London 1863
SHEPKERD, C. W., Wines, spirits and liquers, New York 1959
SILORET, G., s. Chancrin
SIMON, ANDRE L., Bibliotheca Bacchica, Paris 1927, London 1932, Vom Wein und

Luxemburg

Auch auf luxemburgischen Gebiet, an der Obermosel, sind die Hänge mit Reben bewachsen

Deutschland

Kloster Eberbach im Rheingau mit seinem nahegelegenen, berühmten Steinberg an einem sonnigen Tag. Hier finden die großen Weinversteigerungen statt sowie 1971 die Siegerehrung der DLG anläßlich der Bundesweinprämiierung

Deutschland

Westansicht der Weinstadt Hochheim mit Blick auf die älteste rheinische Sektkellerei Burgeff & Co. „Hoc", eine Abkürzung von Hochheim, ist die englische Bezeichnung für Rheinweine

Teilansicht der Abfüllanlagen mit den Einpackstellen für Vollgut im Hintergrund

Im Vordergrund Flaschenfüll- und Verschließmaschine COMBI-REX 40/8 für die Hochdruck-Abfüllung. An der Einlaufseite (links) sind der Armaturen- und der Elektroschaltkasten angeordnet; in der Bildmitte kann man Einrichtungen für die Heißabfüllung, wie Plattenhitzer, Puffertank und Hochbehälter, erkennen. Die Schaltung dieser Geräte ist vollautomatisch gesteuert. Zwei einstempelige Naturkorker sind in das Abtransportband der Vakuum-Abfüllanlage eingebaut anderen geistigen Getränken, München 1960, Die großen Weine Frankreichs, Berlin 1965, Das Buch von den geistigen Getränken, Berlin 1960, The history of Champagne, London 1962, The noble grapes and the graet wines of France, New York, Guide to food and wines, London 1960, A dictionnary of wines, spirits and liqueurs, London 1958, Vintagewise, London 1955, The supply, the care and the sale of wine, London 1923, The wines of the world, New York 1967, Das Weinbuch des Kenners, Mainz 1965, Wine of the world, London, New York, Toronto, Sydney 1967, Auf dem Wege zum Kenner, Mainz 1969, Champagner und Sekt, Berlin, Drink, London, The history of the wine trade in England, London 1964

SIMON, R., Allgemeine Maschinenkunde für die gesamte Getränkeindustrie, Nürnberg

SLATE, G. R., Grape and varieties introduced by the New York State Agricultural Experiment Station, 1962

SOOS, J., Weinchemie, Budapest 1955

SOPHOS, O., Les nobles vins de Touraine, 1937

Die Spätlese im Weinrecht, Neustadt

SPAHR, GEBHARD, Wein und Weinbau im Bodenseeraum, Wiesbaden 1970

STAAB, JOSEF, Beiträge zur Geschichte

STAAB, s. Labonte

STAUB, FRED, Schweizer Weine

STEIGELMANN, Der Wein in der Bibel, Neustadt

STEIN, GOTTFRIED, Reise durch den deutschen Weingarten, München 1972 Stuttgart 1955

STELLWAG, F., Die Ernährungsstörung der Rebe, ihre Diagnose und Beseitigung, Stuttgart 1955

STOCKER, K. H., Der Kelterbau im Stromgebiet des Neckars, Diss. Karlsruhe 1959

STORM, JOHN, An invitation to wines, New York 1955

STREET, JULIAN, Wines, New York 1948

STURM, JOH. BAPT., Bau, Pflege und Ernte des Weines im Rheingau und Rheinhessen, Frankfurt 1882

THOMAS, ALOIS, Die Darstellungen Christi in der Kelter, Düsseldorf 1936

THUDICHUM, G., Traube und Wein in der Kulturgeschichte, 1665

THÜMEN, Die Pilze des Weinstocks, Wien 1878, Die Blackrotkrankheit der Weinrebe, Wien 1891

TJURANSKIJ, G. F., Die Reblaus, Phylloxera und ihre Bekämpfungsarten, Kischinew 1962

TODD, WILLIAM J., Handbook of wine, London 1922

DE TRAVERSAY, s. Renouil

TRAXLER, HANS, Österreichisches Weinbuch, Wien 1962

TREUHEIT, HANS, Der Wein in Prosa und Poesie

TRINQUET, P., Viticulture, Paris

TROLL, TH. / OHEIM, G., Das Buch der Getränke, Gütersloh 1957, Wohl bekomm's, Gütersloh 1963

TROOST, GERHARD, Die Technologie des Weines, Stuttgart 1972

TROOST / WANNER, Weinprobe — Weinansprache, Frankfurt 1951

VANHOUTTE, R., s. Quittanson

VAVASSEUR, Les vins de Touraine, Tours 1933

VERMOREL, s. Viala

VETTER, Die Kultur der amerikanischen Reben, Ödenburg 1894

Verzeichnis deutscher Weinkommissionäre, Neustadt
Vial, Georges, Cognac
Viala / Vermorel, Ampélographie, Paris 1905
Vialla, Les maladies de la vigne, Montpellier 1893
Ville, s. Deramond
Vital, F., Les vieilles vignes de notre France, Paris, Mon docteur le vin
Vivez, J., Législation et reglementation du vin, Paris 1964
Vizetelly, Henry, Facts about Champagne, London 1879
Vogt, Ernst, Der Wein, seine Bereitung, Behandlung und Untersuchung, Stuttgart 1950, Weinbau, Stuttgart 1950, Der Wein, Stuttgart 1968
Vogt / Bieber, Weinchemie und Weinanalyse, Stuttgart 1969
Vorster, Der Rheingauer Weinbau, Frankfurt 1765

Wagner, Philipp M., American wines and wine-making, New York 1956
Waldo, M., The pleasure of wine, New York 1963
Wanner, s. Troost
Warner, Allen, H., Portwein und Madeira, Sherry and Port, London 1952, White wines and Cognac, London 1952, Natural red wines London 1951
Waugh, Alec, In praise of wine, New York 1959, Weine und Spirituosen 1969
Weber, Heinrich, Bamberger Weinbuch, Bamberg 1884
Weber, Roger, Dieu bénit le vin, Paris 1964
Weidner, H. D., Der Begriff des Qualitätsweines und seine Bezeichnung im deutschen und französischen Recht, Mainz 1963
Weihrauch, Karl-Ludwig, Umgang mit Wein, Stuttgart 1950
Der Wein, in Dichtung und Farbaufnahme, Luzern und Frankfurt 1967
Wein und Weinkost in Südtirol, Bozen 1972
Weinbuch von Baden-Württemberg, Mannheim
Wein-Chronik der Jahre 1236 bis 1936, Cochem 1927
Weinfahrten durch den Rheingau, Mannheim
Weinfahrten durch Schwaben, Mannheim 1971
Das Weingefäss im Wandel der Jahrtausende, Stuttgart 1960
Weinhold, R., Winzerarbeit an Elbe, Saale und Unstrut
Weinkalender Rheinhessen, Mainz, Weinkalender Baden, Mannheim, Weinkalender Württemberg, Mannheim
Weirauch, K. L., Umgang mit Wein, Stuttgart
Weiss, K. W., s. Decker
Weisensee, s. Freihold
Welby, T. Earle, The cellar key, London 1933
Weniger, s. Moeckli
Wesendonk, Aladar v., Taschenbuch vom Wein, München 1967, Schnäpse und klare Wasser, München 1963
Wieser, Stefan, Das Trinkverhalten der Deutschen, Herford 1973
Wilhelm, C., Lexikon der Getränke, Herford 1973
Wilhelm, C. F., Rebkulturen der Steiermärkischen Sparkasse in der Steiermark, 1910, Fruchtweine, Obst- und Beerenweine, Berlin, Deutschlands Weine, Rebsorten und Anbauplätze, Berlin 1956, In- und Auslandsweine, Berlin 1956
Willatzen, Der Weingott des Nordens, Bremen 1892
Windisch, Die chemische Untersuchung und Beurteilung des Weines, Berlin 1896
Winkler, A. J., General viticulture, Berkeley 1962
Winkler, Jos., Die Weinheiligen, Mainz, Kleiner Weinkatechismus, Mainz
Wolf, s. Deichmann
Wolfskehl, s. Gutkind

WORTMANN, Wirkung und Anwendung reiner Hefen in der Weinbereitung, Berlin 1895
WOUTAZ, Le Grande Livre des Confréries des vins de France, Paris 1971
WOSCHEK, HEINZ-GERT, Der deutsche Weinführer, Der österreichische Weinführer, München 1970, Der Wein, München 1971, Alles über Wein in Frage und Antwort, München 1972, Das Weinbuch, München 1970, Gästebuch des Weines, Mainz 1973, Das ABC des Weines, Mainz 1973, Der Wein-Katalog, München
WUILLAUD, H., Les vignes et les vins du Valais, Sion 1932
DIE WUNDERSAME WÜRZE aus Rüdesheim, Rüdesheim 1972

YOUNGSTER, WILLIAM, Gods, men and wine

ZAWODNY, Weinbau und Kellerwirtschaft in Frankreich, Innsbruck 1894
ZDENKO, TURKUVIE, Ampelographischer Atlas, Neustadt
ZERMATTEN, Vignes et vignerons du Valais, Neuchatel 1956
ZIEHMANN, LUDWIG, Das Buch vom deutschen Weine, Weimar
ZIPFEL, Weinrecht, Kommentar, München
ZITZEN, E. G., Der Wein in der Wort- und Wirtschaftsgeschichte, Bonn 1952
ZOBELITZ, FEODOR VON, Der Wein
ZOBELTITZ, HANNS VON, Der Wein, Bielefeld 1901
ZUCKMAYER, CARL, Die Weinberge von Nackenheim, Frankfurt, Der Wein, Neustadt 1975

XIII. Bilderverzeichnis

Bildquellennachweis

Leica-Aufnahmen des Autors auf den Seiten 34, 36, 60, 67, 81/3, 89, 90, 95, 96, 109, 111, 112, 117, 119, 133, 134, 136, 145/8, 156, 162, 169, 185, 208/10, 219/22, 231/2, 234, 256, 267, 270, 279, 280, 282, 294, 304, 305, 316. Vom Anthony-Verlag, Starnberg, stammen die Bilder auf den Seiten 22, 59, 73, 110, 120. Die Bilder auf Seite 48 und 291 wurden vom Center Press zur Veröffentlichung genehmigt. Das Bild von Seite 292 ist von Arnold C. Conrad, Berlin 31 und das von Seite 303 von Barbara Klemm, Frankfurt. Der Rest sind Werkfotos.

XIV. Verzeichnis der im Text aufgeführten Firmen

XV. Register der Ortsnamen und geographischen Bezeichnungen

Vorbemerkung
Seitenzahlen mit * = Hinweis auf Foto

D

G

H

I

Q

R

Karte der europäischen und